장로교회와
회중교회

회중교회의 케임브리지 강령(1648)과
장로교회 치리서들에 바탕한
회중주의 신앙과 교회정치의 비평서

장대선 번역 / 해설

고백과 문답

장로교회와 회중교회

회중교회의 케임브리지 강령(1648)과
장로교회 치리서들에 바탕한 회중주의 신앙과 교회정치의 비평서

초판 1쇄 인쇄	2022년 7월 15일
초판 1쇄 발행	2022년 7월 15일

저자	장대선

발행처	고백과 문답
출판신고	제2016-000127호
주소	서울특별시 여의대방로 134-1 봉림빌딩 507호
전화	02-586-5451

편집	고백과 문답
디자인	최주호
인쇄	이래아트(02-2278-1886)

ISBN	979-11-971391-7-8 03230

값 25,000원

장로교회와
회중교회

회중교회의 케임브리지 강령(1648)과

장로교회 치리서들에 바탕한

회중주의 신앙과 교회정치의 비평서

목차

저자 서문

한국의 기독교, 그 가운데서도 장로교회 신앙의 전파에 있어, 미국과 케나다, 그리고 호주 등지의 장로교회들에서 파송한 선교사들의 노고를 결코 간과할 수가 없을 것입니다. 그 가운데서도 아주 보수적이고 건전한 개혁주의 신학을 전수한 선교사들의 수고를 통해서 한국의 기독교회에 대한 하나님의 섭리가 풍성하게 드러났던 것입니다. 그리하여 이제 한국의 기독교, 그 가운데서도 다수를 차지하는 교파인 장로교회들의 신학은 그 이후로 비약적인 변모를 이뤘습니다. 그 가운데에는 초기 선교사들의 신학을 뛰어넘는 개혁주의 신학으로서의 성숙도 찾아볼 수 있지만, 장로교회 선교사들의 개혁주의 신학을 오히려 무색하리만치 퇴보시키는 곤란한 변화 또한 이뤄져 있는 것이 현실입니다. 그리고 그처럼 긍정적인 의미에서의 신학적 성숙을 대표하는 신앙노선을 한 마디로 축약한다면, '청교도'Puritan 신앙의 노선이라 말할 수 있을 것입니다. 복음주의나 신복음주의 노선과 같은 여러 지류들 또한 분명하게 자리하고 있기는 하지만, 건전한 한국 장로교회의 신앙적 주류를 크게 청교도 신앙이라 말할 수 있는 것입니다.

하지만 청교도들 가운데 다수가 엄밀한 의미에서의 장로교회 신학과 정치를 바탕으로 하는 교회의 신앙이 아니라 회중주의 교회의 신앙을 바탕으로 하는 회중주의 사역자들이어서, 그들의 신학과 교회정치의 원리 가운데 내포된 회중주의적 원리들을 상당부분 그대로 전수한 것이 한국의 장로교회들과 그 신학의 특성이라 말하지 않을 수 없습니다. 물론 청교도들의 신앙조차도 오늘날에는 간과되고 무지한 가운데 있는 것이 현실이지만, 그럼에도 불구하고 더욱 원숙한 장로교회의 신앙과 교회정치 원리를 고수하려는 교회들과 신자들이라고 한다면, 당연히 엄밀한 의미에서의 장로교회 신앙과 그 실천으로서의 교회정치에 대한 이해와 더불어서 회중주의에 대한 분명한 구별이 요구된다 하겠습니다. 안타깝게도 이 점에 있어서 한국의 장로교회들에는 청교도들의 신앙과 경건을 더욱 넘어서는 장로교회 신학에 대한 소개와 인식이 여전히 태부족인 실정입니다. 포괄적으로 청교도 신앙이라고만 알고 있는 마지노선을 극복한, 더욱 잘 개혁된 신학에 바탕을 두고 있는 탁월한 신앙과 그 실천이 무엇인지에 대한 안목이 여전히 미약한 실정인 것입니다. 바로 그러한 현실 가운데에, 이 작은 책이 복잡하고 방대한 신학적 주제들에 앞서서 교회정치와 그 실천으로서의 목회적인 지침들에 대한 장로교회와 회중교회로서의 인식과 분별의 한 토대가 되기를 희망하는 바입니다.

2022년의 봄볕 아래서

브라운주의자Brownist들의 형성

브라운주의자들은 잉글랜드 국교회의 초기 분리주의자들Separatists 또는 반대자들English Dissenters의 그룹을 일컬으며, '브라운주의자'라는 명칭은 1550년대 잉글랜드 러틀랜드Rutland의 톨레소올프 할Toletho-rpe Hall에서 태어난 로버트 브라운Robert Browne, 1550-1633의 이름을

로버트 브라운(Robert Browne, 1550-1633)

따서 명명되었다. 또한 1620년에 북아메리카에 도착한 메이플라워호에 탑승한 이민자들 가운데 대다수가 바로 이 브라운주의자들이었으며, 그들은 스스로를 가리켜서 '순례자들'Pilgrim Fathers이라 불렸다.

헨리 8세의 시대에 이미 잉글랜드 국교회를 위한 회중으로 조직된 초기 형태의 옹호자들이 있었는데, 이후로 점차 잉글랜드 정부는 로마 가톨릭교회의 통치로부터 분리된 성공회의 수립을 계획했다. 그러나

잉글랜드 성공회는 종교개혁을 표방하는 교회가 아니었으며, 헨리 8세가 신봉하는 믿음은 여전히 로마 가톨릭의 종교형태에 머물러 있었다. 이는 1539년에 잉글랜드 교회가 작성한 6조항의 신조Six Articles(1539)에서 단적으로 확인할 수 있다. 1527년 헨리 8세의 혼인을 무효로 하는 문제로 촉발되었던 로마 가톨릭교회의 교황과 잉글랜드 왕 사이의 갈등은, 1531년 2월 11일에 잉글랜드 교회의 성직자들이 헨리 8세를 잉글랜드 교회의 왕위 지상권자로 인정하는 것을 결의함으로써 로마 가톨릭교회와 완전하게 결별의 길로 들어서게 되었다. 이후로 로마 가톨릭교회의 교황 클레멘스 7세는 잉글랜드의 헨리 8세를 파문하기에 이르렀고, 이에 대해 헨리 8세는 1533년에 앤 볼린Anne Boleyn, 1501-1536과 재혼을 하기에 이르렀으며, 1534년에는 수장령Acts of Supremacy을 공포하여 로마 가톨릭교회로부터 완전히 독립하는 '영국 성공회'를 국교로 삼았다. 그러나 외교적 고립과 로마 가톨릭 동맹을 두려워한 헨리 8세Henry VIII는 루터교도의 슈말칼딕 연맹Schmalkaldic League에 대한 지지를 계속했다. 1538년 5월에 독일에서 온 세 명의 루터교 신학자들-작센의 부총장 프란츠 부르차드Franz Burchard, 법학박사 조지 본 보이네부르크Georg von Boineburg, 1504-1564, 그리고 고타 교회the church in Gotha의 지역순회감독자superintendent였었던 프리드리히 미코니우스Friedrich Myconius, 1496-1546-이 런던에 도착하여 9월까지 대주교 람베스 궁전에서 잉글랜드 주교 및 성직자들과 회의conferences를 가졌다. 그 가운데서 독일인들은 합의의 근거로서 아우크스부르크의 루터교 신앙고백the Lutheran Confession of Augsburg에 근거한 여러 조항들을 소개했다. 턴스톨 주교Cuthbert Tunstall, 1474-1559

와 스토크슬레이John Stokesley, 1475-1539 및 다른 주교들은 합의를 피하기 위해 할 수 있는 모든 것들을 했음에도 불구하고 개신교도들의 주장을 이길 수 없었다. 주교들은 기꺼이 로마로부터 분리하려고 했지만, 그들의 계획은 대륙의 개신교와 연합하는 것이 아니라 그리스 교회the Greek Church와 연합하려는 것이었다. 또한 주교들은 독일인들이 잉글랜드 교회가 허용하는 남용이라고 생각하는 것들[1]을 제거하기를 거부했다. 스토크슬레이는 그리스 교회가 이러한 관습들을 시행했기 때문에 이러한 관습이 신앙에 있어서 필수적[혹은 본질적]인 것이라고 생각했다. 그리고 헨리 8세는 이러한 관습을 깨뜨리고 싶어 하지 않았기 때문에, 결국 독일인들은 10월 1일까지 전부 영국을 떠나버리고 말았다. 이로 인해 잉글랜드는 종교적 혼란에 빠졌으며, 성급한 개신교 신자들은 더욱 개혁에 박차를 가하려는 시도들을 단행했던 것이다. 즉, 일부 사제들은 라틴어가 아닌 영어로 미사를 집례 했고, 당국과 교회의 허가가 없이 결혼식을 올리기도 했다(대표적으로 크랜머Thomas Cranmer, 1489-1556 대주교가 그처럼 비밀리에 결혼했다). 심지어 그러한 개신교인들 가운데에는 성찬에서의 그리스도의 실제적인 임재를 지지하는 루터교 신앙을 가진 기성 개혁자들과, 실제적인 임재를 부정하는 재세례파Anabaptist와 상징론자Sacramentarian의 견해를 가진 급진주의자들로 의견들로 나뉘어 있었다.

1539년 5월에 결국에는 새 의회가 열렸고, 토마스 아들레이Thomas

---

1 예: 죽은 자를 위한 사적인 미사, 성직자 독신의 의무, 그리고 평신도에게 성찬의 포도주를 보류하는 것 등 [편집자 주]

Audley, 1488-1544 총리는 상원에서 종교적인 통일을 원하는 왕의 입장을 공표했다. 그리하여 교리를 검토하고 결정하도록 4명의 보수적인 주교들과 4명의 개혁적인 주교들로 구성된 위원회a committee가 임명되었으나, 5월 16일에 노퍽Norfolk 공작은 위원회가 아무런 합의도 이루지 못한 것에 주목하여서, 당시에 논란이 되고 있는 6개의 교리적인 문제들을 상원에서 검토하여 6개조로 정의할 것을 제안했다. 당시에 검토할 6개의 교리적인 문제들은 다음과 같은 것들이었다.

1. 성찬이 실체변화transubstantiation 없이 그리스도의 참된 몸이 될 수 있는지의 여부 2. 두 종류[빵과 포도주]가 모두 평신도에게 주어져야하는지의 여부 3. 순결의 서약vows of chastity을 신성한 법divine law의 일부로 지켜야하는지의 여부 4. 성직자의 독신생활clerical celibacy이 의무적이어야 하는지의 여부 5. 사적인 미사private masses가 신성한 법[하나님의 법]에 의해 요구되었는지의 여부 6. 신성한 법의 일부로서 은밀한 고해auricular confession(즉, 사제에게 하는 고해)가 필요한가?

다음 달에 이르기까지, 이러한 질문들은 왕의 적극적인 참여로 의회 Parliament와 대주교구회의Convocation에서 논의되었다. 그리고 그 최종적인 산물은 모든 질문들에 대한 전통적인 가르침의 확언의 수준이었다. 평신도에게 성찬의 포도주를 보류하는 것, 성직자 독신의 의무, 순결의 맹세와 봉헌 미사votive masses는 신법divine law으로써 받아들였다. 그러나 개신교인들은 그것이 신법으로 요구된 것이 아니라 **"편리

와 필요에 따라 유지하는 것"일 뿐임을 선언하며, 고해성사에 대한 작은 승리를 거뒀다. 게다가 실체변화transubstantiation라는 단어 자체는 최종 버전에 사용되지 않았지만, 전통적인 용어로서의 실제 임재the real presence가 확인되는 선이었다.

6개의 조항들은 1539년 6월에 법령이 되었으며, 1536년의 10개조 Ten Articles와는 달리 6개조에는 법적인 권한이 부여되었는데, 6개조의 위반 시에는 가혹한 처벌이 가해졌다. 심지어 실체변화를 부정하는 것에 대해서는 돌이킬 기회도 없이 화형의 처벌을 받았다. 또한 다른 조항들을 거부할 경우에도 교수형 또는 종신형에 처해졌다. 결혼한 사제들은 7월 12일까지 아내를 쫓아 보내야했는데, 이 법안이 통과 된 후에, 이 법안에 대해서 노골적으로 반대하는 자였던 라티머Hugh Latimer, 1483~1555 주교와 삭스톤Nicholas Shaxton, 1485-1556 주교는 교구를 사임해야 했다. 그러나 6개조의 법령은 1547년 헨리의 아들 에드워드 6 세Edward VI, 1537-1553의 통치 기간에 폐지됐다. 하지만 영국 성공회가 공식적으로 로마 교회에서 분리된 것은 1559년으로서, 이 때에 잉글랜드 의회는 엘리자베스 여왕을 '믿음의 옹호자'Emirate로 인식하여 수장령을 채택하고, 반대로 개신교적인 법령들을 폐지했다. 엘리자베스 1세가 선택한 노선은 '중도'Via Media라 불리는 것으로, 잉글랜드에 혼재하는 개신교와 로마 가톨릭교회가 서로를 부정하고 배제하지 않고 공존할 수 있는 길을 택한 현실적인 타협의 정책이었다. 또한 여왕은 1563년에 성직자 회의에서 《영국 성공회 39개조 신앙고백》을 제정, 영국 성공회의 국내화를 강화했다. 이때부터 영국의 청교도와 영국성공회의 대립이 심화되었다. 그러한 가운데서 잉글랜드 교회로부터 분리된 기독교회를 형성하려는 첫 번째 움직임이 엘리자베스 여왕의 시기인 1566년 3월에 캔터베리 대주교인 파커Matthew Parker, 1504-1575가 기도서에 대한 엄격한 준수를 강요하고 14명의 목사들의 목사직을 박탈한 후에 런던에서 제기되었다. 그리고 그러한 움직임을 형성한 자들 가운데서 가장 급진적인 사람들 중 일부는 추종자들을 이끌고 런던 지하에서 교회를 형성하고자 비밀 장소에서 모여 회집했다. 이러한 분리주의 운동의 전성기에는 1,000명 정도에까지 이르렀으나, 무수한 투옥과 죽음을 거치면서 브라운의 시대에는 소수의 회원으로 축소되었다.

한편, 로버트 브라운은 케임브리지 대학에서 토마스 카트라이트Thomas Cartwright, 1535-1603를 비롯한 개혁신학자들의 영향을 한동안 받았으며, 잉글랜드 국교회의 교리와 규율에 반대하는 그의 반체제적인 설교가 관심을 끌기 시작한 뒤로 아일링톤Islington의 생 마리 교회St Mary's Church의 설교자가 되었다. 이후로 1578년에 케임브리지 대학으로 돌아온 브라운은 드라이 드레이톤Dry Drayton의 총장인 리차드 그린함Richard Greenham, 1542-1594에게서 많은 영향을 받았다. 그린함은 브라운이 안수를 마치고 교구 교회에서 봉사하도록 격려했으며, 브라운은 그린함을 통해 케임브리지의 생 베넷 교회St Benet's Church의 설교자 자리를 제안 받았으나 그의 임기는 매우 짧았다. 뿐만 아니라 브라운의 개혁에 대한 청교도적 관점들은 교회 내부에서 거부를 당하게 되었으므로, 기존 교회에서의 시선을 버리고 점차 교회 외부로 시선을 돌리기 시작했다. 그리하여 1581년에 로버트 브라운은 잉글랜드에서의 분리주의 운동의 지도자가 되었으며, 잉글랜드 동부 이스트앵글리아의 도시 노어위치Norwich에서 잉글랜드 국교회를 벗어나서 별도의 회중으로 된 교회를 세우려고 했다. 이후로 그는 체포되었지만 그의 친족인 윌리엄 세실William Cecil의 중재에 따라 석방되었으며, 이후로 브라운과 그의 동료들은 1581년 후반에 잉글랜드를 떠나서 네덜란드의 미들버그Middelburg로 이사했다. 그곳에서 그들은 자신들이 생각하는 신약성경의 이상적인 교회모델에 따라 교회 공동체를 조직했지만, 내부 분열로 인해 2년 만에 해체되고 말았다.

브라운은 1579년부터 1585년까지 가장 활동적인 분리주의자였다. 예컨대 1582년에 미들스버그에서 출판된 그의 저서 「행정관이 그들에게 명령하거나 강요할 때까지는 개혁하려고 하지 않는 설교자들의 사악함을 위한 지체 없는 개혁에 관한 논문」A Treatise of Reformation without Tarrying for any and of the Wickedness of those Preachers which will not reform till the Magistrate command or compel them (1582)을 통해서, 관원의 승인이 없이 필요한 개혁을 수행할 권리가 교회에 있음을 주장했었다. 그는 나중에 잉글랜드와 잉글랜드 국교회로 다시 돌아와 교장으로 일했고, 1591년 이후에는 영국 국교회 교구의 신부로 사역했다. 그는 이전까지의 분리주의자 입장을 고수했었지만, 나중에는 그를 배신자로 여기는 몇몇 사람들과 심각한 논쟁을 벌이기도 했다. 특히 그는 존 그린우드John Greenwood, 1556-1593와 헨리 바로우Henry Barrow, 1550-1593에게 여러 차례 답장을 보내어 자신의 입장을 변론했었다. 그는 사후에 노샘프턴의 세인트 자일스 교회 묘지에 묻혔다. 이후로 브라운주의자들의 분리주의 운동은 1587년경 헨리 바로우와 존 그린우드에 의해 런던에서 다시 제기되었으며, 그들은 1587년에 모두 체포되어 1593년에 처형될 때까지 감옥에 갇혀 있었다. 그러나 그들은 감옥에 있는 동안에도 비밀리에 브라운주의 신학과 논쟁에 관한 수많은 책들을 저술했는데, 이 책들은 추종자들에 의해 밀반출되어 네덜란드에서 인쇄되었다. 이후로도 계속해서 수십 명의 다른 브라운주의자들이 투옥되었으며, 그들 중 많은 이들이 감옥에서 사망했다. 바로우와 그린우드가 처형된 후에, 브라운주의자들의 교회는 프란시스 존슨Francis Johnson이 이끌었는데, 청교도 목사였던 존슨은 원래 브라운주의 책을 소각하는 일을 맡았었지만, 한 권의 책을 남겨두고 그것을 읽음으로 브라운주의자가 되었다. 바로우와 그린우드와 같은 죽음의 운명을 피하기 위해 브라운주의자들은 네덜란드 암스테르담Amsterdam으로 망명하기 전에 뉴펀들랜드Newfoundland and Labrador에 정착하려 시도했지만 실패하고 말았다. 그곳의 교회는 헨리 에인스워스Henry Ainsworth가 공동으로 이끌었었다.

브라운주의의 또 다른 물결은 1604년부터 청교도주의에 반대하던 리차드 반크로프트Richard Bancroft,1544-1610 대주교의 캠페인에서 비롯된 일련의 그룹에 의해서 이뤄진 것으로, 그 가운데서도 존 로빈슨John Robinson, 1576-1625과 존 스미스John Smyth, 1570-1612는 잉글랜드 북부에 브라운주의의 교회를 설립한 후, 1608년경에 암스테르담으로 그들을 이끌었다. 그러나 나중에 스미스는 브라운주의Brownism 그룹에

서 또 다시 분리하여 최초의 침례교
회Baptists church를 형성했고, 로빈
슨은 자신의 교회를 레이든Leiden으
로 옮겼으며, 프란시스 존슨과 헨리
에인스워스는 서로간의 싸움으로
인해 각자의 회중을 형성하고 말았
다. 이후로 존슨은 그를 따르는 자
들을 버지니아로 이끌었지만, 여행

존 스미스(John Smyth, 1570-1612)

의 노정에서 살아남은 사람은 거의 없었고, 스미스의 교회는 메노나
이트Mennonites[2] 무리에 합류했으며, 침례파의 그룹은 토마스 헬위스
Thomas Helwys, 1575-1616가 이끌어서 다시 런던으로 돌아왔다. 그러한
가운데서 로빈슨이 이끄는 브라운주의적인 바탕의 회중들 절반이 메
이플라워호를 타고 뉴잉글랜드로 향했다. 그런즉 잉글랜드를 떠나온
회중주의적인 청교도들과 로빈슨이 이끌던 분리주의적인 브라운주의
자들이 처음부터 신대륙 아메리카로 향하는 배에 함께 뒤섞여 있었
던 것이다.

---

2 '메노파'라 불리기도 하는데, 이 개신교 분파는 기본적으로 재세례파 계열에서 유례한 분파에 속한
다. 즉 네덜란드에 이주한 재세례파의 초창기 온건파 지도자였던 메노 시몬스(Menno Simons, 1496-
1561)를 추종한 급진적 개혁사상을 주장하던 무리들을 일컫는 것이다. 그들은 기본적으로 유아세례
를 인정하지 않으며, 퀘이커파에 직접적으로, 그리고 침례교회와, 미국을 중심으로 한 일부의 청교
도 운동, 그리고 영국에서 비교적 후대에 발생한 감리교파의 신앙개혁 운동에도 적잖은 영향을 끼
쳤다. 특히 그들의 특징인 국가와 종교의 엄격한 분리의 천명, 그리고 신앙에 있어서 주변적인 상황
이나 여건에 영향을 받지 않는 자발적인 선택의 강조양상 등은 미국의 회중주의 청교도들과 침례교
파, 그리고 영국의 감리교파 등에서 공통적으로 수용되고 공유되는 양상이다.

케임브리지 대회 The Cambridge Synod[1]

뉴잉글랜드의 방식The New England Way[2]에 있어서 가장 중요한 이정

---

1 Gaius G. Atkins & Frederick L. Fagley, History of American Congregationalism, (Chicago, The Pilgrim Press, 1941), 82-5의 번역이다. 이 번역을 통해서 미국의 회중주의 역사에 관련한 회중주의 교회 자체의 옹호적인 변론을 찾아볼 수 있으며, 동시에 그들 스스로 서술하는 회중주의의 관점과 역사를 최대한 회중주의의 관점에서 파악하여 이해해 볼 수 있을 것이다. [역자 주]

2 'The New England Way'는 매사추세츠 만의 콜로니 교회와 때로 코네티컷이나 로드 아일랜드에 이르는 지역에서의 교회 정치와 세속 권력과의 관계, 일반적 예배의 예식 등에 관하여 다룬 것이다. 잉글랜드의 개혁자들은 1637년에 이 제도에 대해 조사하여, 1641년에 장기 의회에서 교회의 개혁을 시작한 후에 매사추세츠의 정치에 대한 관심으로 인하여 존 코튼John Cotton이 뉴 잉글랜드 안의 그리스도의 교회의 법The Way of the Churches of Christ in New England(1645)이라는 제목의 글에서 그 원칙을 설명했으며, 이는 나중에 'The New England Way'로 개명되었다. 원래는 헨리 제이콥 Henry Jacob, 윌리엄 에임스William Ames 등의 가르침을 기반으로 한 잉글랜드 교회의 권위주의에 반대하는 강령이었던 뉴잉글랜드의 방식은 뉴잉글랜드 회중주의로 발전했다. 그에 따르면 관원들이나 의회가 아니라 하나님의 말씀에 기원을 둔 교회는 선출된 교회의 직원들과, 택하여 안수한 목사가 언약(또는 신조)에 동의하며 고백하는 중생자(즉, 택함을 받은 자들)의 단체로 보았으나, 의논과 조언을 위한 '협의회'consociations를 제외하고 교회 간에 어떠한 조직에 대한 종속도 인정되지 않았다. 교회의 회원들은 '보이는 성도들'visible saints이었기 때문에 언약을 승인하고 경건과 품행에 있어 추천을 받은 사람들만을 그들의 회중에 받아들이도록 했다. 하지만 초창기에 그들은 잉글랜드 교회(성공회)로부터의 분리를 거부했으며, 다만 잉글랜드 교회의 '부패한 것들'에서 분리하는 것이라 주장하여, 스스로를 진정한 '그리스도의 초대 교회'로 여겼다. 또한 다른 사람들에 대해서는 관용하지 않고 엄격했다. 아울러서 '교회의 간부들'nursing fathers인 행정관들은 (그 실행에 있어서 목사들이 해석한 대로) 말씀에 의해 시민사회적인 권위civil authority 안으로 제한되었으며, 교회에 순응하고 (정상적인 믿음에 반대되는)이교들heterodoxy의 상황의 일소를 요구받았다. 또한 시민권은 교회 회원의 자격에 달려 있었으며, [그런 만큼] 교회와 국가는 불가분의 관계에 있었다. 뉴잉글랜드의 방식은 잉글랜드의 분리주의자들에게 어필하지 못했고, 여러 교파들이 [서로] 관용을 수용해야 했기에, 뉴잉글랜드 회중주의자들은 결국 잉글랜드의 형제들과 결별하는 길로 나아갔다. [이

표로서 일반적으로 그리고 올바르게 간주되는 유명한 대회가 바로 케임브리지 대회Cambridge Synod다. 식민지의 작은 만의 입지는 위험스러웠는데, 잉글랜드의 청교도는 의회를 장악하기 시작했고, 따라서 뉴잉글랜드로 이주하는 사람들은 점점 더 장로교도들의 설득을 받았으며 투표권이 거절되었던 것은 그들을 깊이 고통스럽게 했다. 이에 따라 그들은 일반 법정the General Court에 구제를 요청했다. 만일에 [거기서도] 구제가 거부된다면 그들은 "우리의 겸손한 바람들은 우리의 안타까운 상황들을 진지하게 고려해 줄 명예로운 의회에서 우리의 겸손한 소망을 타진하는 수밖에는 없을 것"이라고 한탄했는데, 그 때에 올리버 크롬웰Oliver Cromwell은 곧바로 의회의 안타까운 상황을 진지하게 고려하여 프라이드Pride 대령을 통해서 그가 원하는 대로 이를 일소하도록 했다.

매사추세츠Massachusetts는 이후로 곧장 그들 자체적인 입법을 준비했다. 일반 법정은, 그러므로 교회들이 교회 정치church government와 권징discipline에 관한 문제를 "하나님의 말씀으로 논의하고, 쟁론하여 해결하기 위해" (1646년 9월에) 대회에 참석해 주기를 원했다. 아울러서 그들은 플리머스Plymouth, 코네티컷Connecticut, 뉴헤이븐New Haven의 대표자들을 초대했다. [이에 대해] 대부분의 매사추세츠의 교회들과 다른 식민지에 있는 몇몇의 교회들이 조심스런 반응을 보였다. [따라서] 그들은 교회 정치의 성경적 양식을 작성하기 위해 위원회a committee를 (신성한 회중적 절차로) 임명하기까지 했다. [그러나] 그들은 전염병

상은 https://www.encyclopedia.com/new-england-way의 설명을 번역하여 인용한 것이다]

의 확산으로 인해 흩어졌다가, 1648년 8월에 다시 만났다. 그 결과, [회중주의의] 모든 것들을 다루는 열일곱 장으로 된 케임브리지 강령the Cambridge Platform을 작성하여, 그 이후의 회중 교회 역사가들에게 풍부하고 매혹적인 자료를 제공해 주었다.[3] 거기에는 행정administration과 종교 모두에 있어서 민주주의democracy를 지향하는 사회이면서도, 동시에 그것을 두려워하는 상황이 문제였다. 그들의 자그마한 연방commonwealth[4]은 멀리 떨어져 있었지만 [그들에 대해] 동정심이 없는 의회와 국내의 퀘이커 교도들과 침례교도들로 인해 위태로웠다. 아직까지 사회적 전통tradition은 없었으며, 그들을 견실하게 지지하는 관습habitude도 오래가지 못했다.

대회의 지역적 설정은 보스턴Boston에서 찰스 강Charles River 건너까지였지만, 그 배경과 필요성에 있어서는 뉴잉글랜드만큼이나 오래되었으며, 뿐만 아니라 종교적인 상황도 충분히 복잡했었다. 잉글랜드 내전The Civil Wars은 강력한 장로교도들의 설득을 받은 청교도 의회가 통제하는 것으로 추정되는 크롬웰과 그의 철기군Ironsides에 의해 수행되었다. 영국British과 미국의 칼뱅주의는 뉴잉글랜드 교회가 오랫동안 "교리의 본질로서" 받아들이며 공표했던 웨스트민스터 신앙고백에 기인한다. 따라서 대서양의 양쪽에는 형제적인 만장일치brotherly unanimity의 믿음이 있었다. 그러나 크롬웰 자신은 장로교회보다는 독립교회가 그에게 덜 방해가 된다고 생각했기에 독립교회에 더욱 호

---

3 강령Platform은 이 역사의 두 번째 부분에서 상세하게 그리고 문서와 함께 고려될 것이다.

4 그들이 떠나온 영연방을 지칭하는 것으로 본다. [역자 주]

의적이었으며, 뉴잉글랜드의 지도자들 가운데 독립교회파the Inde-pendent wing는 케임브리지에서 토론의 실제적인 문제였던 교회 정치church government에 관한 논쟁에서 크롬웰의 광범위한 지지를 의지할수가 있었다. 이러한 회의Council가 소집되기 몇 년 전, 잉글랜드의 신학자들 그룹group of English divines은 식민지 행정관들에게 조언을 구하는 9가지 "입장"positions의 목록을 보낸바 있었으며, 잉글랜드의 다른청교도 목사들 그룹group of Puritan ministers에서도 32개의 질문들을 작성하여 미국으로 보냈다.

식민지 교회에는 두 맹장들champions이 있었다. 토마스 후커Thomas Hooker 목사와 존 코튼John Cotton 목사는 잉글랜드에서 서로 우호적인 경쟁관계였으면서도 각각 뛰어난 위치에 있었으며, 잉글랜드에서박해를 받은 후에 그들은 같은 배를 타고서 아메리카로 향했는데, 둘다 존 코튼이 부름을 받은 보스턴의 제1교회에서 중요하게 여겼다. [이후로] 토머스 후커는 뉴타운(케임브리지)에 있는 교회로 향했으며, 종종 말한 바와 같이, 곧 그를 따르는 자들을 모아서 "코네티컷의 하트포드"Hartford-on-Connecticut로 옮겼다.

잉글랜드 지도자들의 "질문"과 "입장"에 대한 주의가 강력히 요구되었을 때, 코튼과 후커는 이러한 문제들에 대해 이야기했을 뿐만 아니라, 미국 교회의 자유를 옹호하기 위해 펜을 들었다. 1644년에 출판된 코튼의 '천국의 열쇠'The Keys to the Kingdom of Heaven는 잉글랜드에서 널리 읽혔다. 또한 잉글랜드 사람들은 코튼의 동의 없이 출판된 그의

'교회의 방식'Way of the Churches이라는 책을 읽을 수 있었다. 비록 후 커의 '교회 교리'church doctrine에 관한 위대한 저작의 원고는 바다에서 분실되어버렸지만, 그의 다른 저작물들은 유포될 수 있었다. 1648년에 그가 사망한 후에 그의 노트로부터 '교리의 요약'The Sum of Doctrine 이 출판되었는데, 비록 이러한 책들이 출판되거나 진행 중이었을지라 도 교회[뉴잉글랜드 교회]의 지도자들은 잉글랜드로부터 온 질문들에 개 별적인 증인들로서보다도 더욱 명확한 대답을 할 필요가 있음을 깨달 았다. 이러한 형편들이 바로 케임브리지 대회의 '의제'agenda로서, 뉴 잉글랜드 방식의 미래였다.

문제는 무질서의 치욕에서 회중주의의 방식the Congregational Way을 구 하고, 장로회의 방식the Presbyterian Way이 회중을 지배하는 것을 막는 것이었다. [그리고] 그 결과는 견제와 균형의 시스템a system of checks and balances이었다.[5] 존 코튼의 케임브리지 복음the Cambridge Gospel에 따 르면, 권위는 장로들에게 전적으로 제한되어reserved 있다. 장로들은 형제들의 자유로 말미암아 폭정과 [소수의 구성원들에게 권력이 집중되는]과두 제oligarchy가 방지되며, 또한 그 강령이 장로들의 권세와 형제들의 특 권을 다 함께 잘 어울리도록 할 것이라고 확신했다. 이 모든 것의 이면 에는 암탉이 먼저인가 아니면 그 반대로 알이 먼저인가에 대한 영원한 질문이 있었다. [왜냐하면] 회중의 부르심이 없이는 장로가 세워질 수 없 고, 장로들의 승인이 없이는 회중이 있을 수 없기 때문이다. 하지만 그

---

5 우리가 아는 한 누구도 케임브리지 강령에서 미국 헌법을 싹틔운 기초를 발견하지는 못했다. 둘 다 같은 목적을 추구했다.

후로 최종적인 권위가 사람에게 있지 않고 그리스도로부터 나오는 것이라고 하는 감탄할만한 희망이 표명되었으며, 장로들은 그들이 유지하고자 했던 그 채찍을 손에 붙들었다.

밀러Miller는 이 부분이 지고 있는 빚이 누구에 의해 해석될 것인지에 대해, 이 이론이 두 권위들이 협력할 "창의성의 문제"라고 판단했다. 덱스터Dexter는 지역 회중 안에서는 필그림Pilgrim이면서도 지역 회중 바깥에서는 칼뱅주의인 장로교적인 회중주의Presbyterianized Congregationalism 또는 회중주의적인 장로회주의Congregationalized Presbyterianism를 보았다. 케임브리지 회의The Cambridge Conference에서는 또 다른 구별이 있었는데, 그것은 청교도Puritan와 필그림Pilgrim 사이의 분할의 벽을 허물어 그 둘 모두를 하나의 새로운 사람으로 만들며, 더욱 온건한 부류의 비non(혹은 반anti)성공회 집단들 사이에서 타협점을 찾기 위한 작은 규모와 범위의 노력이자 힘들고 진지한 노력이었다. 지금에서 돌이켜 보면 그것은 일치됨ecumenicity에 있어서의 이른 실험, 혹은 당시의 아메리카 대륙에 있었던 잉글랜드의 칼뱅주의적인 개신교정신 Calvinistic Protestantism을 통합하려는 시도였다. 그것이 그 다음의 100년 동안에도 창의적이고 광범위하게 유지되었다면, 미국 회중주의와 장로회제도는 계속해서 하나의 교제를 유지하며 하나의 교파로 있었을 것이다.[6] 실제로 코튼과 후커의 통제를 벗어난 세력들은 그것에 반대했다. 거기에 돌작밭이 자양분을 공급하는 식민지의 일반 민중과,

---

6 가장 매혹적인 가정으로서, 만일에 브리티쉬 제도the British Isles로부터의 모든 이민들이 보스턴 항구를 통해서 향후 100년 동안 이루어졌다면, 아마도 그것이 실현되었을 것이다. 그러나 스코틀랜드인들과 아일랜드인들이 필라델피아와 볼티모어를 통해 몰려들기 시작했다!

더욱이 보스턴과 매우 가까웠던 국경의 위험들로 단단해진 끈질긴 독립심과, 강인하게 결속한 개인주의가 있었다. 그러한 것들은 반쯤 무의식적이고 명료하지 못한 방법으로 자신의 일을 처리하는 것을 의미했다. 뉴잉글랜드의 방식The New England way은 사회적으로, 기질적으로, 정치적으로 뉴잉글랜드 교회의 방식the new England Church Way보다 더욱 광범위하고 효력이 있었으며, 서투른 표현으로서 그것들을 수용했다. 장로들은 언급들에서 사라졌으며, 대회synod도 시간이 지나면서 낯선 단어가 되어버렸다. 영리한 뉴잉글랜드의 집단faculty은 필요하다고 여기는 것들은 그대로 유지했으니, [그것은] 교회들의 친교fellowship, 공동의 안녕을 위한 그들 상호간의 신뢰mutual responsibility, 그리고 말 그대로 이웃의 감독oversight, 나눔sharing, 그리고 복종submission이다. 이것은 시간이 지나면서 그 지역의 토양과 영혼에 고유한 습관a habit, 전통a tradition, 스스로 부과하고 스스로 수용한 권징discipline이 될 것이다. [그 곳의] 원주민은 흙에 지나지 않는 것이 아니라 이후로 그것을 발견하고 여전히 그들을 위한 좋은 방법을 찾는 영혼들일 것이다.[7]

---

7 여기에 더하여-또한 목사, 장로, 그리고 행정관들은 각주에서 그것을 발견하면 충격을 받을 것이다-대회가 하나님의 말씀에 의해 비난받은 82개의 오류 목록을 합의함으로써 정통성을 보호했다는 점도 덧붙여야 한다.

케임브리지 강령 The Cambridge platform 1648

리처드 매더(Richard Mather, 1596-1669)

케임브리지 강령은 1648년에 신대륙 아메리카의 뉴잉글랜드의 매사추세츠(Massachusetts)에서 작성되었으며, 웨스트민스터 신앙고백(1647)과 이를 바탕으로 하는 웨스트민스터 총회의 장로교회 정치형태의 원리와는 다르게 회중주의(Congregationalism)의 교회정치체제를 설명하고 있는 강령이다. 그러므로 이는 장로교회 정치제도와는 다르게 치리회로서의 장로회에 의한 치리와 교회정치에 비중을 두기보다는 회중에 의한 치리와 교회정치를 표방하고 있으며, 이러한 회중주의적인 교회 치리와 교회정치의 방식은 이외에도 침례교회파와 상당한 유사점을 지닌다. 이는 잉글랜드 교회에서 목회사역자로 안수를 받았으나 점차 회중주의의 교회정치 방식에 매료되어 1635년에 신대륙 아메리카로 이주했던 회중교회의 대표적인 지도자 리처드 매더(Richard

Mather, 1596-1669)와 그보다 2년 앞선 1633년에 메사추세츠 만에 정착했었던 존 코튼(John Cotton, 1585-1652)의 주도 가운데서 작성된 회중주의 신앙과 교회정치의 강령이다.

리처드 매더는 일찍이 회중주의 입장으로서 사무엘 루터포드가 설명하는 장로회 제도를 반대하는 논쟁을 벌인바 있으며, 교회의 회원으로 받아들이는데 있어서는 필히 '회심의 체험'을 확인해야 한다고 주장했었던 인물로 알려져 있다. 또한 존 코튼은 '중생'에 앞서서 인간 편에서의 선행적인 준비가 반드시 필요하다는 '회심 준비론'(preparation for Conversion) 혹은 '은혜 준비론'의 입장을 피력했다. 특히 존 코튼은 '그리스도께로 연합'(Fit for Christ), 즉 '그리스도께서 우리에게 되기를 바라시는 것이라면 무엇이든지 간에 기꺼이 되고자 할 때에, 그리스도께서 우리 속에 들어오실 수 있을 만큼 우리와 연합하게 된다.'고 주장하기도 했다. 그러한 존 코튼의 견해는 '상호 언약'적인 것이었는데, 그러한 상호 언약에 따르자면, 만일에 하나님과 언약관계에 있는 신자가 죄를 짓게 되는 경우에 하나님께서는 필연적으로 자연재해와 같은 징계를 내리시며, 이 징계의 모든 원인은 하나님과의 언약을 깨뜨린 신자에게 있는 것이다. 이러한 언약관이 신대륙 뉴잉글랜드의

존 코튼(John Cotton, 1585-1652)

청교도들[1]에게 상당히 넓게 드리워진 일반적 언약의 개념이었으며, 그러한 언약관 가운데서 엄격한 신앙생활이 강조되었고, 그러한 맥락으로 교회에서 회중들은 목회자의 설교에 순종해야 함은 물론이요 목회자가 성경적 교리에 충실한지 그렇지 않은지를 살펴야 한다고 보았다. 즉 목회자를 지속적으로 감시함으로써, 그들의 권한이 지나치지 않도록 제한하는 역할을 수행해야만 한다는 것이다.

사실 이러한 회중주의에 따른 신앙관은 신앙에 있어 상당한 엄격주의를 표방하도록 했는데, 그것은 재세례파의 경우처럼 외적으로 규명될만한 회심의 체험과 중생의 증거를 엄격하게 강조함에 따른 것이다. 특히 성만찬 시에 중대한 흠결이 없는 세례교인들이라면 누구나 참여를 가능하게 하는 장로교회의 성찬 규정과 달리, 확실히 중생한 것을 증명할 수 있는 지교회의 회원들만을 성찬에 참여하도록 하는 엄격성이 대표적으로 이를 보여준다. 실제로 존 코튼의 경우만 보더라도, 웨스트민스터 총회 때에 이단으로 치부되는 로마 가톨릭에 빠진 자들에 대해 반드시 사형에 처해야만 한다는 강경한 주장을 했는데, 이는 성경중심 신앙과 함께 금욕주의적이며 강경한 반가톨릭 기치를 고스란히 나타내 보이는 실례이다. 코튼에 따르면 그들은 하나님의 이름을 망령되이 일컬었을 뿐 아니라, 사람들을 현혹하여 미신을

---

1 엄밀한 의미에서 미국에 이주한 기독교도들은 청교도를 자청한 적이 없으며, 오히려 영국의 국교인 성공회에 반대하는 분리주의자들이었다. 반면에 청교도의 호칭은 영국에 남아 끝까지 박해를 감당한 비순응자(nonconformist)들이 기꺼이 자칭한 칭호였다. 미국에 이주한 기독교인들은 순례자(pilgrim)를 자칭했었다. 이처럼 신대륙 아메리카의 칼빈주의적인 기독교 신앙은 초기부터 큰 차이를 보였던 것이다.

숭배하도록 했으므로, 사형이야말로 그러한 영혼의 살인자들에게 적절한 보응이라고 말할 정도로 엄격했다. 그런데 뉴잉글랜드에 정착한 다수의 청교도들은 바로 이러한 회중주의의 교회관과 교회정치를 표방하는 분리주의 청교도들이었으며, 그들의 신앙관에 따른 교회론과

존 오웬(John Owen, 1616-1683)

교회정치를 반영한 것이 바로 1648년에 뉴잉글랜드에서 작성한 케임브리지 강령이다. 이후로 케임브리지 헌장은 1658년에 존 오웬(John Owen, 1616-1683), 토마스 굿윈(Thomas Goodwin, 1600-1680), 필립 나이 (Philip Nye, 1596-1672) 등을 포함하는 6명의 위원들에 의해 런던의 사보이 궁전에서 이뤄진 회의를 통해 작성한 '사보이 선언'(A Declaration of the Faith and Order owned and practiced in the Congregational Churches in England)에도 많은 영향을 끼쳤다. 또한 이러한 회중주의의 원리들 가운데 상당부분은, 웨스트민스터 총회 때에 커다란 논쟁들을 야기했었던 독립교회(Independent Church)주의자들의 주장과 유사하다. 물론 회중주의가 지교회 외에 어떤 외부적 간섭조차도 지양하는 독립교회주의와는 다소간 차이점이 있으며 오히려 독립된 개별교회의 자발적인 연합과 협력을 강조하는 침례교회파와 더욱 유사한 측면이 있지만, 회중주의와 독립교회, 그리고 침례교회가 공히 개별교회의 독립성에 중점을 두는 점에서 유사한 그룹으로 분류할 수 있다. 실제로 특수침례교(Particular Baptist Church)는 칼빈주의와 매우 유사한 교리를 지

토마스 굿윈(Thomas Goodwin, 1600-1680)

니면서도 잉글랜드에서 자유교회운동을 통해 청교도 진영에 광범위한 영향을 끼쳤으며, 신자들의 세례와 개별 교회의 자치권에 중점을 두는 형태에 따라 청교도 회중주의의 신앙과 상당히 유사한 특성을 보인다. 즉 개별교회의 독립성에 대한 강조와 더불어서 회심과 중생 전에 요구되는 준비에 대한 강조와 신앙에 있어서의 엄격주의는, 그대로 특수침례교에서의 신자들의 세례와 개별교회의 세례자로만 국한하는 성찬 참여의 대상에 대한 규정과 유사한 특성을 보여주는 것이다. 물론 큰 틀에서 회중주의나 독립교회주의, 그리고 특수침례교들도 공히 웨스트민스터 신앙고백과 매우 유사한 교리와 신조를 채택했었으며, 특별히 교회론과 교회정치에 있어서 웨스트민스터 신앙고백의 장로회 제도와 다를 뿐이었는데, 나중에는 그러한 일부분의 차이 가운데서 교회사의 획을 긋는 여러 다양성들이 파생됐던 것이다.

한편, 신대륙 아메리카에서의 교회관은 잉글랜드에서의 탄압의 역사를 거친 청교도들의 신앙, 특히 분리를 주장한 비국교도들의 신앙관이 초기부터 투영된 가운데 있었다. 미국의 수정헌법 1조(The First Amendment)에 명시된 바와 같이, 영국의 국교회(헨리 8세에 의해 창설된 것이라 할 수 있는 성공회)와 같은 국교를 두지 않으며, 기독교 내의 특정 교파의 우위나 주도를 인정하지 않는 것으로서 사보이 선언의 맥락을 따랐었던 것이다. 한마디로 미국 청교도들의 주류는 제임스 1세(James I, 1566-1625)와 찰스 1세(Charles I, 1600-1649), 찰스 2세(Charles II, 1630-1685)의 주도로 공고히 자리한 영국 국교회(성공회)의 종교통일 정책에 반발하므로 가장 극심하게 탄압을 받았던 회중주의자들과 재세례파와 유사한 신앙순수주의와 엄격한 신자들 중심의 신앙을 추구한 칼빈주의적인 침례교도(즉, 특수 침례교라 불리는 침례교파)들이었으며, 초기부터 그들이 표방하는 회심 중심의 경건과 신앙이 자리했었던 것이다. 이러한 미국에서 청교도들이라 일컬어진 분리주의자들의 특징은, (1). 국교회적인 체제에 대해 심히 부정적이었으며, 교회에 대한 국가 권력의 개입을 최소화하는 것을 지향했는데 이러한 바탕에서 사보이 선언을 받아들이기도 했다. (2). 개인의 신앙과 양심의 자유를 주장하고, 성경을 중심으로 하는 개인적인 경건의 신앙을 추구했다. (3). 침례교파와 회중주의자들을 중심으로 자유의지의 중요성을 강조했기 때문에, 개인의 행동에 있어서의 책임을 엄격하게 묻고자 했고, 엄격하며 금욕적인 윤리관을 표방했다. 그러므로 케임브리지 강령에서도 바로 이처럼 독특하게 자리한 회중주의 교회정치의 풍토를 엿볼 수 있다.

한편, 일반적으로 청교도로 지칭되는 무리들 가운데 순수한 장로교 제도를 지향하는 그룹과 독립교회 및 회중주의 교회를 지향하는 그룹들 사이에는 계속되는 교류와 영향을

필립 나이(Philip Nye, 1596-1672)

주고받는 역사가 있었다. 특히 1706년 봄에 필라델피아에서 프란시스 메케미(Francis Mackemie, 1658-1708)를 의장으로 하는 미국의 첫 노회를 조직하여 장로교회 교단을 조직할 때에 다양한 배경의 목회자와 교회들이 모였었는데, 그 가운데에는 회중주의 교회와 그러한 교회의 목회자들도 상당수 동참하여 적극적인 영향을 끼쳤던 것으로 알려진다. 그러므로 한국의 장로교회 형성에 지대한 역할을 수행한 미국의 장로교회 정치에 있어서, 회중주의 교회들의 독특한 교회관과 교회정치의 입장이 장로교 제도에 영향을 끼치지 않았는지? 혹은 회중주의적인 침례교파의 교회정치가 미국의 장로교회에 어떠한 영향을 끼쳤는지 등을 파악하고 검증하기 위해서라도, 케임브리지 강령에 대한 더욱 자세한 조사와 연구가 이뤄질 필요가 있는 것이다. 이 책에서 시도하는 케임브리지 강령에 대한 비평적 분석은, 바로 이 같은 문제의식들 가운데 시도되는 것이다.

케임브리지 강령의 서문

우리가 교회 정치에 관한 문제들에 있어서 우리의 경건한 형제들과 동포들의 불친절하고 형제애적이지 못하며, 기독교인답지 못한 논쟁들을 더욱 분별할수록, 우리는 하나의 공통된 믿음 가운데 그들과 함께 하는 것을, 그리고 우리 스스로 그들과 함께 하는 것을 더욱 간절하게 원하는 바이다. 이러한 목적을 위해서 웨스트민스터의 성직자 총회 the reverend assembly of divines at Westminster가 동의한 공적인 신앙고백을 정독하고, 교리의 문제들에 있어서의 본질과 요지를 찾아서, 그들의 판단뿐만 아니라 우리들의 판단까지도 표명하고자 한다. 또한 마찬가지로 우리의 경건한 관원들godly magistrates의 요청을 받아, 우리 가운데서 끊임없이 가르쳤으며 일반적으로도 공언하는 신앙에 대한 공적인 고백을 작성했다. 우리는 그들과 더불어서 우리의 교회들에게, 아울러서 해외에 있는 그리스도의 모든 교회들에게, 잉글랜드의 신성하고 명예로운 의회the religious and honorable Parliament of England에 목회자 총회[즉 웨스트민스터 총회]가 제시한 (교리의 본질에 관한)신앙 고백 전체에 대하여 우리가 공언하며 진심으로 동의하고 증명한 바에 관해서, 그들에게 제시하는 것이 좋다고 생각했다. 다만 교회 권징에 있어서의 논쟁점에 관한 일부 섹션들은 제외하고, 이어지는 논문 가운데 있는 교회 권징의 초안을 우리 나름대로 첨부하여 다루고자 한다.

우리가 여기에서 선언하는 진리가 무엇인지에 관해서는 1648년 6월 말, 케임브리지Cambridge에 모인 장로들의 대회the Synod of the Elders와 우리의 교회들의 메신저들의 회의에서의 만장일치의 투표로써 드러나게 될 것이며, 이 문구들 가운데 공동으로 전달된 것은: 이 대회Synod가 최근에 잉글랜드의 성직자 총회에서 발표한 신앙고백서를 (하나님께 아주 기쁜 마음과 감사하는 마음으로) 정독하고 숙고하여, 그것이 모든 신앙의 문제들에 있어서 매우 거룩하고 정통하며 분별력 있는 것이라 판단하며, 따라서 그것의 본질에 대하여 자유롭고 완전하게 동의한다는 것이다. 다만 교회 치리와 권징에 관련된 것들에 대해서만큼은, 우리가 지금 이 총회에서 동의하는 교회 권징의 강령들the platform of church discipline을 언급하는 바이다. 그러므로 이 신앙고백을 우리 가운데 있는 그리스도의 교회들과 명예로운 재판정the Honored Court에 합당한 고려와 수용에 합당한 것으로 추천되어야 한다고 생각한다.

주 예수께서는 은밀한 중에 우리의 온 마음과 교통하시며, 그의 교회의 왕이신 이가 기뻐하심으로 우리의 심령들 가운데서 그의 왕권을 행사하셨으니, 이는 그의 나라가 순결하고 평화롭게 우리의 교회들로 임하게 하려 함이라. 아멘.

The Cambridge Platform(1648)	The Second Book of Discipline(1578)
## Chap I	## Chap I
### 말씀에 규정되어 있는, 하나이며 불변한 교회정치의 형태에 관해	### 교회와 정치의 일반적인 의미, 그리고 세속정치와의 차이점

1. 교회 정치, 또는 교회 치리 혹은 권징은, 지상에 있는 그리스도의 교회에서 지켜야 할 질서order와 형식form 외에 다른 것이 아니며, 그 둘은 그것의 규정constitution과 그 가운데서 수행되어야 하는 모든 행정들administrations을 위하는 것들이다.

▶ 겔 43:11, 골 2:5, 딤전 3:15.

2. 교회 치리Church government는 두 가지 관점 즉, 치리 그 자체의 부분들과 관련하거나, 그에 따른 정황들을 숙고해야 한다. 치리의 부

1. 하나님의 교회는 넓은 의미에서는 예수 그리스도의 복음을 고백하는 모든 사람들을 말하며, 아울러 경건한 자들뿐만이 아니라, 외적으로 참된 종교를 고백하나 위선적인 자들까지도 포함하는 모임company이나 교제fellowship를 교회라 이르기도 한다. 또한 어떤 경우에 있어서 교회란, 오직 경건하며 택함을 입은 자들만을 지칭하기도 한다. 그리고 종종 진리를 고백하는 회중들 가운데 영적인 역할spiritual function을 하는 사람들을 지칭하기도 한다.

분들은 말씀에 규정되어 있으니, 왜냐하면 주 예수 그리스도께서 그의 교회의 왕이자 입법자lawgiver이시고, 하나님의 집에 있어서의 신실함이, 주께로부터 구약에서 이스라엘 자손들에게 치리의 형식form과 도안pattern을 받은 모세보다 못하지 않으시기 때문이다. 그리고 성경은 지금도 여전히 완벽하며, 능히 하나님의 사람으로 완전하게 하고, 여러 선한 일들에 있어 온전하게 한다. 그러므로 의심할 나위가 없이 하나님의 집으로 매우 질서 있게 하는 것이다.

▶ 히 3:5,6. 출 25:40. 딤후 3:16.

3. 교회 치리의 요소들parts과 두 번째 계명에 따라 제정된 예배 원칙의 요소들이나 의미들means은 모두 하나님의 말씀 안에 정확하게 기술되어 있으며, 그러므로 우리 주 예수 그리스도께서 나타나실 때에 흔들리지 않는 나라로 그것을 하나님, 곧 아버지께 드리기

2. 마지막 의미로서의 교회는 하나님께서 부여하신 특정한 권세power가 있으며, 교회는 온 교회의 평안을 위해 정당한 판결jurisdiction과 치리government에 있어서 그 권세를 사용한다. 이러한 교회의 권세는 성부 하나님께서 중보자 예수 그리스도를 통해 그분의 교회에게 주신 권세로서, 하나님의 말씀에 근거를 두니, 하나님의 영적 다스림spiritual government으로 적법하게 부르심을 받은 자들이 이 권세를 행사한다.

3. 이 권세로부터 기인한 교회의 정치는 하나님의 말씀에 따라 임명된 교회 직분자가 행하는 영적인 통치의 질서order 혹은 형식form이다. 그러므로 직분자는 즉시 이 권세를 받아서, 전체 교회의 유익을 위해 사용한다. 이 권세는 다양하게 사용할 수 있는데, 주로 교사들이, 그리고 직분을 맡은 자들이 판결의 형식the form of judgment을

까지 동일하게 지속되어야 한다. 그런즉 그 가운데 있는 어떤 것을 더하거나 줄이거나, 바꾸는 일이 사람들men이나, 직분officers, 교회churches, 또는 세상에 있는 어떠한 국가state의 권한에도 맡겨지지 않도록 해야 한다.

▶ 딤전 3:15. 고전 15:13. 출 20:4. 딤전 6:13, 16. 히 12:27,28. 고전 15:24. 신 12:32. 겔 44:8. 왕상 12:31-33.

4. 질서order와 예의decency에 속하는 시간과 장소 등에 필요한 상황들circumstances은 사람들에게 맡겨진 것이 아니니, 이는 사람들을 구실로 하여 그들 자신의 창안들을 교회에 우겨넣을 수 있기 may thrust 때문이며, 예배 그 자체나 예배로부터 분리될 수 없는 상황들과 그러한 문제들과 관련하여 판단해야 하는 많은 일반적인 한계들general limitations이 말씀(즉 성경) 안에서 제한되어 있다.

통해 상호 동의하에 행사한다. 전자는 공공연하게 '서임(성직임명)권'potestas ordins이라고 부르며, 후자는 '판결권'potestas jurisdictionis이라 부른다. 이 두 가지 권세는 모두 하나의 권위one authority, 하나의 근거one ground, 하나의 최종적 원인one final cause이 있지만, 마태복음 16장과 18장에서 우리 주님께서 분명하게 말씀하신 것처럼, 실행 방법manner과 형식에 있어서는 각각 다르다.

4. 교회의 권세와 정치는 세상 권세 혹은 국가the commonwealth의 시민 정부에 속한 권세와 정치와는 속성상 다르다. 그럼에도 불구하고 이 두 권세는 모두 하나님께 속한 것이며 그 목적은 하나로서, 바르게 사용한다면 이는 하나님의 영광을 더 높이는 것이 되고 경건하고 선한 백성들을 증대시키는 결과를 낳는다.

그것들의 목적과 관련하여, 그것들은 덕을 세우기를edification 위해야만 한다. 태도manner에 관해서는, 그것들 자체의 본성과, 시민 사회와 교회의 관습에 따라야 한다. 본성 그 자체까지도 너희를 가르치지 않는가? 그렇다. 그것들은 어떠한 종류로서 각별하게 확정되는 것이니, 모든 상황들을 고려하여 덕을 세우는데 가장 편리한 태도manner 가운데서 수행되어야 한다. 그런즉 그들의 결정determination에 관해서는 마치 인간의 오류가 없는 것처럼, 그들의 결정을 마치 그것이 신적인 것were divine처럼 간주해야 한다.

▶ 왕하 12장. 출 20:19. 사 28:13. 골 1:22,23. 행 15:28. 마 15:9. 고전 11:23, 그리고 8:34. 고전 14:29, 그리고 14:40, 그리고 11:14,16, 그리고 16:12,19. 행 15:28.

5. 이런 교회의 권세는 하나님께서 중보자 예수 그리스도를 통해 즉시 허락하시는 것으로서 영적spiritual이며, 결코 세상에서 일시적인 수장a temporal head을 허락하지 않으며, 오직 그리스도만이 그의 교회의 영적인 왕이자 통치자이시다.

6. 스스로를 교회의 수장으로 부르는 것은 적그리스도가 강탈한 거짓 칭호로서, 천사나 사람 혹은 그 어떤 계층의 사람에게도 결코 부여할 수 없는 것으로서, 오직 교회의 머리가 되시는 왕이신 그리스도에게만 합당하다.

7. 그러므로 교회의 권세와 정책은 반드시 유일한 근거인 말씀the word에 의지해야 하고, 성경the scriptures의 순전한 원천으로부터 나와야 하며, 유일한 영적인 왕이신 그리스도의 목소리를 듣는 교회로부터 나와야 하며, 그의 법으로 다스림을 받아야 한다. (중략)

해설

앞서 서론적인 설명에서 언급한 바와 같이 회중주의 교회의 시작은 잉글랜드의 국교회[1]에 대한 비순응과 분리를 주장하여 신대륙 아메리카로 이주한 비국교의 청교도들, 그 가운데서도 스스로를 순례자들(Pilgrims)이라 칭했었던 자들에 의해 이뤄졌다. 그리고 그러한 회중주의 교회의 특성, 곧 잉글랜드의 국교회를 벗어난 회중들 자체로도 온전한 교회일 수 있음을 표방하는 것은, 그들보다 앞선 1500년대 중반 무렵 형성된바 있는 브라운주의자들, 곧 국가로부터 교회를 엄격히 분리하여 이해하는 데에 기반을 둔 것이다. 물론 신대륙 북아메리카에 정착한 초기의 회중주의자들은 결코 그들 스스로를 잉글랜드 교회에서 분리하던 무리인 독립교회파(Independents)를 자청하지 않았으며, 오히려 분리주의에 동의하지 않으면서 본국의 잉글랜드 교회와 지속적이고 긴밀한 연계와 보호를 바라고 있었던 것도 사실이다. 이는 1648년 3월에 매사추세츠 역사학회(Massachusetts Historical Society)에서 헨리 와일더 푸트(Henry Wilder Foote, 1875-1964)가 발표한 '1648년의 케임브리지 강령의 의미와 영향'이라는 소논문에서 구체적인 예를 찾아볼 수 있다. 예컨대 뉴잉글랜드 식민지의 초기 청교도 목회자이자 매사추세츠 세일럼의 첫 목회자였던 프랜시스 히긴슨(Francis Higginson,

---

1 에라스티안(Erastian)적인 성공회 교회.

1588-1630) 목사가 영국으로부터의 작별을 고하며 언급한 것 가운데서 찾을 수 있으니, 1629년 5월 1일 와이트 섬에서 그가 타고 온 배가 잉글랜드 땅의 끝을 지날 때에 그는 배의 고물에 승객들을 불러 모아놓고서 이렇게 말했다고 한다.

> "우리는 분리주의자들이 영국을 떠날 때에 자주 했었던 것처럼 '바빌론이여 안녕! 로마여 안녕!'이라고 말하지는 않을 것이다. 우리들은 '사랑하는 잉글랜드, 영국에 있는 하나님의 교회, 거기에 있는 모든 기독교인 친구들과 작별을 고한다.' 말할 것이지만, 우리는 잉글랜드 국교회의 분리주의자로서 뉴잉글랜드로 가는 것이 아니다. 우리는 잉글랜드 교회 안에 있는 부패로부터 분리할 수밖에 없을 뿐이다. 다만 우리들은 교회 개혁의 긍정적인 부분들을 실천하고 미국에 복음을 전파하러 가는 것이다."[2]

뿐만 아니라 히긴슨의 동료 사무엘 스켈턴(Samuel Skelton, 1592-1634)은 존 엔데콧에게 질문을 받았을 때에 아래와 같이 대답했다.

> "그들은 분리주의자들이 아니며 재세례파들도 아니고, 잉글랜드 국교회와 그 안에 있는 하나님의 규례들로부터 분리된 것이 아니라 최근 몇 년 동안 그 교회에 발생한 부패와 무질서로부터 분리한 것이다."

무엇보다 잉글랜드를 떠나는 항해 전날인 1630년 4월 7일에 존 윈스

---

2 미국의 유니테리안 교회 사역자이자 역사학자였던 헨리 와일더 푸트(Henry Wilder Foote, 1875-1964)가 1948년 3월에 매사추세츠 역사학회(Massachusetts Historical Society)의 회의에서 발표한 논문 가운데서 발췌한 것이다.

럽(John Winthrop, 1588-1649)과 다른 6명의 지도자가 서명한 '겸손한 청원'(The Humble Request)에서 그 맥락을 잘 살펴볼 수 있는데, 이는 그들이 출발한 후에 런던으로 보내서 인쇄한 것이었다. '겸손한 청원'은 이민자들의 동기와 의도를 비판하려는 잉글랜드 사람들에게 보내는 이해와 영적인 교제를 위한 탄원서였다. 그것의 일부를 보면 아래와 같다.

"⋯⋯우리는 본인의 통지를 당신이 기쁘게 받아 주시기를 바라며, 또한 우리 단체의 대부분은, 우리들이 태어난 때로부터 잉글랜드 교회를 우리의 사랑하는 어머니라 부르는 것을 영광으로 여기는 사람들로서, 교회가 특별히 거하는 곳에서 마음에 수없이 많은 슬픔과 우리 눈의 수많은 눈물이 없이는 우리의 조국과 헤어질 수 없으며, 우리의 공통의 구원에서 얻은 것과 같은 희망과 자질들을 교회의 품에서 받았고, 교회의 가슴으로부터 취했다는 것을 늘 인정합니다. 그러므로 우리는 그곳에서 우리가 양분으로 공급받았던 그 젖을 미워하지 않습니다. 그러나 같은 한 몸의 지체로서 혈통과 가르침에 대하여 하나님께 영광을 돌리며, 교회의 선함 가운데서 항상 기뻐하고, 교회에 닥칠지 모르는 그 어떤 슬픔에 대해서든 거짓 없이 슬퍼하며, 우리가 숨을 쉬는 동안에, 그리스도 예수의 왕국 가운데 있는 교회의 확장과 더불어, 교회의 안녕이 지속되고 풍요로워지기를 진심으로 원하며 진력하는 바입니다.⋯⋯당신의 은밀한 이웃들의 필요와 곤경을 당신의 회중들의 기도에 맡기는 당신의 자선은, 일반적이며 칭찬할 만한 행실입니다. 당신 자신의 간장에서 솟아나는 교회를 위한 마음으로 이와 같이 하십시오.⋯⋯하나님의 영이 사도 바울을 감동시키시어, 로마의 식민지였던 빌립보 교회를 계속해서 언급하게 했다는 사실을 당신은 모르지 않습니다. 우리는 당신의 마음 안에 놓인 동일한 영으로서 당신에게 간청하노니, 주께서 기억하는 자들이며 연약한 식민지인들인 우리를 위해 쉬지 않는 기도로 계속해서 하나님께 간구해주시기를 바랍니다.…… 우리가 광야에 있는 가난한 오두막집에서, 원망의 정신으로 빛을 잃고 있을 때에, 다양한 필요들과 시련으로 인해, 전혀 예상치 못한 일이 일어나거나, 우리에게 무익하게 되지 않기를 바랄 수 있을 것입니다."

이러한 실례들 가운데서 우리들은 잉글랜드 국교를 떠나 신대륙 아메리카에 도착했던 자들의 초창기 인식 가운데에는 처음부터 잉글랜드와의 분리를 표방했던 것이 아님을 분명하게 확인할 수가 있다. 하지만 이러한 실례들을 통해 신대륙의 뉴잉글랜드의 매사추세츠를 중심으로 형성된 교회가 처음부터 명확한 신학적 입장을 정리하고 있었던 것이 아님을 알 수가 있으며, 이후로 역사 가운데서 그들은 차츰 잉글랜드의 간섭을 배제하는 가운데서 결국 잉글랜드로부터의 독립에 동참하여 미국의 수정헌법 1조(The First Amendment)에서, 영국의 성공회와 같은 국교를 두지 않으며, 기독교 내의 특정 교파의 우위나 주도를 인정하지 않는 가운데 국가와 교회의 분리를 지향하는 브라운주의의 맥락을 그대로 실현해 나갔음을 볼 수가 있다. 그러므로 미국의 초기 정착민들과 독립 이후에 본격적으로 형성된 미국의 기독교회의 성격, 특히 장로교회파의 성격이 어떠했었는지에 대한 판단은 잉글랜드를 떠나온 초창기의 사료들에 근거하기보다는 이후의 그들의 행적들, 대표적으로 가장 이른 시기에 그들의 교회가 어떤 성격으로 미국에 형성될 것인지를 제시하고 있는 케임브리지 강령의 내용을 살펴보는 가운데서 이뤄져야 하는 것이다. 그러므로 이제부터 케임브리지 강령의 조항들을 세부적으로 살펴보고자 한다.

먼저 케임브리지 강령(1648) 제1장 1조은 **"교회 정치, 또는 교회 치리 혹은 권징은, 지상에 있는 그리스도의 교회에서 지켜야 할 질서와 형식 외에 다른 것이 아니며, 그 둘은 그것의 규정과 그 가운데서 수행되어야 하는 모든 행정들을 위하는 것들"**이라고 명시하고 있다. 이는 제2치리서(1578) 3조의 **"교회의 정치는 하나님의 말씀에 따라 임명된 교회 직분자가 행하는 영적인 통치의 질서 혹은 형식"**이라고 한 문구와 유사하지만 제2치리서의 이후 문맥, 곧 **"그러므로 직분자는 즉시 이 권세를 받아서, 전체 교회의 유익을 위해 사용한다."**고 하는 것에까지 진전되는 형태로서의 질서와 형식으로까지 언급하는 것이 아니다.

사실 장로교회정치의 원리를 명백히 표방하고 있는 제2치리서는 **"교회의 정치와 일반적인 의미"**에 관해 규정하면서, 먼저 하나님의 교회가 어떠한 의미인지를 분명하게 구별하고 있는데, 1조에서 언급한 바 그것은 **"넓은 의미에서는 예수 그리스도의 복음을 고백하는 모든 사람들을 말하며, 아울러 경건한 자들뿐만이 아니라, 외적으로 참된 종교를 고백하나 위선적인 자들까지도 포함하는 모임이나 교제를 교회라 이르기도 한다. 또한 어떤 경우에 있어서 교회란, 오직 경건하며 택함을 입은 자들만을 지칭하기도 한다. 그리고 종종 진리를 고백하는 회중들 가운데 영적인 역할을 하는 사람들을 지칭하기도 한다."** 더욱이 2조에서 **"마지막 의미로서의 교회는 하나님께서 부여하신 특정한 권세가 있으며, 교회는 온 교회의 평안을 위해 정당한 판결과 치리에 있어서 그 권세를 사용한다. 이러한 교회의 권세는 성부 하나님께서 중보자 예수 그리스도를 통해 그 분의 교회에게 주신 권세로서, 하나님의 말씀에 근거를 두니, 하나님의 영적 다스림으로 적법하게 부르심을 받은 자들이 이 권세를 행사한다."**고 하여, **"하나님께서 부여하신 특정한 권세"**로서의 직분과 치리회의 권세를 강조하고 있다. 그러나 케임브리지 강령에서는 "지상에 있는 그리스도의 교회에서 지켜야 할 질서와 형식"을 언급할지라도, 그것은 제2치리서가 규정하는 바와 같은 권세(Power)를 지닌 직분이나 치리회와 같은 기구들에 이르는 것이 아니며, 오히려 **"지상에 있는 그리스도의 교회에서 지켜야 할 질서와 형식"**을 **"그것의 규정과 그 가운데서 수행되어야 하는 모든 행정(혹은 관리)들을 위하는 것들"**일 뿐이다. 그런고로 케임브리지 강령 제1장 4조에서 **"질서와 예의에 속하는 시간과 장소 등에 필요한 상황들은 사람들에게 맡겨진 것이 아니"**라고 명시하고 있다. 무엇보다 케임브리지 강령 제1장 3조는 **"교회 치리의 요소들과 두 번째 계명에 따라 제정된 예배 원칙의 요소들이나 의미들은 모두 하나님의 말씀 안에 정확하게 기술되어 있으며, 그러므로 우리 주 예수 그리스도께서 나타나실 때에 흔들리지 않는 나라로 그것을 하나님, 곧 아버지께 드리기까지 동일하게 지속되어야 한다. 그런즉 그 가운데 있는 어떤 것을 더하거나 줄이거나, 바꾸는 일이 사람들이나, 직분, 교회들, 또는 세상에 있는 어떠한 국가의 권한에도 맡겨지지 않도록 해야 한다."**고 한 것을 볼 수가 있다. 바로 이러한 맥락에서 4조는 **"질서와 예의에 속하**

는 시간과 장소 등에 필요한 상황들은 사람들에게 맡겨진 것이 아니"
라고 명시한 것이다. 그런고로 케임브리지 강령에서는 제2치리서 1장
2조에서 규정하는바 **"교회는 하나님께서 부여하신 특정한 권세가 있
으며, 교회는 온 교회의 평안을 위해 정당한 판결과 치리에 있어서 그
권세를 사용한다."**고 함과 같은 치리회의 역할과 권세, 특히 지교회 외
의 상위 치리기구의 역할과 중요성으로까지 나아가지는 않음을 알 수
가 있으며, 처음부터 교회(지교회)와 국가의 권세를 철저히 분리하는 취
지에서 작성한 것임을 알 수가 있다.

일반적으로 브라운주의자(Brownist)들의 분리주의 맥락은, 교회와 세속
권세의 명백한 구별과 분리를 천명하는 데에 있다. 마찬가지 맥락으
로 잉글랜드의 독립교회파 또한 교회와 국가의 관원들 및 공권력으로
부터 분리된 교회 자체의 독립적인 성격을 강조했었다. 그러나 그러한
독립교회파는 잉글랜드에서 극심한 핍박과 박해에 처했으므로, 이를
잘 알고 있는 회중주의 청교도들은 처음부터 분리주의에 대해 강력히
반박했었던 것이다. 하지만 케임브리지 강령 제1장 3조의 "……**그런
즉 그 가운데 있는 어떤 것을 더하거나 줄이거나, 바꾸는 일이 사람들
이나, 직분, 교회들, 또는 세상에 있는 어떠한 국가의 권한에도 맡겨지
지 않도록 해야 한다.**"고 한 문구에서 볼 수 있듯이, 뉴잉글랜드의 회
중주의 청교도들은 지교회를 넘어서는 치리기구의 통제나 국가의 권
세로부터 충분히 분리된 지교회의 독립성을 강조하는 맥락에서 교회
정치를 이해하고 있음을 3조와 4조의 문구들 가운데서 찾아볼 수가
있는 것이다. 더욱이 그러한 지교회의 독립성에 대한 강조의 명분이

처음부터 브라운주의의 경우처럼 "(잉글랜드) 교회에 발생한 부패와 무질서로부터 분리"[3]라는 점에서, 브라운주의와 마찬가지로 기본적으로 분리주의의 양상 가운데 있는 것이 바로 회중주의의 교회정치 맥락인 것을 알 수가 있는 것이다.

한편, 장로교회의 교회정치의 기틀을 이미 확고히 제시하고 있는 스코틀랜드 제2치리서에서는 제1장의 4조에서 **"교회의 권세와 정치는 세상 권세 혹은 국가의 시민 정부에 속한 권세와 정치와는 속성상 다르다. 그럼에도 불구하고 이 두 권세는 모두 하나님께 속한 것이며 그 목적은 하나로서, 바르게 사용한다면 이는 하나님의 영광을 더 높이는 것이 되고 경건하고 선한 백성들을 증대시키는 결과를 낳는다."**는 것으로서 **"교회와 정치의 일반적인 의미, 그리고 세속정치와의 차이점"** 을 명시하고 있는데, 그러므로 5항에서 교회의 권세의 성격에 관하여 **"이런 교회의 권세는 하나님께서 중보자 예수 그리스도를 통해 즉시 허락하시는 것으로서 영적이며, 결코 세상에서 일시적인 수장을 허락하지 않으며, 오직 그리스도만이 그의 교회의 영적인 왕이자 통치자이시다."**라고 하여, 세속정치와 교회정치의 중요한 차이점이 바로 특정한 사람에게 권세를 부여하지 않는 것에 있음을 밝혀두고 있다. 즉 세속정치와 같이 수장(a temporal head)에게 특정한 권세가 부여되는 것이 아닌 것이다. 이는 케임브리지 강령에서도 명백히 밝혀두고 있는 바로서, 4조의 **"질서와 예의에 속하는 시간과 장소 등에 필요한 상황들은 사람들에게 맡겨진 것이 아니"**라고 한 것은 스코틀랜드 제2치리서의

---

3 존 엔데콧의 질문에 대한 사무엘 스켈턴의 답변.

교회의 권세에 대한 설명과 같은 맥락인 것이다.

그러나 조금 더 구체적으로 살펴보자면, 스코틀랜드 제2치리서가 교회의 2조에서 교회정치의 권세에 관하여 **"이러한 교회의 권세는 성부 하나님께서 중보자 예수 그리스도를 통해 그 분의 교회에게 주신 권세로서, 하나님의 말씀에 근거를 두니, 하나님의 영적 다스림으로 적법하게 부르심을 받은 자들이 이 권세를 행사한다."**고 하여 그 신적인 기원과 근거(Jure Divino)를 명백히 밝히고 있는 것에 비해, 케임브리지 강령에서는 4조에서 **"그것들의 목적과 관련하여, 그것들은 덕을 세우기를 위해야만 한다. 태도에 관해서는, 그것들 자체의 본성과, 시민 사회와 교회의 관습에 따라야 한다. 본성 그 자체까지도 너희를 가르치지 않는가? 그렇다. 그것들은 어떠한 종류로서 각별하게 확정되는 것이니, 모든 상황들을 고려하여 덕을 세우는데 가장 편리한 태도 가운데서 수행되어야 한다. 그런즉 그들의 결정에 관해서는 마치 인간의 오류가 없는 것처럼, 그들의 결정을 마치 그것이 신적인 것(were divine)처럼 간주해야 한다."**고 하여 조금 더 완곡하게 교회정치의 권한을 제한하고 있는 것을 볼 수가 있다. 즉 제2치리서 5조의 **"이런 교회의 권세는 하나님께서 중보자 예수 그리스도를 통해 즉시 허락하시는 것"**이라는 맥락에서 조금 완곡하게, **"모든 상황들을 고려하여 덕을 세우는데 가장 편리한 태도 가운데서 수행되어야 한다."**고 상당히 제한적으로 언급하고 있는 것이다. 마찬가지로 제2치리서가 사용하는 '권세'(Power) 혹은 '권한'이라는 말 대신에, '질서'와 '형식', 그리고 '행정'(administrations) 혹은 '관리'라는 말을 사용한다.

# The Cambridge
Platform(1648)

Chap II:

보편적 교회의
일반적 속성과
가시적 개별 교회의
특별한 속성에 관해

1. 보편적 교회The Catholic Church는 택함을 받고 구속된 자들, 또한 시간 가운데 죄와 사망의 상태에서 예수 그리스도 안에 있는 은혜와 구원의 상태로, 효과적으로 부르심을 받은 자들의 무리 전체 the whole company이다.

▶ 엡 1:22,23, 그리고 5:25,26,30. 히 12:23.

2. 이러한 교회는 승리한 교회이거나, 혹은 전투하는 교회이다. 승리한 교회란, 하늘에서 영광을 받은 자들의 수이다. 전투하

The Form
of Presbyterial Church-
Government(1645)

교회에 관하여

하나의 가시적인 보편 교회One general church visible가 신약성경에 제시되어 있다.

신약성경의 사역ministry과 예언or-acles과 규례ordinances는 예수 그리스도께서 가시적인 보편 교회에 주신 것으로, 이 세상에서 주님이 다시 오실 때까지 [성도들을] 모으고 [교회를] 온전케 하기 위함이다.

가시적 개별 교회들Particular visible churches, [즉] 보편 교회의 회원mem-bers은, 신약 성경 안에 항상 제시

는 교회란, 지상에서 그들의 대적들과 더불어 서로 싸우는 자들의 수이다.

▶ 롬 8:17. 딤후 2:12, 그리고 4:8. 엡 6:12,13.

3. 이러한 전투하는 교회militant church는 가시적이지 않으나, 또한 가시적인 것으로 간주된다. 비가시적Invisible이라는 것은, 머리에 대한 몸의 관계와 같이, 그리스도께 대한 그들의 관계에 관한 것으로, 하나님의 영과 그들의 마음 안에 있는 믿음으로 그리스도와 연합됨united이다. 가시적visible이라는 것은, 그들의 인격 안에서, 특별히 개별 교회들 안에서의 그들의 신앙고백에 관한 것이다. 그런즉 이에 따라서 보편적인 가시적 교회가 인식될 수 있을 것이다.

▶ 딤후 2:19. 계 2:17. 고전 6:17. 엡 3:17. 롬 1:8. 살전 1:8. 사 2:2. 딤전 6:12.

되어 있다. 초대 시기의 개별 교회는 가시적인 성도들로 구성되었으니, 즉 성년이 되어 그리스도를 믿는 신앙과 그리스도에 대한 순종을, 그리스도와 사도들이 가르친 신앙과 생활의 규칙the rules of faith and life에 따라 고백한 사람들과 그들의 자녀들로 이뤄졌다.

4. 전투하는 가시적 교회의 회원은, 아직 교회 질서 안에in church order 있지 않거나, 복음의 교회 질서를 따라 행하는 것으로 간주된다. 그들은 질서 안에서, 그리고 모든 신자들에게 공통된 영적인 연합과 교제 외에도, 교회 정치적ecclesiastical-political 연합과 교제를 더욱 누린다. 그런즉 우리는 보편적인 가시적 교회universal visible church를 부인한다.

▶ 행 19:1. 골 2:5. 마 18:17. 고전 5:12.

5. 질서를 따라 행하는 전투하는 가시적 교회의 회원들의 상태는, 율법 이전에는, 공동체economical, 즉 가족들이었으며, 율법 아래서는, 국가적national이었다. 또한 그리스도께서 오신 이후로는, 다만 회중적congregational이었다.(우리는 독립적이라는 명칭을 인정하지 않는다) 따라서 [전투하는 가시적 교회의 회원들의 상

태는] 국가적이지 않으며, 지방적
provincial이거나 노회적classical이
지도 않다.

▶ 창 18:19. 출 19:6.

6. 회중교회는 그리스도의 제정in-
stitution하심에 의해 전투하는 가
시적 교회의 부분으로, 부르심에
의해 성도들saints의 무리를 이루
며, 거룩한 언약a holy covenant에
의해 한 몸으로 연합되고, 하나
님의 공적인 예배를 위하며, 또
한 서로의 덕edification을 세우
고, 예수 그리스도의 교제 안에
있다.

▶ 고전 14:23,36, 그리고 1:2, 그리
고 12:27. 출 19:5,6. 신 29:1, 그리고
9-15. 행 2:42. 고전 14:26.

1680년 5월 12일
뉴잉글랜드 보스턴에
모인 [회중]교회들의
장로들과
사자Messengers들이
동의하고 채택한 신앙고백

※ 사보이 선언The Savoy Declara-
tion(1658)을 그대로 채택한 것이다.

Chapter XXVI
: 교회에 관하여

1. 웨스트민스터 신앙고백(1647)
제25장 1조와 동일.

The Westminster
Confession of Faith

Chap XXV

: 교회에 관하여

1. 비가시적인 '보편적Gatholic 혹
은 공동의Universal 교회'는 그 교
회의 머리이신 그리스도 아래 한
몸으로 모여 있었고, 모여 있으
며, 모이게 될 택함을 받은 사람
들의 총수로 이루어져 있다. 이
교회는 만물들 안에서 만물들을
충만케 하시는 그리스도의 신부
이고 몸이며 충만함이다.
▶ 엡 1:10. 22-23. 5:23,27,32. 골
1:18.

2. 온 세상 사람들men throughout the world의 한 몸whole body은, 복음의 믿음, 그리고 이에 따라서 그리스도로 말미암아 하나님께 순종함을 고백하고professing, 그 기초를 뒤엎는 그 어떤 오류나 거룩하지 않은 말로써 그들 자신의 고백을 무너뜨리지 아니한다면, 그들과 더불어서 그들과 함께 한 그들의 자녀들은 그리스도의 가시적 보편 교회이며 또 그렇게 불릴 수 있으며, 비록 그 자체로서 온 몸을 지배하거나 다스리는to rule or govern 것은 어떤 직분들officers에게도 위임되지 않았다.

2. 가시적 교회도 복음 아래(과거 율법 아래에서처럼 한 민족에 제한되지 않는)에서 '보편적 혹은 공동의 교회'인데, 이 교회는 온 세상의 참된 신앙을 고백하는 모든 자들과 그들의 자녀들로 이루어진다. 이 교회는 주 예수 그리스도의 왕국이요, 하나님의 집이자 권속Family이며, 이 교회 밖에서는 통상적으로 구원의 가능성이 전혀 없다.

▶ 고전 1:2, 12:12-13. 시 2:8. 계 7:9. 롬 15:9-12. 고전 7:14. 행 2:39. 겔 16:20-21. 롬 11:16. 창 3:15, 17:7. 마 13:47. 사 9:7. 엡 2:19, 3:15. 행 2:47.

3. 웨스트민스터 신앙고백 제25장 5조와 전반부는 동일하며, "그럼에도 불구하고 지상에는 언제나 하나님의 뜻에 따라 하나님을 예배하는 교회가 있을 것이다."라는 웨스트민스터 신앙고백 제25장 5조의 문구 대신에, "그럼에

3. 이러한 보편적인 가시적 교회에 그리스도께서는 하나님의 직분Ministry, 말씀Oracles, 그리고 규례들Ordinances을 주시되, 세상 끝날까지 이생에서 성도들을 모으고 온전하게 하는 일을 위하여 주셨다. 또한 그의 임재와 성령으

도 불구하고 그리스도께서는 세상 끝날까지 이 세상에서 그를 믿고 그의 이름을 고백하는 자들의 가시적인 왕국a visible kingdom 을 항상 가지고 계셨고 앞으로도 가지실 것이다."로 바꾸어 고백했다.

로 그의 약속에 따라 그것들을 효과 있게 하신다.

▶ 고전 12:28. 엡 4:11-13. 마 28:19-20. 사 59:21.

4. 웨스트민스터 신앙고백 제25장 6조와 동일한 고백이나, 마지막에 "주께서 그의 강림의 밝은 빛과 함께 멸하실 자"라는 문구의 고백을 덧붙이고 있다.

4. 이러한 보편적 교회는 때로는 더욱, 때로는 덜 가시적이었다. 그리고 그것의 회원들인 개별교회들은, 그들 안에서 더욱 혹은 덜 순수하게 복음의 교리가 가르쳐지느냐, 신봉되느냐, 규례들이 집례되느냐, 또한 공적인 예배가 수행되느냐에 따라서 더욱 혹은 덜 순수하게 된다.

▶ 롬 11:3-4. 계 12:6,14. 계 2-3장. 고전 5:6-7.

5. 웨스트민스터 신앙고백 제25장에서 전혀 언급하지 않는 종말론의 내용을 교회론 안에서 고백한다. 즉, "주께서 그의 교회에 대

5. 하늘아래 가장 순전한 교회라 할지라도 혼합mixture과 오류errour 모두에 처한다. 그리고 어떤 교회들은 그리스도의 교회가 아니

한 보살핌과 사랑하심과 같이, 그를 사랑하는 자들의 유익과 그 자신의 영광을 위하여, 그의 무한히 지혜로운 섭리를 모든 시대에in all ages 다양하게 행하셨다. 그런즉 그의 약속을 따라서, 우리들은 말일에in the latter days 적그리스도가 멸망하고, 유대인들이 부른바 되며, 그의 사랑하는 아들의 왕국의 대적들이 무너지고, 그리스도의 교회들이 빛과 은혜의 자유롭고 충만한 교통을 통하여 확장되고 세워지기를 바라보나니, 그들은 이 세상에서 누렸던 것보다도 더욱 고요하고, 평화로우며, 영광스러운 상태glorious condition를 누리게 될 것이다." 라는 고백이 첨부되었다.

라 사탄의 회당Synagogues of Satan이 될 정도로 퇴행해 버렸다. 하지만 그럼에도 불구하고 그의 뜻을 따라서 하나님을 예배하는 교회가 항상 있을 것이다.

▶ 고전 13:12. 계 2-3장. 마 13:24-30, 47. 계 13:2. 롬 11:18-22. 마 16:18. 시 72:17, 102:28. 마 28:19-20.

6. 주 예수 그리스도 외에 교회의 다른 머리Head는 없다. 로마 가톨릭의 교황 역시 어떤 의미에서든 교회의 머리일 수가 없다. 오히려 적그리스도요Antichrist, 죄의 사람, 그리고 멸망의 아들Son of Perdition, 교회 안에서 그리스도를 대적하여 그 자신을 높이는 자, 그리고 하나님이라 일컫는 것의 전부일 뿐이다.

▶ 골 1:18. 엡 1:22. 마 23:8-10. 살후 2:2-4,8-9. 계 13:6.

해설

케임브리지 강령의 제2장은 **"보편적 교회의 일반적 속성과 가시적 개별 교회의 특별한 속성에 관해"** 다룬다. 이는 1645년의 웨스트민스터 장로교회정치 형태에 관한 문서[1]에서 **"교회에 관하여"** 규정하고 있는 것보다 훨씬 심도있는 교회에 대해 이해를 유도하고 있는 제목으로서, 1578년의 스코틀랜드 제2치리서 제1장 1조와 2조의 **"하나님의 교회는 넓은 의미에서는 예수 그리스도의 복음을 고백하는 모든 사람들을 말하며, 아울러 경건한 자들뿐만이 아니라, 외적으로 참된 종교를 고백하나 위선적인 자들까지도 포함하는 모임이나 교제를 교회라 이르기도 한다. 또한 어떤 경우에 있어서 교회란, 오직 경건하며 택함을 입은 자들만을 지칭하기도 한다. 그리고 종종 진리를 고백하는 회중들 가운데 영적인 역할을 하는 사람들을 지칭하기도 한다."**고 한 문구나, 2조의 **"마지막 의미로서의 교회는 하나님께서 부여하신 특정한 권세가 있으며, 교회는 온 교회의 평안을 위해 정당한 판결과 치리에 있어서 그 권세를 사용한다. 이러한 교회의 권세는 성부 하나님께서 중보자 예수 그리스도를 통해 그 분의 교회에게 주신 권세로서, 하나님의 말씀에 근거를 두니, 하나님의 영적 다스림으로 적법하게 부르심을 받은 자들이 이 권세를 행사한다."**는 문구보다도 훨씬 심도있는 이

---

1 이하에서는 '웨스트민스터 장로교회정치 형태'로 언급한다.

해를 요구하는 교회에 관한 설명이다.

먼저 케임브리지 강령 제2장 1조는 **"보편적 교회"**(The Catholic Church)에 관해 이르기를, **"보편적 교회는 택함을 받고 구속된 자들, 또한 시간 가운데 죄와 사망의 상태에서 예수 그리스도 안에 있는 은혜와 구원의 상태로, 효과적으로 부르심을 받은 자들의 무리 전체"**라고 했다. 반면에 웨스트민스터 장로교회정치 형태에서는 **"성년이 되어 그리스도를 믿는 신앙과 그리스도에 대한 순종을, 그리스도와 사도들이 가르친 신앙과 생활의 규칙에 따라 고백한 사람들과 그들의 자녀들로 이뤄"**진 것이라고 언급하는데, 이는 **"신약성경의 사역과 예언과 규례는 예수 그리스도께서 가시적인 보편 교회에 주신 것으로, 이 세상에서 주님이 다시 오실 때까지** [성도들을] **모으고** [교회를] **온전케 하기 위함"**이라고 한 문구와 함께 기본적으로 신약성경에 규정됨에 따른 교회로서의 **"가시적인 보편 교회"**가 무엇인지를 언급하고 있음을 볼 수가 있다. 이처럼 '케임브리지 강령'과 '웨스트민스터 장로교회정치 형태'는 교회에 대해 언급하면서 기본적인 전제에서부터 차이를 보이고 있으니, 케임브리지 강령이 교회의 속성, 즉 일반적 속성과 특별한 속성을 중심으로 교회에 관해 규정하고 있는데 반해서 웨스트민스터 장로교회정치 형태는 신약성경에 제시된 교회의 **"사역과 예언과 규례"**로서 규정하고 있는 것이다. 이는 곧 '교회의 상태'에 따라 전투하는 교회와 승리한 교회로 구별함[2]과, '교회의 영역'에 따라 비가시적인 교회와 가

---

2 케임브리지 강령의 주된 구별이다.

시적인 교회로 구별하는 것[3]의 차이라 하겠다.

물론 케임브리지 강령 1조는 기본적으로 웨스트민스터 신앙고백 제
25장 1조에서 언급하는 **"비가시적인 보편적 혹은 공동의 교회"**에 관
한 문구를 따르고 있으며, 이는 1658년의 사보이 선언(The Savoy Decla-
ration) 제26장 1조가 웨스트민스터 신앙고백 제25장 1조를 그대로 따
르고 있는 것에서 파악할 수 있다. 왜냐하면 케임브리지 강령을 근거
로 성립한 뉴잉글랜드의 회중교회는 잉글랜드 회중교회의 사보이 선
언이 발표된 지 22년이 지난 1680년에, 사보이 선언 그대로를 신앙고
백으로 채택했기 때문이다. 그러므로 웨스트민스터 신앙고백 제25장
1조에서 **"비가시적인 '보편적 혹은 공동의 교회'는 그 교회의 머리이**
신 그리스도 아래 한 몸으로 모여 있었고, 모여 있으며, 모이게 될 택
함을 받은 사람들의 총수로 이루어져 있다."고 함과 유사하게, 케임브
리지 강령 제2장 1조에서도 **"보편적 교회는 택함을 받고 구속된 자들,**
또한 시간 가운데 죄와 사망의 상태에서 예수 그리스도 안에 있는 은
혜와 구원의 상태로, 효과적으로 부르심을 받은 자들의 무리 전체이
다."라고 언급하고 있는 것이다. 하지만 케임브리지 강령에 근거하여
성립한 뉴잉글랜드의 회중교회들이 채택한 잉글랜드의 사보이 선언
은 제26장 1조 이후로 웨스트민스터 신앙고백 제25장의 문구들을 그
대로 계승하지 않는다. 예컨대 웨스트민스터 신앙고백 제25장 2조가
"가시적 교회도 복음 아래(과거 율법 아래에서처럼 한 민족에 제한되

---

3 웨스트민스터 장로교회정치 형태의 구별이다.

지 않는)에서 '보편적 혹은 공동의 교회'인데, 이 교회는 온 세상의 참된 신앙을 고백하는 모든 자들과 그들의 자녀들로 이루어진다. 이 교회는 주 예수 그리스도의 왕국이요, 하나님의 집이자 권속이며, 이 교회 밖에서는 통상적으로 구원의 가능성이 전혀 없다."고 한 것과 달리, 사보이 선언 제26장 2조에서는 "온 세상 사람들의 한 몸은, 복음의 믿음, 그리고 이에 따라서 그리스도로 말미암아 하나님께 순종함을 고백하고, 그 기초를 뒤엎는 그 어떤 오류나 거룩하지 않은 말로써 그들 자신의 고백을 무너뜨리지 아니한다면, 그들과 더불어서 그들과 함께 한 그들의 자녀들은 그리스도의 가시적 보편 교회이며 또 그렇게 불릴 수 있으며, 비록 그 자체로서 온 몸을 지배하거나 다스리는 것은 어떤 직분들에게도 위임되지 않았다."고 하여, 상당하게 차이를 두고 있다. 더욱이 웨스트민스터 장로교회정치 형태에서는 웨스트민스터 신앙고백 제25장 3조의 **"이러한 보편적인 가시적 교회에 그리스도께서는 하나님의 직분, 말씀, 그리고 규례들을 주시되, 세상 끝 날까지 이생에서 성도들을 모으고 온전하게 하는 일을 위하여 주셨다."**고 한 문구를 반영하여, **"신약성경의 사역과 예언과 규례는 예수 그리스도께서 가시적인 보편 교회에 주신 것으로, 이 세상에서 주님이 다시 오실 때까지** [성도들을] **모으고** [교회를] **온전케 하기 위함이다."**라고 언급하고 있다. 즉 가시적인 보편 교회에 있어서 예수 그리스도께서 신약성경 가운데 제정하신 말씀, 규례, 직분의 질서가 제시됨을 밝히고 있는 것이다. 반면에 사보이 선언 제26장 2조에서는 **"온 세상 사람들의 한 몸은, 복음의 믿음, 그리고 이에 따라서 그리스도로 말미암아 하나님께 순종함을 고백하고, 그 기초를 뒤엎는 그 어떤 오류나 거룩하지 않은 말로써**

그들 자신의 고백을 무너뜨리지 아니한다면, 그들과 더불어서 그들과 함께 한 그들의 자녀들은 그리스도의 가시적 보편 교회이며 또 그렇게 불릴 수 있으며, 비록 그 자체로서 온 몸을 지배하거나 다스리는 것은 어떤 직분들에게도 위임되지 않았다."고 하여 직분에 의한 교회에서의 다스림의 질서에 대한 부정적 근거를 제시하고 있는 것을 볼 수가 있다. 무엇보다 웨스트민스터 장로교회정치 형태가 **"가시적 개별 교회들, [즉] 보편 교회의 회원"**에 관해 언급하고 있고, 또한 웨스트민스터 신앙고백 제25장 2조에서 **"가시적 교회도 복음 아래**(과거 율법 아래에서처럼 한 민족에 제한되지 않는)**에서 '보편적 혹은 공동의 교회'인데, 이 교회는 온 세상의 참된 신앙을 고백하는 모든 자들과 그들의 자녀들로 이루어진다."**고 한 것에 반해, 케임브리지 강령은 4조에서 지상의 전투하는 교회의 회원에 관해 언급하는 가운데 이르기를 **"우리는 보편적인 가시적 교회를 부인한다."**고 명백하게 밝혀두고 있다.

앞서 언급한 **"'교회의 상태'에 따라 전투하는 교회와 승리한 교회로 구별함과, '교회의 영역'에 따라 비가시적인 교회와 가시적인 교회로 구별하는 것의 차이"**와 관련하여 다시 한 번 살펴볼 때에 케임브리지 강령이 교회의 상태와 관련하여 전투하는 교회와 승리한 교회로 구별한다 할지라도, 기본적으로 비가시적인 교회와 가시적인 교회로서의 교회의 영역과 관련한 구별에 대해 상당히 부정적이라는 것을 볼 수가 있다. 즉 1조에서 언급하는 **"보편적 교회"**에 대해, 2조에서는 **"승리한 교회이거나 혹은 전투하는 교회이다."**라고 규정하면서, 3조에서 **"이러한 전투하는 교회는 가시적이지 않으나, 또한 가시적인 것으로 간**

주된다."고 한 것이다. 더욱이 3조에서는 후반부의 문구 가운데서 "**가시적이라는 것은, 그들의 인격 안에서, 특별히 개별 교회들 안에서의 그들의 신앙고백에 관한 것이다. 그런즉 이에 따라서 보편적인 가시적 교회가 인식될 수 있을 것이다.**"라고 하여, 지상의 전투하는 교회가 개별 교회들 가운데서의 신자들 개개인의 신앙고백으로 인해 가시적이 될 수 있는 것이지만, 기본적으로는 가시적인 개념이 아님을 전제하고 있다. 이에 따라 케임브리지 강령 4조는 "**그런즉 우리는 보편적인 가시적 교회를 부인한다.**"고 명확히 선언하고 있는 것이다. 이러한 보편적 교회의 가시적인 성격과 비가시적인 성격에 관련하여 헤르만 바빙크(Herman Bavinck, 1854-1921)는 그의 개혁교의학 4권에서 "가시적 교회와 비가시적 교회의 구별은 본래 단지 로마교회에 대해 교회의 본질이 비가시적인 것, 즉 믿음, 성령을 통한 그리스도와 그리스도의 유익들과의 교제에 놓여 있다는 것을 말하기 위한 것이었을 뿐, 교회의 가시성, 즉 현실로부터 약간의 거리를 두고자 한 것이 결코 아니었다."[4]고 언급한다. 아울러서 "영국에서 재세례파의 영향 아래 등장한 로버트 브라운(Robert Browne)과 존 로빈슨(John Robinson)의 독립주의는 교회가 전적으로 개별적인 신자들의 모임에서 비롯된 것으로 여겼다. 크롬웰 혁명 후에 열광적이던 독립주의는 진정되어, 재세례파가 메노주의로 변한 것처럼, 세상에서 격리되고 온갖 외적인 것들에서 구별된 교회를 형성했던 퀘이커파의 종교로 변했다."[5]고 했는데, 이러한 분리주의의 맥락이 기본적으로 케임브리지 강령의 회중주의 교회

---

4 Herman Bavinck, 박태현 역,「개혁교의학 Ⅵ」(서울: 부흥과개혁사, 2011), 338.

5 앞의 책 344-5.

론 가운데 스며있는 것임을 제2장의 각 조항들 가운데서 확인할 수가 있는 것이다. 그러므로 케임브리지 강령 제2장 5조는 **"질서를 따라 행하는 전투하는 가시적 교회의 회원들의 상태는, 율법 이전에는, 공동체, 즉 가족들이었으며, 율법 아래서는, 국가적이었다. 또한 그리스도께서 오신 이후로는, 다만 회중적이었다.**(우리는 독립적이라는 명칭을 인정하지 않는다) **따라서** [전투하는 가시적 교회의 회원들의 상태는] **국가적이지 않으며, 지방적이거나 노회적이지도 않다.**"고 명시하고 있는데, 이는 개별교회 자체로서 완전한 교회를 형성함을 규정하는 회중주의의 교회관을 극명하게 보여주는 조항이다. 즉 회중으로서의 교회는 국가적인 교회를 지향하지 않고, 또한 노회(presbytery)나 지방 대회(provincial synod)와 같은 상위의 치리회를 인정하지도 않으며, 다만 독립적으로 존속할 뿐인 것이다.

그러나 1578년에 공적으로 작성된 장로교회정치의 문서인 스코틀랜드 제2치리서 1장은 4항에서 "교회의 권세와 정치는 세상 권세 혹은 공화정의 시민 정부에 속한 권세와 정치와는 속성상 다르다."고 하면서도, 동시에 "그럼에도 불구하고 이 두 권세는 모두 하나님께 속한 것이며 그 목적은 하나로서, 바르게 사용한다면 이는 하나님의 영광을 더 높이는 것이 되고 경건하고 선한 백성들을 증대시키는 결과를 낳는다."고 명시하고 있다. 마찬가지로 15항에서도 "관원은 교회의 관할권을 돕고, 유지하며 강화해야 한다. 목회자들은 자신이 속한 군주가 말씀에 부합한 정치를 할 수 있도록 도와야 하며, 다만 시정에서의 업무에 개입하여 자신들의 책임을 소홀히 하게 되지 않는 범위 내에서 세상일을 돕도록 한다."고 규정하고 있는 것을 볼 수가 있다. 한마디로 스코틀랜드 제2치리서를 통해 살펴볼 수 있는 장로교회정치의 기본적인 원리는 회중을 다스리는 직분과 치리회로서의 교회의 권세를 전제하며, 아울러 그러한 직분과 치리회의 권세가 국가의 권세와 서로 유기적으로 동역할 수 있도록 되어 있는데, 이는 웨스트민스터 총회의 역사에 있어서도 마찬가지 맥락으로 실천되었던 것이다. 즉 잉글랜드 의회의 소집에 의해 웨스트민스터 총회가 소집되었으나 그 총회에 있어 의사진행과 회의는 목회자들과 신학자들에 의해 수행되었던 것이다. 또한 스코틀랜드 제2치리서 7장 2항에서는 "회의에는 네 종류가 있다. 지교회와 회중에 속한 것으로서 하나 혹은 그 이상이 있고, 지방에 속한 회의, 나라 전체에 속한 회의, 혹은 예수 그리스도를 고백하는 열방의 모든 나라에 속한 회의가 있다."고 하여, 개별 교회로서의 치리회(당회)와 노회, 그리고 지방 대회 및 국가 대회(혹은 총회)와 같은 단계적 치리회의 운용을 명시하고 있다. 아울러 이러한 각 치리회는 서로 긴밀하게 종속되어 있으니, 웨스트민스터 장로교회정치 형태 제4장 4조의 대회에 관한 규정을 보면, 전체 문장의 말미에서 "교회정치에 관련하여 당회와 노회와 지방 대회와 국가 대회에 종속관계가 있다는 것은 합법적이고 하나님의 말씀에 합치한다."고 명시하고 있다.

끝으로 케임브리지 강령 제2장 6조는 **"회중교회는 그리스도의 제정하심에 의해 전투하는 가시적 교회의 부분으로, 부르심에 의해 성도들의 무리를 이루며, 거룩한 언약에 의해 한 몸으로 연합되고, 하나님의 공적인 예배를 위하며, 또한 서로의 덕(건덕)을 세우고, 예수 그리스도의**

교제 안에 있다."고 하여, 전투하는 교회에 있어서의 전투의 성격을 **"머리에 대한 몸의 관계와 같이, 그리스도께 대한 그들(회중)의 관계에 관한 것"**(3조)이라는 전제에 근거하는 회중 자체에 두고 있는 것을 볼 수가 있다. 그러므로 그러한 교회의 가시적인 성격 또한, 케임브리지 강령 제2장 3항에서 언급한바 **"그들(회중)의 인격 안에서, 특별히 개별 교회들 안에서의 그들의 신앙고백에 관한 것"**임을 명시하고 있는 것[6]이다. 이에 반해 웨스트민스터 신앙고백은 3조에서 **"이러한 보편적인 가시적 교회에 그리스도께서는 하나님의 직분, 말씀, 그리고 규례들을 주시되, 세상 끝 날까지 이생에서 성도들을 모으고 온전하게 하는 일을 위하여 주셨다."**고 더욱 명확히 언급하고 있다.

---

6 이런 맥락에서 3항의 말미의 문구는 "그런즉 이에 따라서 보편적인 가시적 교회가 인식될 수 있을 것이다."라는 다소 모호한 태도로 보편적인 가시적 교회를 언급한다.

The Cambridge Platform(1648)	The Form of Presbyterial Church-Government(1645)
Chap III:	**교회에 관하여**
가시적 교회의 양과 질 모두의 관점에 있어서의 문제matter에 관해	

1. 가시적 교회의 문제는 부르심에 의한 성도들saints에 관한 것이다.
▶ 고전 1:2. 엡 1장.

하나의 가시적인 보편 교회one general church visible가 신약성경에 제시되어 있다.

2. 성도들saints에 대한 우리의 이해는, (1). 보잘 것 없는 것일지라도 종교의 원리에 대한 지식을 얻었을 뿐 아니라, 극심하고 드러난 추문들로부터 자유롭게 되었으며, 또한 그들의 믿음과 회개의 고백과 더불어, 흠잡을 데 없이 말씀에 순종하여 행하며, 자비로운 분별 가운데 부르심에 의해 성도로 여겨질 수 있을 뿐 아

신약성경의 사역ministry과 예언oracles과 규례ordinances는 예수 그리스도께서 가시적인 보편 교회에 주신 것으로, 이 세상에서 주님이 다시 오실 때까지 [성도들을] 모으고 [교회를] 온전케 하기 위함이다.

가시적 개별 교회들Particular visible churches, [즉] 보편 교회의 회원members은, 신약 성경 안에 항상 제시

니라, 비록 그들의 일부 혹은 그 이상이 건전하지 못하며, 그리고 속으로는 위선자라 할지라도, 그러한 개별 교회의 회원들은 일반적으로 성령the Holy Ghost에 의해 성도들이라 불리며 또한 그리스도 안에서 신실한 형제들이라고 불리기 때문이다. 그리고 여러 교회들이 맞아들이는 것으로 인해 책망을 받았으며, 또한 그러한 사람들이 그들 사이에서 교제하는 것을 계속하도록 고통을 당하고, 공격과 수치를 당하기도 한다. 하나님의 이름이 또한 이러한 것들로도 훼방을 받으며, 하나님의 것들을 거절하고 더럽혀졌으며, 경건한 자들의 마음은 근심하게 되었으며, 악인들은 그들 스스로 굳어지고, 지옥의 저주에 이르도록 도왔다. 그러한 예들은 다른 이들의 성결sanctity을 위태롭게 하나니, 적은 누룩이 온 덩어리를 부풀게 하는 것이다. (2). 그러한 자들의 자녀들 되어 있다. 초대 시기의 개별 교회는 가시적인 성도들로 구성되었으니, 즉 성년이 되어 그리스도를 믿는 신앙과 그리스도에 대한 순종을, 그리스도와 사도들이 가르친 신앙과 생활의 규칙the rules of faith and life에 따라 고백한 사람들과 그들의 자녀들로 이뤄졌다.

The Second Book of Discipline Chap II:

교회정치의 역할, 그리고 교회정치를 맡은 직원 및 직분을 맡은 자

2. 다시 말하자면, 교회의 정치는 다음 세 가지 즉 교리doctrine, 치리discipline, 그리고 나눔[혹은 배분] distribution으로 이뤄진다. 성례의 주관은 교리에 속한다. 이런 구분을 따라 교회 안에는 세 가지

도, 또한 거룩하다.

▶ 히 6:1. 고전 1:5. 롬 15:14. 시 1:16,17. 행 8:37. 마 3:6. 롬 6:17. 고전 1:2. 빌 1:2. 골 1:2. 엡 1:1. 고전 5:12,13. 계 2:14,15,20. 겔 44:7,9., 그리고 23:38,39. 민 19:20. 학 2:13,14. 고전 11:27,29. 시 37:21. 고전 5:6. 고전 7장.

3. 교회의 회원들은, 비록 질서에 따라 세움을 받았지만, 시간이 지나면 변질될 수 있으며, 부패와 추악함이 자라기도 하는데, 그러한 자들이 교회에서 관대하게 용인되어서는 안 되는 것임에도, 권징discipline과 합당한 책망 just censures의 실행이 부재함으로 인하여, 그러한 것들이 [교회] 안에서 계속되는데, 이스라엘의 교회 안에 나타난 것처럼, 그리고 갈라디아 교회와 고린도교회, 버가모와 두아디라 교회처럼, 교회의 본질the being of the church을 즉시로 약화시키지는 않는다.

직분이 생기는데, 이들은 목회자 ministers 혹은 목사preachers, 장로 elders 혹은 다스리는 자governors 그리고 집사deacons 혹은 분배자 distributors이다.

3. 우리는 이러한 직분을 맡은 자들 모두를 일반적인 말로 교회의 사역자들ministers of the kirk이라 부른다. 비록 하나님의 교회는 유일한 왕이시며, 대제사장이시며, 교회의 머리이신 예수 그리스도께서 통치하시고 다스리시지만, 주님은 이 목적을 이루기 위해 가장 필요한 수단으로서 인간의 목회사역the ministry을 사용하신다. 왜냐하면 주님께서는 때때로 법 앞에서, 법아래, 그리고 복음의 시간 속에서, 우리를 크게 위로하시고자 자신의 영적인 통치기관인 그의 교회를 위해, 성령의

▶ 렘 2:21. 고전 5:12. 렘 2:4. 갈 5:4. 고후 12:21. 계 2:14,15, 그리고 21절.

4. 교회의 양적인quantity 문제와 관련해서는, 일반적으로 한 장소에 편리하게 모일 수 있는 것보다도 더 큰 규모여서는 안 되며, 통상적으로 교회의 사역을 계속해서 편리하게 수행할 수 있는 것보다 더욱 적어서도 안 된다. 그러므로 성경이 회중이 하나뿐인 마을이나 도시에서 교회의 소유로 결성된 성도들을 언급할 때에, 보통은 그 성도들을 단수로서in the singular number 교회라고 부른다. 데살로니가 교회나, 서머나 교회, 필라델피아 등과 같이 말이다. 하지만 나라나 지방 안에 있는 성도들에 대하여 말할 때에는, 어떤 면에서 거기에 여러 회중들sundry congregations이 있었던 것이니, 그것은 자주, 그리고 보통으로 아시아, 갈라디아, 마케

은사를 받은 사람을 세워, 이 사람들이 성령과 말씀을 통해 그리스도의 권능을 행하고 세워가는 것을 허용하셨기 때문이다.

4. 그리고 독재tyranny의 경우를 피하기 위해서, 주님께서는 그들의 직분functions을 따라 각기 동등한 권세equality of power에서 형제의 상호 동의mutual consent로 지도할 것을 원하셨다.

5. 신약과 복음 시대에, 그는 사도apostles, 선지자prophets, 복음전도자evangelists, 목사pastors 그리고 말씀을 담당하는 박사doctors를, 치리의 행정과 선한 질서를 위해 장로eldership를, 교회 자산을 돌보기 위해 집사deaconship를 사용하셨다.

6. 이러한 교회 직능들ecclesiastical functions 중 일부는 통상적ordinary이며, 일부는 비상적extraor-

도니아의 교회 등과 같이 그것들을 복수의in the plural number 교회의 이름으로 부른다. 이는 특히 여러 개별적인 교회에 대해 기록된 바에 의하여 더욱 확증되는 것이니, 예루살렘에 있는 교회, 안디옥에 있는 교회, 고린도에 있는 교회, 겐그레아에 있는 교회와 같이, 고린도에 더욱 가까웠으나, 항구에 있으며 마을에 해당할 만했지만, 고린도와는 구별되는 별개의 회중이었으니, 그들이 어떻게 온 교회로, 한 곳에서 함께 모였겠는가? 그런즉 고린도와 마찬가지로 고유한 교회가 있었던 것이다.

▶ 고전 14:21. 마 18:17. 롬 16:1. 살전 1:1. 계 2:8, 그리고 3:7. 고전 16:1,19. 갈 1:2. 고후 8:1. 살전 2:14. 행 2:46, 그리고 5:12, 그리고 6:2, 그리고 14:27, 그리고 15:38. 고전 5:4, 그리고 14:23. 롬 16:1.

5. 합리적으로 생각할 수 없겠지

dinary 혹은 임시적temporary이다. 세 가지 비상한 직분extraordinary functions으로, 사도, 복음 전도자, 그리고 선지자를 두었으나, 이들은 영구적인 것이 아니며 지금은 하나님의 교회에서 사라졌고, 다만 특별한 경우 그들 중 일부를 다시 세우신 예외가 있을 뿐이다. 하나님의 교회에는 네 가지 통상적인 직분 혹은 역할이 있는 데, 이는 목사the pastor, 치리자minister 혹은 감독bishop의 직분, 박사the doctor, 장로the presbyter 및 원로elder, 그리고 집사the deacon가 있다.

7. 이러한 직원들offices은 통상적인 직들로서, 교회의 다스림government과 정치의 필요에 따라 교회 안에 항상perpetually 존재해야 하며, 주님의 말씀을 따라 세워진 하나님의 참된 교회 안에서는 하나 이상의 직분을 받으면 안 된다.

만, 그러나 그리스도에 의해 정해지고 세워진 여러 교회가, 동일한 사역a ministry을 위해 정해지고 임명되었다. 그러나 분명한 것은 그리스도께서는 회중 교회 congregational churches 말고는 다른 어떤 교회를 위해서도 통상적인 직원들ordinary officers을 정하시지 않았다는 것이다. 장로들은 모든 양떼들all flocks이 아니라 성령께서 그들을 감독자로 삼으신 하나님의 특정한 양떼particular flock들, 또한 그들이 반드시 돌보아야만 하는, 온 양떼들을 치도록 임명되었다. 그리고 하나의 회중은 통상적인 장로들ordinary elders이 수종할 수 있는can attend 규모여야 하므로, 통상적으로 한 장소에서 모일 수 있는 규모의 회중보다 더 큰 교회일 수는 없다.

▶ 행 20장.

8. 적그리스도 왕국에서 만든 욕망에 찬 모든 칭호와 그가 강탈한 위계질서 안에 있는 모든 것들은 이 네 가지 종류 중 그 어느 것에도 속하지 않으므로 이에 근거한 모든 직분은 한 마디로 다 거부해야to be rejected 한다.

해설

케임브리지 강령 제3장의 제목에서 **"문제"**라는 단어는 영어단어 'the matter'의 번역으로서, 일반적 문맥으로서 문제라고 번역했으나 좀 더 심도 있는 번역은 **'곤란'** 혹은 **'고민'**(trouble)에 해당한다. 그런즉 제3장의 제목은 가시적 교회의 양과 질 모두에 있어서 고민하는 문제들에 관해 다루고 있는 것이다. 그리고 1조는 그러한 문제의 기초가 **"부르심에 의한 성도들"**에 관한 것임을 명시하고 있다.

사실 케임브리지 강령 제3장 1조의 **"가시적 교회의 문제는 부르심에 의한 성도들에 관한 것"**이라고 한 문구는 케임브리지 강령이 규정하는 교회에 대한 이해에 있어 가장 근본적인 근거를 이루는데, 그것은 바로 회중을 이룰 성도들의 신앙의 문제에 중점을 두고서 교회를 이해한다는 점이다. 앞서 케임브리지 강령 제2장의 1조에서 **"보편적 교회는 택함을 받고 구속된 자들, 또한 시간 가운데 죄와 사망의 상태에서 예수 그리스도 안에 있는 은혜와 구원의 상태로, 효과적으로 부르심을 받은 자들의 무리 전체"**라고 선언함과 마찬가지로, 제3장 1조에서도 가시적 교회의 양과 질 모두의 관점에 관해 논할 때에 먼저 회중을 이루는 자들이란 어떠한 성격인지에 관해 언급하는 것으로 시작하는 것이다. 하지만 케임브리지 강령보다 앞서 1645년에 작성된 웨스트민스터 장로교회정치 형태를 보면, **"하나의 가시적인 보편 교회가 신약**

성경에 제시되어 있다."는 전제를 바탕으로, "**신약성경의 사역과 예언과 규례는 예수 그리스도께서 가시적인 보편 교회에 주신 것으로, 이 세상에서 주님이 다시 오실 때까지** [성도들을] **모으고** [교회를] **온전케 하기 위함**"이라고 명시하고 있는 것을 볼 수가 있다. 마찬가지로 이후 문맥에서 "**초대 시기의 개별 교회는 가시적인 성도들로 구성되었으니, 즉 성년이 되어 그리스도를 믿는 신앙과 그리스도에 대한 순종을, 그리스도와 사도들이 가르친 신앙과 생활의 규칙에 따라 고백한 사람들과 그들의 자녀들로 이뤄졌다.**"고 했을지라도 그 문장은 앞서 "**가시적 개별 교회들,** [즉] **보편 교회의 회원은, 신약 성경 안에 항상 제시되어 있다.**"는 문장을 바탕으로 하고 있는 것이다. 그런즉 웨스트민스터 장로교회정치 형태에서는 가시적인 교회에 관해 다룰 때에 기본적으로 신약성경에 명시된 "**사역과 예언과 규례**"에 주목하고 있다는 점에서 성도들의 신앙의 문제에 중점을 두는 케임브리지 강령의 접근과 분명한 구별이 있음을 알 수가 있다. 한마디로 회중교회가 교회를 이해함에 있어서는 회중 자체와 그들의 신실한 믿음에 중점을 두고 있는 것에 반해, 웨스트민스터 장로교회정치 형태에서는 신약성경에서 규정하는 교회의 "**사역과 예언과 규례**"에 중점을 두는 것이다.[1]

그런가하면 케임브리지 강령 2조에서는 성도들에 대한 이해에 관해 곧장 진술하고 있는데, "**(1). 보잘 것 없는 것일지라도 종교의 원리에**

---

1 바로 이 점이 웨스트민스터 장로교회정치 형태와 케임브리지 강령의 관점 가운데 어느 쪽이 종교 개혁의 풍토를 더욱 짙게 반영하는지를 생각해 볼 수 있는 지점이다. 즉 웨스트민스터 장로교회정치 형태는 '오직 성경'(Sola Scriptura)의 맥락과, 이를 바탕으로 하는 '예배에 있어서의 규정적 원리' (Regulative Principle of Worship)를 반영할 수 있는 원리적인 기초를 잘 제공하고 있는 것이다.

대한 지식을 얻었을 뿐 아니라, 극심하고 드러난 추문들로부터 자유롭게 되었으며, 또한 그들의 믿음과 회개의 고백과 더불어서, 흠잡을 데 없이 말씀에 순종하여 행하며, 자비로운 분별 가운데 부르심에 의해 성도로 여겨질 수 있을 뿐 아니라, 비록 그들의 일부 혹은 그 이상이 건전하지 못하며, 그리고 속으로는 위선자라 할지라도, 그러한 개별 교회의 회원들은 일반적으로 성령에 의해 성도들이라 불리며 또한 그리스도 안에서 신실한 형제들이라고 불리기 때문이다.…… (2). 그러한 자들의 자녀들도, 또한 거룩하다."고 했다. 그러므로 케임브리지 강령은 2조에서 곧장 가시적 교회로 부르심을 입은 성도들의 구체적인 성격이 어떠한가를 규정하고 있는 것이다. 반면에 웨스트민스터 장로교회정치 형태보다도 훨씬 진전된 장로교회정치의 원리들을 잘 반영하고 있는 스코틀랜드 제2치리서는, 곧장 교회정치에 관해 다루면서 "교리, 치리, 그리고 나눔[혹은 배분]"에 관해 언급하고 있음을 볼 수가 있다.[2] 한마디로 스코틀랜드 제2치리서는 교회와 관련하여 더욱 교회 정치제도 자체에 중점을 두고 있으며, 특히나 "교리"와 "치리"에 중점을 두고 있는 것이다.

이러한 회중교회의 교회관과 교회정치의 이해, 그리고 장로교회정치에 있어서의 교회와 교회정치의 이해와의 차이점에 관련해서는 웨스트민스터 신앙고백 제25장 4조의 "이러한 보편적 교회는 때로는 더욱, 때로는 덜 가시적이었다. 그리고 그것의 회원들인 개별교회들은,

---

2 이 점에 있어서 웨스트민스터 장로교회정치 형태는 스코틀랜드 제2치리서와 일관된 맥락으로 교회와 교회정치에 관해 규정하고 있는 것이라 하겠다.

그들 안에서 더욱 혹은 덜 순수하게 복음의 교리가 가르쳐지느냐, 신봉되느냐, 규례들이 집례되느냐, 또한 공적인 예배가 수행되느냐에 따라서 더욱 혹은 덜 순수하게 된다.”는 문구를 바탕으로 이해해볼 필요가 있다.

먼저 웨스트민스터 신앙고백 제25장 4조는 “**이러한 보편적 교회는 때로는 더욱, 때로는 덜 가시적이었다.**”는 문구로서 가시적인 보편교회가 이 세상 가운데 드러나는 성격이 항상 일정하며 동일한 것이 아님을 언급한 후에, “**그것의 회원들인 개별교회들**”이라는 문구를 통해서 지상에서 개별적으로 존재하는 교회들이 보편적인 가시적 교회의 한 부분, 혹은 회원을 이루고 있는 것으로 말하고 있다. 즉 개별교회들이 이 지상에서 보편적 교회에 가시적으로 속하여 그것의 한 부분을 이루지만, 그러한 개별교회들은 결코 완전하거나 이상적이고 순수하게 보편적 교회를 가시적으로 드러내는 것이 아님을 언급하고 있는 것이다. 따라서 4조는 곧장 기술하기를 “**개별교회들은, 그들 안에서 더욱 혹은 덜 순수하게 복음의 교리가 가르쳐지느냐, 신봉되느냐, 규례들이 집례되느냐, 또한 공적인 예배가 수행되느냐에 따라서 더욱 혹은 덜 순수하게 된다.**”고 했는데, 이는 곧 스코틀랜드 제2치리서 2장의 2조에서 언급하여 규정하고 있는바 “**교리, 치리, 그리고 나눔**[혹은 배분]**으로 이뤄진**” 교회정치가 요구됨을 전제하는 문구다. 한마디로 교회 안에서 “**더욱 혹은 덜 순수하게 복음의 교리가 가르쳐지**”도록 수행하는 교리의 권세, 그리고 “**규례들**”과 “**공적인 예배가 수행되**”도록 하려는 치리의 권세, 또한 말씀의 진리와 연보[헌금]가 합당하게 이뤄지고 사용되도록 하는 '**나눔**'의 시행을 통해 이뤄지는 교회정치 가운데서 지상에 있는 개별교회들이 "**더욱 혹은 덜 순수하게**" 되는 것이다. 반면에 케임브리지 강령은 제3장 2조에서 "**보잘 것 없는 것일지라도 종교의 원리에 대한 지식을 얻었을 뿐 아니라, 극심하고 드러난 추문들로부터 자유롭게 되었으며, 또한 그들의 믿음과 회개의 고백과 더불어서, 흠잡을 데 없이 말씀에 순종하여 행하며, 자비로운 분별 가운데 부르심에 의해 성도로 여겨질 수 있을 뿐 아니라, 비록 그들의 일부 혹은 그 이상이 건전하지 못하며, 그리고 속으로는 위선자라 할지라도, 그러한 개별 교회의 회원들은 일반적으로 성령에 의해 성도들이라 불리며 또한 그리스도 안에서 신실한 형제들이라고 불리기 때문**"이라고 하여, 개별교회의 회원들에게 중점을 두고 교회의 가시적인 성격을 다루고 있다. 아울러서 "**여러 교회들이 맞아들이는 것으로 인해 책망을 받았으며, 또한 그러한 사람들이 그들 사이에서 교제하는 것을 계속하도록 고통을 당하고, 공격과 수치를 당하기도 한다. 하나님의 이름이 또한 이러한 것들로도 훼방을 받으며, 하나님의 것들을 거절하고 더럽혀졌으며, 경건한 자들의 마음은 근심하게 되었으며, 악인들은 그들 스스로 굳어지고, 지옥의 저주에 이르도록 도왔다. 그러한 예들은 다른 이들의 성결을 위태롭게 하나니, 적은 누룩이 온 덩어리를 부풀게 하는 것**"이라고 명시함으로써, 여전히 교회정치로서의 치리의 권세에 있어서도 회중을 중심으로 불신실한 자에 대한 거부의 측면으로 이해하고 있는 것을 본다. 즉 장로교회가 "**교리, 치리, 그리고 나눔**[혹은 배분]**으로 이뤄진**" 다소 간접적이라 할 수 있는 교회정치 가운데서 교회가 더욱 혹은 덜 순수해 짐을 언급하고 있음에 반해, 회중교회에서는 회중을 이루는 자들의 믿음과, 이를 저해하는 자와의 교제를 거부하는 회중의 권리에 근거하여 교회의 순수성을 확고히 하려는 방법을 제안하고 있음을 볼 수가 있다.[3]

사실 회중교회가 항상 관심을 두는 것이 주로 회중으로서의 성도들의 신앙과 경건이라면, 장로교회가 항상 중점을 두는 것은 교회의 직분들과 그들에 의해 수행되는 교회정치[4]의 바른 시행이다. 따라서 회중교회에서는 기본적으로 직분(officer)이 중요한 것이 아니지만, 장로교회에서는 직분이야말로 그들의 직무를 통해서 교회를 가시적으로 드러내 보이는 결정적인 역할을 수행한다. 그러므로 스코틀랜드 제2치리서 제2장 3조에서 **"우리는 이러한 직분을 맡은 자들 모두를 일반적인 말로 교회의 사역자들이라 부른다. 비록 하나님의 교회는 유일한 왕이시며, 대제사장이시며, 교회의 머리이신 예수 그리스도께서 통치하시고 다스리시지만, 주님은 이 목적을 이루기 위해 가장 필요한 수단으로서 인간의 목회사역을 사용하신다. 왜냐하면 주님께서는 때때로 법 앞에서, 법 아래, 그리고 복음의 시간 속에서, 우리를 크게 위로하시고**

---

3 이러한 측면에서 볼 때에, 장로교회의 권징보다는 회중교회의 권징이 훨씬 단호하며 강력함을 알수가 있다. 장로교회는 주로 복음의 교리가 가르쳐지며, 복음 가운데 제시된 성경의 규례들이 집례되고, 또한 공적인 예배가 말씀 가운데 충실하게 시행되는 가운데서 교회가 더욱 혹은 덜 가시적이며 순후하게 드러나게 되는데 반해, 회중교회에서는 애초부터 참된 신앙과 경건을 나타내는 신자들을 권장하며 그릇된 신앙을 지니거나 경건치 못한 자들을 적극적으로 배제하는 것을 통해 교회가 더욱 혹은 덜 가시적이고 순수하게 드러나게 되는 것으로 설명하고 있는 것이다.

4 이러한 장로교회의 교회정치란, 본질적으로 '치리'와 '권징'의 시행만을 지칭하는 것이 아니라 '교리'와 '규례'의 시행, 무엇보다도 규정적 원리를 따라 예배가 온전하게 시행되도록 하는 전반적인 실행들을 가리키는 것이다. 그러므로 장로교회는 교회정치가 없이는 결코 존속하거나 존립할 수가 없는 것이다. 장로교회는 성도 한 사람 한 사람의 경건보다도 더욱, 교회로서의 공적인 교리와 치리에 의한 '섬김', 그리고 말씀과 재정의 배분으로서의 '나눔'이 전적으로 중요한 것이다.

자 자신의 영적인 통치기관인 그의 교회를 위해, 성령의 은사를 받은 사람을 세워, 이 사람들이 성령과 말씀을 통해 그리스도의 권능을 행하고 세워가는 것을 허용하셨기 때문"이라고 명시하고 있는 것이다.

한편, 케임브리지 강령 제3장 4조에서는 독특하게도 "교회의 양적인 문제"에 관해 언급하고 있는 것을 볼 수가 있다. 즉 "일반적으로 한 장소에 편리하게 모일 수 있는 것보다도 더 큰 규모여서는 안 되며, 통상적으로 교회의 사역을 계속해서 편리하게 수행할 수 있는 것보다 더욱 적어서도 안 된다."고 규정하고 있는 것이다. 그리고 이와 관련한 성경의 증거로서 "회중이 하나뿐인 마을이나 도시에서 교회의 소유로 결성된 성도들을 언급할 때에, 보통은 그 성도들을 단수로서 교회라고 부른다."고 언급했으며, 또한 "데살로니가 교회나, 서머나 교회, 필라델피아 등"이 그러한 예인 것으로 말하고 있다.[5] 따라서 케임브리지 강령에서는 지역적인 규모의 '노회'로서 교회의 개념을 이해하기보다는, 회중 자체로서 교회개념으로 이해하고 있음을 알 수 있다.

---

5 그러나 이러한 회중주의의 성경 해석에 비하여, 장로교회는 아주 다르게 해석한다. 즉 신약성경에서 언급되는 교회들의 명칭은 단수로서 언급되는 예-그러한 예는 아마도 개척지로서의 미미한 상태 가운데 있는 교회와 회중을 염두에 둔 기록일 것이다-만 있는 것이 아니라, 오히려 한 지역에 흩어져 있는 여러 교회들을 '노회'로서 지칭하는 명칭이기도 하다. 예컨대 예루살렘 교회, 안디옥 교회, 에베소 교회, 고린도 교회 등은 명백히 한 교회['노회'로서의 교회]에 속한 여러 개 교회들의 모범으로 충분히 입증될 수 있는 것이다. 물론 케임브리지 강령 제3장 4조는 이후 문맥 가운데서 "나라나 지방 안에 있는 성도들에 대하여 말할 때에는, 어떤 면에서 거기에 여러 회중들이 있었던 것이니, 그것은 자주, 그리고 보통으로 아시아, 갈라디아, 마케도니아의 교회 등과 같이 그것들을 복수의 교회의 이름으로 부른다."고 하면서 "예루살렘에 있는 교회, 안디옥에 있는 교회, 고린도에 있는 교회, 겐그레아에 있는 교회" 등을 예로 든다. 그럼에도 불구하고, 그러한 언급 가운데서 케임브리지 강령은 지교회 혹은 지역교회의 규모를 언급할 뿐, 결코 '노회' 단위의 교회에 대한 개념으로 접근하지 않는다. 즉 개별회중에 국한하지 않고 지역의 노회로서 구성된 한 교회인 가시적인 보편교회로서의 개념을 반증하는 본문으로 이해하지는 않는 것이다. 이에 관한 더욱 자세한 설명은 장종원 역, 「유스 디비눔」(서울: 고백과 문답, 2018), 351-88을 참조하라.

아울러 복수의 교회의 이름으로 부른 **"예루살렘에 있는 교회, 안디옥에 있는 교회, 고린도에 있는 교회, 겐그레아에 있는 교회"** 등도 노회로서의 교회가 아니라 **"여러 개별적인 교회"**라고 말하고 있다. 그러나 스코틀랜드 제2치리서 제2장 5-7조로 보건대, 장로교회에서는 교회의 규모[곧 양적인 문제]에 관련해서 지역적인 특성이나 회중의 편리가 아니라 직분의 확립, 특히나 **"교회의 다스림과 정치의 필요에 따라"**서, **"목사, 치리자 혹은 감독의 직분, 박사, 장로 및 원로, 그리고 집사"**의 네 종류가 **"항상 존재해야"** 하는 것으로만 언급하고 있으니, 교회의 규모는 교회에 반드시 필요한 직무를 수행하는 직분들이 전부 세워질 수 있는 규모여야 함을 말하는 것이다. 즉 장로교회는 개별교회의 양적인(quantity) 문제보다는 질적인(quality) 문제에 더욱 집중하고 있는 것이다.

The Cambridge Platform

Chap IV:

가시적 교회의 형태와 교회 언약church covenant에 관해

1. 부르심을 받은 성도들은 그들 사이에 가시적인 정치적 연합a visible political union이 있어야 하는데, 그렇지 않다면 성경이 개별 교회의 본질을 보여주기 위해 사용하는 그러한 유사점들이 제시하는 바와 같이, 그들은 아직 개별 교회a particular church가 아니다. 몸, 건물 또는 집과 같이 손, 눈, 발 및 기타 지체들은 하나로 연합하여야 하며, 그렇지 않다면 (분리되어 있다면) 한 몸이 아니다. 석재, 목재는 비록 각이 지고, 잘 다듬어서 광택을 낸다 하더라도, 그것들을 채워서 결합시키기

The Discipline of the Reformed Churches of France(1559)

Chap V:

지교회 치리회Consistory에 관하여

1. 모든 교회 안에는 지교회 치리회를 만들어야 하는데, 다스리는 govern 자들은 목사Pastors와 장로 Elders이며, 이 회집Assembly은 물론 다른 모든 교회의 회집에서도, 목사는 회장Presidents이 될 권한right이 있다.

2. 한편 우리의 교회들은 지금까지 빈곤의 이유로, 그들[목사와 장로들]의 다스림Government 가운데 아주 기꺼이 집사들을 수용했는데, 그들의 은퇴는 장로직과 같았다. 보통은 교회정치the Government of the Church의 미래를 위해 목사와

까지는 집이 아니다. 그런즉 성도들이나 신자들은 자애의 판단judgment of charity에 따라 질서 있게 연결되어 있지 않으면 교회가 아니다.

▶ 고전 12:27. 딤전 3:15. 엡 2:22. 고전 12:15,16,17.

2. 개별 교회들은 다른 교회와 구별할 수가 없지만, 그들의 형태forms에 따라서는 구별할 수 있다. 에베소 교회는 서머나나 버가모, 두아디라가 아니며, 각각 그 자체의 구별된 공동체a distinct society로서, 다른 교회들의 책임을 지니지 않는, 그들 자체만의 직원들을 가진다. 그들이 지닌 장점들virtues은, 그러나 다른 교회들에게 찬양할거리가 되지 않는다. [마찬가지로] 그들이 지닌 부패함corruptions은, 그러나 다른 교회들에게 비난할거리가 되지 않는다. ▶ 계시록 1장

장로가 함께 선출되거나 지속되어야만 한다. 그러므로 일반적으로 지교회 치리회Consistory에 그들이 함께 참석해야 하며, 그들의 치리회가 그들을 보내는 것을 조건으로 노회Colloquies와 대회Synods에 참석한다.

3. 우리의 신앙의 실행이 아직 확실하게 자리를 잡지 못한 곳에서는 노회Colloquies에 의해 그들 스스로 신실하게 장로와 집사를 선출해야 하며, 우리의 교회 치리Church-Discipline를 받아들이도록 권면해야만 한다. 그리고 앞서 말한 노회에, 교회는 가장 편리한 방법으로 동참하도록 권장되며, 그들의 사역자Minister의 더 나은 존속을 위해 앞서 말한 노회와 먼저 소통함이 없이는 사역을 떠날 수 없다.

4. 지교회 안에는 하나의 치리회Consistory가 있어야만 하며, 이

3. 이러한 형태는 가시적인 언약이자 합의agreement, 또는 동의consent이며, 그들이 스스로를 주님께 드림에 의해, 동일한 공동체 안에서 함께 그리스도의 규례들을 준수하는 것으로서, 이는 보통 교회 언약the church covenant이라 불린다. 왜냐하면 우리는 [교회] 회원들이 서로 간에 어떻게 교회의 권한church-power을 가질 수 있는지를 알지 못하기 때문이다. 각각의 개별적인 교회를 한 도시와 배우자a spouse에 비유하는 것은, 단지 형태뿐만이 아니라 그 형태가 언약의 방법에 의한 것이기 때문이라고 결론지을 수 있을 것이다. 아브라함의 가족과 이스라엘의 자손들을 하나님에게로의 교회와 백성들이 되게 함과 같은 언약이, 오늘날에 이방인 신자들Gentile-believers의 여러 공동체들societies을 교회가 되도록 하는 언약이다.

▶ 출 19:5,8. 신 29:12,13. 스 11:14,

외의 다른 협의회Council 즉 지교회 치리회와 구별된 [별도의] 회의 기구는 교회의 존속affairs을 위해 허락하거나 세워져서는 안 되며, 만일 그러한 기구가 존재하고 있을 경우에는 즉시 제거해야 한다. [다만] 그럼에도 불구하고 지교회 치리회는, 특정한 시기에 업무의 필요에 따라서 교회의 구성원들과 함께하는 것이 적합하다고 생각되기도 했다. 그러나 교회적인 사업Ecclesiastical business은 지교회 치리회가 일반적으로 만나고 모이는 곳이 아닌 다른 곳에서 다뤄져서는 안 된다. (중략)

Chap VI: 교회의 연합에 관하여

1. 어떠한 교회도 다른 교회에 대해 우월권Primacy 혹은 관할권Jurisdiction을 주장할 수 없으며, 한 지방Province 대회가 다른 지방 대

그리고 9:11. 엡 2:19. 고후 11:2. 창 17:7. 신 29:12,13. 엡 2:12,19.

4. 이러한 자발적인 합의voluntary agreement, 동의consent, 또는 언약, (이러한 모든 것들은 여기서 동일한 것으로 간주되므로,)그것이 더욱 명백하고 분명할수록, 우리들 상호간의 의무를 더욱 충분히 표명하게 하고, 또한 우리를 부추겨 그 일에 참여토록 하며, 교수회의 교회 지위의 진실성과 개별 인물들의 회원권의 진실성에 대해 질문할 여지가 최대한 없도록 한다. 그러나 우리는 하나님께 대한 공적인 예배와 그들의 상호간 건덕mutual edification을 위하여, 한 회중 가운데 지속적으로 모이는 신실한 자들의 무리의 진정한 합의와 동의가 있을 때에 그것[즉, 교회]의 본질substance이 유지된다고 생각한다. 그들이 하나님께 대한 공적인 예배를 위해 함께 모이는 충실한 실행con-

회 위에 있을 수 없다.

2. 만일에 그것[지방대회]이 소집될 수 있다면, 어떠한 교회도 지방대회의 조언이나 동의가 없이 다른 교회의 이득이나 손해를 줄 수 있는 중대한 결과를 초래하는 일을 수행할 수 있는 능력을 스스로 취하려 하지 말아야 한다. 그리고 사안이 급한 경우라면, 서면을 통해 그 지역Province 안에 있는 교회와 소통할 수 있으며, 또한 이와 관련하여 그들의 조언을 받고 취할 수 있다.

3. 교회들과 개별 회원들은 조언ad-vise을 받되, 어떠한 박해persecution가 일어날지라도, 그들은 개인적인 평화와 자유를 얻기 위하여 우리 교회 전체the whole Body of our Churches의 거룩한 연합으로부터 떠나지depart 않는다. 그리고 이 규정Canon에 반하는 행동을 하는 사람은 누구든지, 노

stant practice으로, 그리고 하나님의 규례들에 대한 종교적인 복종religious subjection을 통해서 진정한 합의와 동의를 표현하는 것이다. 우리가 성경의 언약들을, 단지 입으로 하는 말로 표현하는 방법으로만이 아니라, 오히려 희생으로, 손으로 쓰는 것과 날인seal으로, 그리고 때때로 어떠한 쓰는 것이나 말의 표현도 전혀 없이, 암묵적인 동의silent consent에 의해 제기한 것임을 알 수가 있을 것이다.

▶ 출 19:5, 그리고 20:8-7, 그리고 24:3,17. 수 24:13-24. 시 1:5. 느 9:38, 그리고 10:1. 창 17장. 신 29장.

5. 이러한 형태는 상호 언약mutual covenant에 의한 것이므로, 마음 가운데 있는 믿음이나, 그러한 믿음의 고백profession, 동거함cohabitation, 세례에 의한 것이 아니라는 결론이 뒤따른다. (1). 마음 가운데 있는 믿음에 의한 것

회Colloquies와 대회[혹은 총회, Synods]가 적절하다고 판단하는 견책Censure이 그에게 가해질 것이다. (중략)

The Form of Presbyterial Church-Government(1645)

개별 회중Particular Congregations에 관하여

고정된be fixed 회중들이 있는 것은 합법적이고 적절한expedient 것으로, 그것은 공적 예배를 위하여 통상적 회집assembly ordinarily 가운데로 모이는 그리스도인들의 일정한 회합a certain company이다. 신자들의 수가 늘어나서 그들이 한 장소 안에서 편리하게 모일 수가 없다면, 그들에게 주어진 그러한 규례들을 더 잘 수행하고 상호간 의무들을 더욱 잘 이행하기 위해 서

이 아니니, 왜냐하면 그것이 비가시적이기 때문이다. (2). 단순한 고백에 의한 것이 아니니, 왜냐하면 그들이 더 이상은 다른 교회와 다르게 한 교회만의 회원인 것이 아님을 선언하는 것이기 때문이다. (3). 동거함에 의한 것이 아니니, 왜냐하면 무신론자들atheists이나 이교도들infidels이 신자들과 함께 거할 수 있기 때문이다. (4). 세례에 의한 것이 아니니, 왜냐하면 그것이 구약의 할례circumcision와 같이 교회의 소유임을 가정하기 때문으로, 교회가 있기 전에는 그것을 교회에 주지 않았으며, 광야에서는 그것이 없었기 때문이다. 인침Seals은 이미 존재하는 언약을 전제하는 것이다. 한 사람은 세례의 완전한 대상이지만, 그러나 한 사람은 교회일 수가 없다.

6. 모든 신자들은, 하나님께서 그들에게 기회를 주시는 대로 개

로 구별되고 고정된 회중distinct and fixed congregations으로 나누어야 하는 것 역시 합법적이요 적절한 것이다.

구별된 회중으로 그리스도인들을 나눌 때에, 덕을 세우는 통상적인 방법은 그들의 거주지의 경계를 따르는 것이다.

[그 이유는] 첫째로, 함께 거주하는 자들은 모든 종류의 도덕적인 의무들에 매어 있으니, 서로 가까이 거주함으로써 그 의무들을 이행할 기회가 더욱 많아지기 때문이다. 더욱이 그러한 도덕적 결속moral tie은 항구적perpetual이니, 그리스도께서는 율법을 폐하러 오신 것이 아니요 완성하러 오셨기 때문이다. 둘째로, 성도의 교제The communion of saints는 외모를 고려하지 않고 가장 편리하게 규례들ordinances을 사용하며 도덕적 의무들moral duties을 실행하기에 가장 적절하게 조정되

별 교회a particular church에 그들 자신을 연합하기 위해 노력해야 하며, 또한 예수 그리스도의 영예를 소중히 하는 가운데 있어야 하고, 그리스도의 모범example과 제도institution 안에서, 복음의 질서order와 규범ordinances을 인정하고 복종함을 고백하여야 한다. 또한 그들의 가시적인 연합visible union에 기초한 거룩한 교제를 존중하고, 그리스도께서 교회 안에 특별하게 임재 하신다는 약속 안에 거하여야 한다. 거기에서 그들은 그리스도와 교제하며, 그리스도 안에서 다른 이들과 더불어 하나가 되는 것이다. 또한 하나님의 계명의 방편들을 그들이 지켜 행함으로써, 그리고 방황하는 경우라도 그들을 회복시켜야 하니, (모든 그리스도의 양들은 이 생에서 [하나님의 계명들에] 복종해야 하는데,) 그들 스스로는 돌아올 수 없기 때문이다. 동시에 그들 상호간의 건덕mutual edification

어야만 하기 때문이다. 셋째로, 목사와 교인들은 한 쪽이 다른 한쪽에 행해야 하는 상호간의 의무들을 가장 적절히 수행할 수 있도록, 서로 가까이에 살아야 하기 때문이다.

이러한 회합company 가운데서 일부는 직무를 맡기 위해 구별되어야 한다.

개별 회중의 직원들the Officers에 관하여

단일 회중a single congregation의 직원들에 관해서는, 말씀과 교리에 수고할 뿐 아니라 다스리기도 하는 자가 적어도 한 사람이 있어야 한다. 또한 함께 다스리는 일을 할 to join in government 다른 이들도 필히 있어야 한다. 그리고 가난한 자들을 특별히 보살피는 일을 책임질 다른 이들도 필히 있어야 한다.

의 유익과 더불어, 그리고 그들의 후손들이 그들의 언약의 특권으로부터 탈락하지 않도록 하려 함이다. 만일에 그렇지 않다고 한다면, 신자의 과오는 그 사람을 위해 제공된 구제의 수단이 없는 상태에 머무르게 될 것이다. 그리고 모든 신자들이 모든 개별 회중particular congregations으로 연합하는 이러한 의무를 소홀히 한다면, 곧바로 그리스도께서 지상에 가시적으로 조직된 교회들visible political churches을 지니실 수 없는 결과가 초래될 수 있을 것이다.

▶ 행 2:47, 그리고 9:26. 마 3:13,14,15, 그리고 27:19,20. 시 133:2,3, 그리고 37:7. 마 18:20. 요일 1:3. 시 119:176. 벧전 2:25. 엡 4:16. 요 22:24,25. 마 18:15,16,17.

각 직원의 숫자는 그 회중의 형편에 따라 비례하여 균형 있도록to be proportioned 해야 한다. 이 직원들officers은 각기 그의 직무office에 따라, 그 회중의 상황을 잘 다스리기에 적절한 형편과 정해진 시간에 따라 함께 모이도록 해야 한다. 그러한 모임에서는 말씀과 교리를 맡아 수고하는 직무를 맡은 자가 그들의 의사절차proceedings를 주관함이do moderate 가장 적절하다.

해설

　케임브리지 강령 4장은 **"가시적 교회의 형태"**(the form of a visible church)와 함께 "교회 언약"(church covenant)이라는 것에 관해 다루고 있다. 그리고 이러한 주제들, 곧 **"교회의 형태"**나 **"교회 언약"**이라는 주제들은 잉글랜드에서의 웨스트민스터 총회와 관련해서 이미 사용된 개념들과는 조금 다른 특성을 전제하는 것이라 할 수가 있다. 즉 웨스트민스터 총회 시기 부근에 있었던 엄숙동맹과 언약(Solemn League and Covenant. 1643)의 체결이나 웨스트민스터 총회의 비교적 이른 시기에 작성된 장로교회 정치형태에 관한 문서(The Form of Presbyterial Church-Government. 1645)와 유사한 주제들을 다루는 것일지라도, 그러한 앞선 역사에서 사용된 개념과 주제들을 그대로 따르는 제목은 아닌 것이다.

　그런데 사실 이 장의 제목에서 특별히 주목해야 할 것은, **"교회 언약"**이라는 용어이다. 잉글랜드에서 종교적인 자유와 더불어서 그와 관련한 정치적 자유를 확보하고자 했던 초기 이민자들(Pilgrim Fathers)은 신대륙 아메리카의 매사추세츠에 도착하기 전에 그들이 타고 온 메이플라워호 선상에서 메이플라워 서약(Mayflower Compact)을 체결하여, 정착지에서의 질서와 안녕을 유지하기 위해 스스로 하나의 시민적인 정치체제를 만들며 그에 필요한 법률과 공적인 직책들을 제정하여 이에 복종할 것을 맹세했었는데, 앞서 잉글랜드와 스코틀랜드 사이에서 이뤄진 엄숙동맹과 언약이 잉글랜드와 스코틀랜드 그리고 궁극적으로는 아일랜드에 이르는 신앙과 예배의 일치를 추구하고자 했었던 것과 유사하게, 신대륙 아메리카에 이주한 자들의 시민정치 체제에 있어서 하나로 통일된 형식을 갖추고자 하는 목적을 분명하게 전제했었던 것이 **"교회 언약"**이라는 말 가운데 배경을 이루고 있는 것이다.

하지만 언약(혹은 서약)의 체결에 있어 그 구체적인 맥락을 살펴보자면 엄숙동맹과 언약이 국가 간의 조약의 성격임과 아울러서 웨스트민스터 총회를 통해 도출된 결론에 의거하여 성립하는 것인데 반해, 메이플라워 서약은 메이플라워호에 승선한 41명의 승객들이 다수결을 원칙을 기반으로 하여 작성한 것이라는 점에서 큰 차이점을 지니고 있다. 즉 엄숙동맹과 언약이 더욱 공적이며 진지한 논의를 바탕으로 하는 것에 비해, 메이플라워 서약은 훨씬 사적이며 제한적인 논의를 바탕으로 작성한 것이다. 더구나 엄숙동맹과 언약이 신앙과 예배의 일치를 기하고자 하는 분명한 목적을 둔데 반해, 메이플라워 서약은 종교적 주제보다는 불신자들까지를 포함한 다수의 자유로운 의사결정에 따른 시민정부의 설립을 목적으로 한 것이라는 점에서 가장 큰 차이를 보이는 것이다. 그러나 이러한 초기 이주자들의 서약과 전통은 이후로 식민지에서의 종교적인 논의와 의사결정에 있어서도 중요한 사례로 한동안 존속했으니, **"가시적 교회의 형태와 교회 언약"**이라는 제목에는 바로 그러한 식민지 이주의 역사적 배경이 상당하게 담겨있는 것이다. 즉 다수의 사람들이 자유로운 의사결정에 따라 도출한 가시적인 교회의 형태가 무엇이며, 또한 그러한 교회에 속하는 언약의 체결이 어떠한 방식인가를 다루는 것이 이 장의 주제라 하겠다.

먼저 케임브리지 강령 제4장 1조는 **"부르심을 받은 성도들은 그들 사이에 가시적인 정치적 연합이 있어야 하는데, 그렇지 않다면 성경이 개별 교회의 본질을 보여주기 위해 사용하는 그러한 유사점들이 제시하는 바와 같이, 그들은 아직 개별 교회가 아니다. 몸, 건물 또는 집과 같이 손, 눈, 발 및 기타 지체들은 하나로 연합하여야 하며, 그렇지 않다면**(분리되어 있다면) **한 몸이 아니다."**라고 규정하고 있다. 즉 개별 성도들로서는 교회를 가시적으로 드러낼 수 없음을 규정하고 있는 것이다. 다만 성도들이 **"가시적인 정치적 연합"**에 의해 하나로 연합하게 될 때에 비로소 한 몸으로서의 교회로 드러나게 됨을 말하고 있다.

이처럼 케임브리지 강령 1조에서는 교회를 가시적으로 구성하며 드러내는 근거를 **"정치적 연합"**(political union)에 두고 있음을 볼 수가 있는데, 그것은 마치 메이플라워호에 승선한 승객 41명이 메이플라워 서약을 작성할 때에 정착지에서의 질서와 안녕을 유지하기 위해 스스로 하나의 시민적인 정치체제를 만들고자 했던 것과도 유사하다. 그리고 메이플라워 서약이 다수결의 원칙에 근거하여 개별 시민의 자유로운 의사결정을 최대한 존중하며 반영하는 현대 민주주의의 방식을 취함과 마찬가지로, 개별 교회들 또한 **"자애의 판단에 따라 질서 있게 연결"**됨으로 전체 교회를 이루게 됨을 밝히고 있다.

한편, 케임브리지 강령은 교회의 가시적인 정치적 연합의 근거를 **"교회 언약"(the church covenant)에 두는데[1], 2조에 따르면 **"개별 교회들은 다른 교회와 구별할 수가 없지만, 그들의 형태에 따라서는 구별할 수 있"**으며, **"각각 그 자체의 구별된 공동체로서, 다른 교회들의 책임을 지니지 않는, 그들 자체만의 직원들을 가진다."**고 규정하고 있다. 그러므로 회중주의의 교회정치에 있어서는 케임브리지 강령 제10장에서 **"교회의 권세와 노회"**에 관해 다루고 있을 지라도, 기본적으로 **'노회'**나 **'대회'** 혹은 **'총회'** 등의 상위 치리기구를 인정하지 않는다. 특히나 케임브리지 강령 제10장 3조에서 자신들의 교회 정치에 대해 **"조합 정치**(a mixt government)**로서, 독립이라는 용어를 듣기보다 훨씬 오래 전에 인정되었다."**고 분명하게 규정하고 있음을 볼 수가 있다. 한마디로 회중교회에 있어서의 핵심은, 개별적인 교회회중으로서 완전하게 교회를 가시적으로 드러냄을 바탕으로 한다는 점이다. 케임브리지 강령 제4장 2조의 **"그들**[즉, 개별 교회]**이 지닌 장점들은, 그러나 다른 교회들에게 찬양할 거리가 되지 않는다.** [마찬가지로] **그들이 지닌 부패함은, 그러나 다른 교회들에게 비난할거리가 되지 않는다."**고 한 문구는, 개별 교회 자체로서의 독립된 회중주의 교회관을 잘 나타내 보이는 것이다. 그리고 그러한 교회의 성립이 바로 회중의 자발적인 **"교회 언약"**에 따라 이뤄진다.

이러한 회중주의 교회의 가시적인 정치적 연합을 성립시키는 **"교회 언약"**에 관해서는, 케임브리지 강령 4조와 5조에서 상세하게 규정하고 있는 것을 볼 수가 있다. 특히 4조의 **"우리는 하나님께 대한 공적인 예**

---

1 이는 3조에서 규정하고 있는 바이다.

배와 그들의 상호간 건덕을 위하여, 한 회중 가운데 지속적으로 모이는 신실한 자들의 무리의 진정한 합의와 동의가 있을 때에 그것[즉, 교회]의 본질이 유지된다고 생각한다."고 한 문구 가운데서 파악할 수 있듯이, 회중주의에 있어서 언약의 성립 근거는 주로 회중들의 태도나 자세에 중점을 둔다. 그리고 이는 4조의 후반부 문구인 **"우리가 성경의 언약들을, 단지 입으로 하는 말로 표현하는 방법으로만이 아니라, 오히려 희생으로, 손으로 쓰는 것과 날인으로, 그리고 때때로 어떠한 쓰는 것이나 말의 표현도 전혀 없이, 암묵적인 동의에 의해 제기한 것임을 알 수가 있을 것이다."** 라고 한 것에서 더욱 명확히 파악할 수가 있다.

계속해서 5조에서는 **"이러한 형태는 상호 언약에 의한 것이므로, 마음 가운데 있는 믿음이나, 그러한 믿음의 고백, 동거함, 세례에 의한 것이 아니라는 결론이 뒤따른다."**고 하여, 교회 언약의 체결과 성립이 결코 회중의 일방적인 헌신에만 근거하지 않음을 밝히고 있다. 그러나 동시에 그러한 교회 언약이 상호적이기에, 가시적인 교회를 명확하게 분별하기 어려웠던 옛 시대에는 교회 언약이 성립할 수 없음을 반증하는데, 5조에 따르면 그것은 **"⑴. 마음 가운데 있는 믿음에 의한 것이 아니니, 왜냐하면 그것이 비가시적이기 때문이다. ⑵. 단순한 고백에 의한 것이 아니니, 왜냐하면 그들이 더 이상은 다른 교회와 다르게 한 교회만의 회원인 것이 아님을 선언하는 것이기 때문이다. ⑶. 동거함에 의한 것이 아니니, 왜냐하면 무신론자들이나 이교도들이 신자들과 함께 거할 수 있기 때문이다. ⑷. 세례에 의한 것이 아니니, 왜냐하면 그것이 구약의 할례와 같이 교회의 소유임을 가정하기 때문으로, 교회**

가 있기 전에는 그것을 교회에 주지 않았으며, 광야에서는 그것이 없었기 때문"이다. 그런즉 이러한 케임브리지 강령에서 우리들은 회중주의 교회가 규정하는 언약과 교회에 관계된 입장들을 모두 확인할 수가 있는데, 그것은 언약의 성립에 있어서 결코 인간의 참여나 동의가 없이 이뤄질 수 없음을 밝히는 점과 그러한 상호 언약에 근거해서[2] 비로소 교회가 가시적으로 성립한다고 보는 입장이다.

그러나 회중주의의 케임브리지 강령보다 훨씬 앞서서, 프랑스에 성립했었던 개혁교회의 치리서(The Discipline of the Reformed Churches of France. 1559)를 보면 제5장에서 지교회의 치리회에 관해 언급하여 이르기를, "1. 모든 교회 안에는 지교회 치리회를 만들어야 하는데, 다스리는 자들은 목사와 장로이며, 이 회집은 물론 다른 모든 교회의 회집에서도, 목사는 회장[3]이 될 권한이 있다."고 한 것을 볼 수가 있다. 그리고 그 가운데서 우리들은 장로교회의 교회에 관한 이해에 있어 중

---

2 그러나 웨스트민스터 신앙고백(1647)은 제7장에서 "인간과 더불어 맺으신 하나님의 언약"에 관해 첫 번째 언약으로서의 '행위언약'(Covenant of Works.)과 이에 대한 인간 편에서의 파기로 말미암은 두 번째 언약인 '은혜언약'(Covenant of Grace)을 구별하여 설명하면서, 6조에서 고백하기를 "그 실체에 있어 다른 두 언약이 있는 것이 아니라, 다양한 경륜들에 있어 하나요 같은 언약이다." 라고 했다. 그러므로 언약의 성립과 체결에 있어서는 그 주권이 인간의 참여와 동의가 필수적인 것이 아니며, 오히려 타락으로 말미암아 무능하게 된 인간에 대한 고려함이 아니라 전적인 '택하심'에 근거하여 성립하며 체결되는 것이다. 아울러 교회 또한 가시적인 세례 이전에 하나님의 영원한 작정 가운데서의 택하심 안에 있는 본질이, 오히려 믿음의 고백이나 세례와 같은 가시적인 형태에 의해 명료하게 분별될 뿐인 것이다.

3 1559년의 프랑스 개혁교회 치리서는 1692년에 존 퀵(John Quick. 1636-1706)에 의해 영문으로 번역되었는데, 이 때의 번역에서는 분명히 '회장', 즉 'Presidents'로 번역했다. 그러나 나중에 장로교회정치에 관해 규정한 웨스트민스터 장로교회 정치형태(1645)에서는, 개별 회중의 직원들에 관하여 이르기를 "그러한 모임에서는 말씀과 교리를 맡아 수고하는 직무를 맡은 자" 즉, 목사가 "그들의 의사절차를 주관함이 가장 적절하다."고 하여, 회장으로서가 아니라 의장(moderator)으로서 회의를 주관하는 자로 설명하고 있다.

요한 '**치리회**'의 중요성의 맥락을 파악해 볼 수가 있는 것이다. 특별히 프랑스 개혁교회 치리서 제5장 2조에서 "**보통은 교회정치의 미래를 위해 목사와 장로가 함께 선출되거나 지속되어야만 한다. 그러므로 일반적으로 지교회 치리회에 그들이 함께 참석해야 하며, 그들의 치리회가 그들을 보내는 것을 조건으로 노회와 대회에 참석한다.**"고 하여, 개별 교회의 가시적인 교회정치 체제의 중심이 목사와 장로가 함께 선출된 치리회의 운영에 있음을 밝혀두고 있다. 뿐만 아니라 장로교회로서의 개혁된 교회에서는 회중교회와 같이 "**각각 그 자체의 구별된 공동체로서, 다른 교회들의 책임을 지니지 않는, 그들 자체만의 직원들을 가진다.**"고 이해하는 것이 아니라, "**일반적으로 지교회 치리회에 그들이 함께 참석해야 하며, 그들의 치리회가 그들을 보내는 것을 조건으로 노회와 대회에 참석한다.**"고 하여, 지교회의 치리회에 국한하지 않은 더욱 적극적이고 광범위한 치리[다스림]의 성격과 영역을 규정하고 있음을 볼 수가 있다. 그런즉 장로교회정치에 있어서 교회의 가시적인 연합은 회중의 "**자발적인 합의, 동의, 또는 언약**"에 중심을 두는 것이 아니라 '**치리회**'의 치리, 곧 다스림에 중점을 두고 있음을 알 수가 있다. 무엇보다 프랑스 개혁교회 치리서 제5장 3조는 "**우리의 신앙의 실행이 아직 확실하게 자리를 잡지 못한 곳에서는 노회에 의해 그들 스스로 신실하게 장로와 집사를 선출해야 하며, 우리의 교회 치리를 받아들이도록 권면해야만 한다. 그리고 앞서 말한 노회에, 교회는 가장 편리한 방법으로 동참하도록 권장되며, 그들의 사역자의 더 나은 존속을 위해 앞서 말한 노회와 먼저 소통함이 없이는 사역을 떠날 수 없다.**"고 하여, 아직 그 조직이 미비한 개별 회중에 대한 노회의 역할과 더불어서 지교회의 사역자가 사역지를 떠나는 문제에 대해 반드시 노회와의 소통과 승인을 거쳐서 이뤄지도록 규정함으로써 치리회의 역할과 기능을 분명하게 강조하고 있음을 볼 수가 있다.

한편, 케임브리지 강령에서 찾아볼 수 있는 **"연합"**(Union)이 주로 개별교회에 대한 성도들의 연합인 것[4]에 비해, 프랑스 개혁교회 치리서에서는 제6장에서 교회의 연합에 관한 주제를 따로 할애하여 **"우리의 교회들 전체의 거룩한 연합"**(3조)에 관해 규정하고 있는 것을 볼 수가 있다. 예컨대 케임브리지 강령 제4장 6조에서는 "모든 신자들은, 하나님께서 그들에게 기회를 주시는 대로 개별 교회에 그들 자신을 연합하기 위해 노력해야 하며, 또한 예수 그리스도의 영예를 소중히 하는 가운데 있어야 하고, 그리스도의 모범과 제도 안에서, 복음의 질서와 규범을 인정하고 복종함을 고백하여야 한다. 또한 그들의 가시적인 연합에 기초한 거룩한 교제를 존중하고, 그리스도께서 교회 안에 특별하게 임재 하신다는 약속 안에 거하여야 한다."고 하여, 주로 개별교회의 질서와 규범에 대한 인정과 복종의 맥락에서 연합을 규정하고 있다. 반면에 프랑스 개혁교회 치리서 제6장에서는 3조에서 **"교회들과 개별 회원들은 조언을 받되, 어떠한 박해가 일어날지라도, 그들은 개인적인 평화와 자유를 얻기 위하여 우리 교회 전체의 거룩한 연합으로부터 떠나지 않는다. 그리고 이 규정에 반하는 행동을 하는 사람은 누구든지, 노회와 대회[혹은 총회]가 적절하다고 판단하는 견책이 그에게 가해**

---

4 물론 케임브리지 강령에서도 이후에 제15장에서 "교회들의 서로간의 친교"에 대해 규정하고 있고, 또한 제16장에서 대회(synods)에 대해 다루고 있지만 그 세부적인 규정과 성격은 장로교회의 원리와 상당한 차이를 보인다.

질 것이다."라고 하여, 연합의 범위를 기본적으로 노회와 대회를 아우르는 전체 교회(Whole Church)의 맥락에서 다루고 있음을 볼 수가 있다.

끝으로 장로교회의 마지막 교회정치 규정이라 할 수 있는[5] 웨스트민스터 장로교회 정치형태에서는 개별회중에 관하여 1조에서 이르기를 **"신자들의 수가 늘어나서 그들이 한 장소 안에서 편리하게 모일 수가 없다면, 그들에게 주어진 그러한 규례들을 더 잘 수행하고 상호간 의무들을 더욱 잘 이행하기 위해 서로 구별되고 고정된 회중으로 나누어야 하는 것 역시 합법적이요 적절한 것이다."**라고 했는데, 이 같은 문구는 앞서 케임브리지 강령 제3장 4조의 **"교회의 양적인 문제와 관련해서는, 일반적으로 한 장소에 편리하게 모일 수 있는 것보다도 더 큰 규모여서는 안 되며, 통상적으로 교회의 사역을 계속해서 편리하게 수행할 수 있는 것보다 더욱 적어서도 안 된다."**고 한 문구와 유사함을 확인할 수 있는 것으로서, 이는 장로교회에 있어서나 회중교회에 있어서나 공히 현대와 같이 지나치게 대형화 된 규모의 교회 회집을 지양하고 있음을 알 수가 있다. 그러므로 현대의 대형화 된 일부 개별 장로교회들의 모습은 장로교회의 정치원리에도 부합하지 않은 것일뿐더러, 심지어는 회중교회의 정치원리에도 부합하지 않은 불법적이고 부적절한 양상임을 알 수가 있다. 한마디로 대형교회의 양상은 개별 교회의 건전성에 심히 부정적일뿐더러, 전체 교회로서의 유기적인 성격에 있어서도 심히 부적절한 양상인 것이다.

---

5 웨스트민스터 총회 이후의 장로교회들의 역사에 있어서 교회정치 규정들은 장로교회의 정통적인 역사와 규정들에 대한 수정과 이탈의 측면이 다분하기 때문이다.

The Cambridge Platform

Chap V:

교회 권세church power의 첫 번째 주체, 또는 교회의 권세가 먼저 누구에게 있는가에 관해

1. 교회 권세의 첫 번째 주체는 각 각 절대적supreme 또는 종속적 subordinate이며, 그리고 목회적 ministerial이다. 절대적인 주체는, 성부로부터 온 은사의 방편으로 서, 예수 그리스도시다. 목회적 인 주체는 각각 사도와 선지자들 과 복음 전하는 자들과 같이 비 상적extraordinary이다. 또한 모든 개별 회중 교회의 주체는 통상적 ordinary이다.

▶ 마 18:18. 계 3:7. 사 9:6. 요 20:21,23. 고전 14:32. 딛 1:5. 고전 5:12.

The Form of Presbyterial Church-Government(1645)

교회의 직원들the officers에 관하여

그리스도께서 그의 교회를 세우고 성도들을 온전케 하기 위하여 임명 하신 직원들 중 일부는 특별하며 임시적extraordinary으로, 사도들과 복음 전하는 자와 선지자들이 있 는데, 이들[이러한 직원들]은 중지되었 다. 다른 이들[교회의 다른 직원들]은 통 상적ordinary이며 항존적perpetual이 니, 목사pastors와 교사teachers와 또 교회의 다른 치리자들[치리장로]과 집사deacons이다.

2. 통상적인 교회의 권세는, 각각 장로 직the eldership에 합당한 것과 같은 직무의 권세power of office거나, 형제회the brethren formally에 속한 것과 같은 권리의 권세power of privilege다. 후자는 공식적으로formally 교우들 가운데에, 곧장 그리스도로부터 오며, 그 자체로서 즉각적으로 시행하거나 행사할 수 있다. 전자는 그것들 안에 공식적으로나 직접적으로 있는 것이 아니므로, 곧바로 시행하거나 행사할 수 없다. 그러나 이러한 권한을 행사하거나 시행할 수 있는 사람들을 직무office에 임명한다는 점에서, 그들 안에서 시행하거나 행사하는 것이라 말할 수 있다.

▶ 롬 12:4,8. 행 1:23, 그리고 6:3,4, 그리고 14:23. 고전 10:29,30.

교회정치, 그리고 이를 위한 여러 종류의 회집Assemblies에 관하여

그리스도께서 교회정치 체제instituted a government와 교회의 다스리는 자들governors ecclesiastical in the church을 정하셨다. 그러한 목적을 위하여 사도들은 예수 그리스도의 손으로부터 직접적으로 열쇠를 받았으며, 모든 경우들에 모든 세상의 교회들에서 그것을 실행하고 사용했다. 그리고 그리스도께서는 그 후로도 계속해서 그의 교회 중에 다스리는 은사gifts of government를 주시고, 다스리는 일에 부르심을 받았을 때에 그것을 행사할 권한을 위임하셨다.(중략)

해설

　장로교회의 교회정치에 관해 웨스트민스터 장로교회정치 형태에 관한 문서는 **"그리스도께서는 교회정치 체제와 교회의 다스리는 자들을 정하셨다."**고 언급하고 있는데, 그처럼 교회의 다스리는 자들, 곧 교회의 직원들에 관해서 또한 **"그리스도께서 그의 교회를 세우고 성도들을 온전케 하기 위하여 임명하신 직원들 중 일부는 특별하며 임시적"**이라고 했는데, 그들은 **"사도들과 복음 전하는 자와 선지자들"**로서 또한 **"예수 그리스도의 손으로부터 직접적으로 열쇠를 받"**은 자들이라고 했다. 즉 권세를 부여받은 것이다.

　그러나 그처럼 그리스도에게서 직접적으로 부여받은 특별한 권세는 **"임시적으로"**, 지금 **"이들은 중지"**되었다. 그러므로 **"사도들과 복음 전하는 자와 선지자들"**과 같은 특별한 권세를 부여받은 자들은 이제 교회에 없으며, 다만 다른 직원들 곧 **"통상적이며 항존적"**인 직원인 **"목사와 교사와 또 교회의 다른 치리자들[치리장로]과 집사"**들이 있어서 사도들과는 구별된 통상적이고 항존적인 직무로서 교회의 다스리는 권세[치리권]를 시행한다는 것이 바로 장로교회정치 형태에 관한 서술이다.

　이러한 교회정치의 원리에서 전제하고 있는 것은 **'권세'**가 부여된 자들을 그리스도께서 세우셨다는 점인데, 사 9:6-7절에 기록한바 **"한 아들을 우리에게 주신 바 되었는데 그의 어깨에는 정사를 메었고 그의 이름은 기묘자라, 모사라, 전능하신 하나님이라, 영존하시는 아버지라, 평강의 왕이라 할 것임이라. 그 정사와 평강의 더함이 무궁하며 또 다윗의 왕좌와 그의 나라에 군림하여 그 나라를 굳게 세우고 지금 이후로 영원히 정의와 공의로 그것을 보존하실 것이라"**는 말씀에서 언급하는 **'misrâh'**, 곧 **"정사"**[권세]를 부여받은 자들이 있다는 것이다. 그리고 바로 그러한 예수 그리스도의 **"정사"**, 곧 **'권세'**가 마 18:18절에서 예수 그리스도의 제자들인 사도들에게 이르시는 바 **"진실로 너희에게 이르노니 무엇이든지 너희가 땅에서 매면 하늘에서도 매일 것이요 무엇이든지 땅에서 풀면 하늘에서도 풀리리라."**는 말씀에 따라 그리스도의 제자들인 사도들에게 부여된 것이다.

한편 케임브리지 강령에서도 이러한 맥락과 관련해서는 유사하게 기술하고 있는데, 제5장 1조에서 이르기를 **"교회 권세의 첫 번째 주체는 각각 절대적 또는 종속적이며, 그리고 목회적이다."**라고 하면서, **"절대적인 주체는, 성부로부터 온 은사의 방편으로서, 예수 그리스도시다."**라고 했고, 또한 **"목회적인 주체는 각각 사도와 선지자들과 복음 전하는 자들과 같이 비상적이다."** 라고 했으니, 사 9:6-7절에서 언급한바 **"정사"**, 곧 **'권세'**의 절대적인 주체는 오직 예수 그리스도뿐이심을 전제하고 있다. 아울러 **"목회적인 주체"**로서 **"사도와 선지자들과 복음 전하는 자들"**을 언급하여, 그들의 권세가 **"비상적"**, 즉 임시적임을 명시하고 있는 것이다.

그러나 케임브리지 강령에서는 한 가지 독특한 표현으로써 비상직원인 사도들과 선지자들과 복음 전하는 자들과는 다른 주체들이 지니는 권세를 언급하는데, 그것은 바로 **"목회적인 주체"**라는 용어이다. 장로교회정치의 용어에서 **"통상적ordinary이며 항존적perpetual"** 직원에 해당하는 주체에 대해 "목회적ministerial"이라는 용어를 사용하고 있는 것이다.

그렇다면 **"통상적이며 항존적"** 주체와 **"목회적"** 주체라는 말 사이에는 어떠한 뉘앙스의 차이가 있을까? 그것은 단지 용어상의 상이점일 뿐인가? 이러한 의문과 관련하여 2조에서는 **"통상적인 교회의 권세는, 각각 장로직the eldership에 합당한 것과 같은 직무의 권세거나, 형제애에 속한 것과 같은 권리의 권세다."** 라고 언급한다. 장로교회정치에서 **"목사와 교사와 또 교회의 다른 치리자들[치리장로]과 집사"**라는 직원들에게 통상적이며 항존적으로 다스리는 권세가 부여되었다고 말하는 것과 다소 차이를 두고서, **"장로직에 합당한 것과 같은 직무의 권세"**와 더불어 **"형제회에 속한 것과 같은 권리의 권세"**를 언급하고 있는 것이다.

케임브리지 강령에서 언급하는 **"형제회"**the brethren formally란, 장로교회정치의 용어가 아니며 오히려 모라비안 교회Moravian Church에서 언급하는 'Unitas Fratrum', 즉 **'형제들의 연합'**과 유사한 신자들의 연합회의 성격이다. 그러므로 케임브리지 강령에서는 분명 치리회의 권세와 아울러서 신자들의 회의체에 대한 권세를 인정하고 있음을 알 수가 있다. 특히나 모라비안 형제회의 분리주의적인 성격은 얀 후스Jan Hus, 1372-1415에게까지 소급되는 종교개혁의 배경을 지니고 있으며, 얀 후스가 사망한 뒤로 50년이 지난 시점에, 그의 추종자들이 1457년에 보헤미아의 쿤발드Kunvald에 기존의 로마 가톨릭 종교와 구별되어 독립적으로 조직된 형제회Bohemian Brethren를 설립한데서 기원한다. 그리고 이러한 회중주의 교회의 독특한 교회 권세에 대한 이해는, 나중에 18세기에 이르러 마침내 미국의 펜실베이니아Pennsylvania 지역에 정착한 모라비안 교회에 대해서도 자연스러운 이해를 형성하게 했고, 노스캐롤라이나North Carolina와 조지아Georgia 등지에서도 모라비안 교회의 정착과 확장이 이어지는 역사와도 원만한 관계를 유지하게 이끌었던 개념이라 할 것이다. 그러나 이미 웨스트민스터 총회에서 잉글랜드에서 사역하던 다수의 장로교회 목사들에 의해 익명으로 작성된 '유스 디비눔'Jus Divinum Regiminis Ecclesiastici에서는, 2권 제10장에서 "**신자들의 공동체**Community of the faithful, **즉 신자들의 몸**Coerus fidelium, the Body of the people**은 교회정치의 권세를 직접적으로 받을만한 그릇이나 주체가 아니다.**"라고 분명하게 명시한 제목 가운데서 이에 대해 논박하고 있는 것을 볼 수가 있다.

먼저 유스 디비눔에서는 분리주의자들이나 독립교회주의자들의 주장과는 달리, 우리의 중보자 예수 그리스도께서는 교회정치의 영적권세를 장로교회 신자이든 아니든 관계없이 그 영적권세의 첫 번째 주체로서 신자들의 몸에 맡기지 않으셨다고 했다. 즉 "우리의 중보자 예수 그리스도께서는 당신의 교회정치를 위한 적절한 공식적 권세나 영적인 권세를, 그 권세를 직접 받기에 적절한 그릇이나 첫 번째 주체가 아닌 신도단체fraternity, 신자들의 공동체Community of the faithful, 전 교회 whole Church, 신자들의 몸에 맡기지 않으셨다."고 한 것이다. 계속해서 유스 디비눔에서는 설명하기를,

1. 신도단체, 신자들의 공동체, 전교회, 신자들의 몸은 그리스도의 규례에 참예하기 위한 하나의 집회나 한 회중으로 함께 모인 사람들의 특정한 무리를 말한다. 이 단일 회중은 당회가 있는 장로교이거나 장로들이나 직원들이 세워지지 않고 당회가 없는 비장로교일 수도 있다. 엄격한 브라운주의자들이나 분리주의자들은 일부 독립교회주의자들이 동의하는 "당회가 없는 신도단체나 신자들의 공동체가 그리스도에게서 오는 적절한 교회권세의 첫 번째 그릇이다"라고 말한다. 독립교회주의자들은 다음과 같이 결의한다. 첫째, "그리스도의 사도들은 사도적 권세의 첫 번째 주체이다." 둘째, "모든 교회에 대해서 신앙고백을 하는 성도들로 이루어진 특정한 회중은 모든 교회 직원들 가운데 모든 영적인 은사와 권세를 갖는 첫 번째 주체이다." 셋째, "특정 회중의 교회가 진리와 평안 가운데 동행할 때 교회의 형제들이 교회의 자유권의 첫 번째 주체이고 교회권위를 가진 장로들과 형제들이 모두 교회권세의 첫 번째 주체이다." 그러나 장로교도들은 (첫 번째 주장을 제외한) 브라운주의자들과 독립교회주의자들의 주장이 자신들의 주장과 전혀 다르기에 받아들이지 않는다고 한다.

2. 교회정치를 위한 적절한 공식적인 권세나 영적인 권위와 관련하

여 이 영적인 권세와 권위의 성격과 종류에 대해서 이미 기록된 것
(Part 2, 3장, 6장 참고)은 피하고 추가적으로 주목할 점들이 있다.
(1) 예수 그리스도에게서 당신의 교회 직원들에게 부여되는 청지기
로서 그리고 목회자로서의 적절한 공식적인 권위를 갖는 권세가 있
다(마 16:19; 18:18; 요 20:21-23; 28:18-20). 이러한 권세에 대해
서 사도는 말한다. "하나님의 나라는 말에 있지 아니하고 오직 능력
에 있음이라". 다음 절에서 자신의 '매'Rod를 언급하면서 유래된 능
력을 말하고 있다(고전 4:20-21). 사도는 또한 이렇게 말한다. "주
께서 주신 권세는 너희를 무너뜨리려고 하신 것이 아니요 세우려고
하신 것이니 내가 이에 대하여 지나치게 자랑하여도 부끄럽지 아니
하리라"(고후 10:8, 13:10). (2) 어떤 경우에는 사람들에게 속한 부
적절한 사적인 대중적 권세가 있는 것 같다. (a) 구제불능의 죄인을
출교할 때 그들은 암묵적으로 그 판결에 동의하고 의무적으로 그 출
교당한 자를 멀리하는 것과 같이 교회를 다스리는 자들의 권위적인
행위에 복종하는 수동적인 권세(마 18:17; 고전 5:9-11). (b) "영들
이 하나님께 속하였는지 분별하는 일"(요일 4:1); "말씀으로 모든 교
리들을 증명하는 일"(살전 5:20-21), 사도행전 6장 3-6절에서 기록
된 바와 같이 자신들의 교회 직원들, 적어도 집사들을 임명하고 선
택하는 일과 같은 적극적인 권세. 그러나 이것은 적절한 권세가 아
니다. 즉 열쇠들의 권세가 아니라 열쇠들 주변의 몇몇 종류의 권세이
다). 적절하고 공적이며 공식적인 권위 있는 권세가 장로교이든 비
장로교이든 상관없이 신도단체나 사람들의 몸에게 부여되지 않는다
고 분명히 설명한다.

3. 권세를 직접적으로 받기에 적절한 그릇이나 첫 번째 주체는 예수 그리스도에게서 이 권세를 처음으로 직접 받은 주체이고 자리이며 그릇을 말한다. 결과적으로 예수 그리스도께서 교회정치를 위해 당신의 교회 안에서 그 권세를 내세워 행사하도록 일과 권위를 부여한 분이시다. 여기서 두 가지 사항을 기억해야 한다: (1) 이 권세의 대상과 주체를 구분해야 한다. 이 권세로 인해 유익과 이익을 받는 대상은 주로 보편적인 가시적인 교회이다(엡 4:7-12; 고전 12:28; 롬 12:5-6). 개별적인 교회들은 보편교회에 속한 회원교회들이다. 하지만 그 주어지는 권세를 받는 주체는 보편교회나 개별교회가 아니라 교회의 직원들이나 다스리는 자들이다. (2) 이 권세를 부여하는 일과 이 권세가 부여되는 교회 직분으로 특정한 자들을 지정하는 일은 구분돼야 한다. 사람을 열쇠를 갖는 직위, 즉 다스리는 직위로 지정하는 일, 다시 말해서 개별적인 직원들을 지정하는 일은 교회가 먼저 직접적으로 할 수 있다(어떤 경우에는 이러한 일이 교회에 허용되지만 적절하고 권위 있는 권세의 행위는 아니다). 하지만 그 권세 자체를 지정하는 일은 그 근원이 교회에서 나온 것이 아니라 그리스도 자신에게서 직접 나온 것이다(고후 11:8, 13:10). 그 권세는 교회에게 주어지지 않고 개별적인 교회 직원들에게 주어졌는데, 이는 직원들이 그리스도의 목회자와 청지기로서 그 권세를 제시하고 행사하기 위한 것이지(고전 4:1), 교회의 대리인이나 대표자로서 그 권세를 받은 것이 아니다(이는 완전히 거부된다)고 설명했다.[1]

---

1 이에 관한 더욱 자세하고 광범위한 반론의 내용들은, 장종원 역, 「유스 디비눔」(서울: 고백과문답, 2018) 183-216을 참조하라.

하지만 케임브리지 강령에서는 명백히 **"형제회에 속한 것과 같은 권리의 권세"**에 대해서는 **"공식적으로 교우들 가운데에, 곧장 그리스도로부터 오며, 그 자체로서 즉각적으로 시행하거나 행사할 수 있다."**고 설명하며, 또한 **"장로직에 합당한 것과 같은 직무의 권세"**에 대해서는 **"그것들 안에 공식적으로나 직접적으로 있는 것이 아니므로, 곧바로 시행하거나 행사할 수 없다. 그러나 이러한 권한을 행사하거나 시행할 수 있는 사람들을 직무에 임명한다는 점에서, 그들 안에서 시행하거나 행사하는 것이라 말할 수 있다."**고 설명한다. 그런즉 이러한 회중교회의 원리에서 교회의 운영은 치리회의 직원들이 아니라 형제회에 속하는 신자들의 공동체에 의해 더욱 적극적으로 이뤄질 수 있음을 알 수가 있다.

그렇다면 이처럼 명백하게 차이를 보이는 교회정치의 권세에 있어, 오늘날 장로교회들은 과연 어떠한 입장을 취하는가?

The Cambridge Platform Chap VI:	The Form of Presbyterial Church-Govern-ment(1645)
교회의 직분들, 특히 목사와 교사에 관하여	교회의 직원들the Officers에 관하여

1. 교회는 하나님의 예배를 위해 언약으로 함께 연합된 사람들의 모임a company이며, 어떠한 직분officers도 없는 교회라 할지라도 거기에는 교회의 존재와 본질이 있으므로, 거기에서 교회의 형태form와 요소matter가 모두 있다고 본다. 그리고 그것은 사도들이 여러 교회에서 장로들을 임명했다고 말한 것에 함축되어 있다.

▶ 행 14:23.

2. 그럼에도 불구하고, 비록 직분들officers이 교회가 순전하게 존재함에 절대적으로 필요한 것은

그리스도께서 그의 교회를 세우고 성도들을 온전케 하기 위하여 임명하신 직원들 중 일부는 특수하며 임시적인 것extraordinary으로서, 사도들과 복음 전하는 자와 선지자들이 있는데, 이들[이러한 직원들]은 중지되었다. 다른 이들[다른 교회의 직원들]은 통상적ordinary이며 항존적perpetual이니, 목사pastors와 교사teachers와 또 교회의 다른 치리자들[치리장로]과 집사deacons이다.

아닐지라도, 그들이 부름을 받는 것은, 일반적으로 그들을 부름과, 그들의 잘됨well being을 위함이다. 그러므로 주 예수께서는 그의 부드러운 온정으로, 만일에 교회를 위해 그들이 유용하고 필요한 것이 아니었다면 하지 않았을 직분들을 지정하시고appointed 임명ordained하셨다. 실로, 그는 하늘에 오르시어 계시며, 또한 사람들을 위해서 은사gifts를 받으셨으며, 아울러 사람들에게 은사를 주셨으니, 이러므로 교회를 위해서 직분들을 단지 작은 부분으로 여기지 않으며, 그들은 세상의 마지막과 모든 성도들을 완전케 함perfecting을 위해 계속하여 존속할 것이다.

▶ 롬 10:17. 렘 3:15. 고전 12:28. 엡 4:11. 시 98:18. 엡 4:3. 렘 1장, 그리고 4:12,13.

3. 이들 직분들은 각각 비상적ex-traordinary이거나 통상적ordinary

목사

목사는 교회의 통상적ordinary이며 항존적인perpetual 직원으로, 복음의 시대의 예언하는 [직원이다]. 먼저, 이것은 그의 직무office에 속하는 것으로, 그의 양무리flock와 더불어서 그들을 위하여, 하나님을 향한 백성들의 입으로 기도하는 것이니, 행 6:2-4과 20:36에, 설교하기와 기도가 동일한 직무same office의 각각의 부분several parts으로 결합되어 joined 있다. 장로elder(그것은 목사 pastor이다)의 직무는 병자를 위하여 기도하는 것이니, 사적으로pri-vate 할지라도, 은총이 특별히 약속되어 있다. 그러므로 그의 직무를 공적으로 시행할 때, 그것의 일부로서 더욱더 수행해야 한다. 또한 성경을 공적으로 읽는 것이다. 그에 대한 증거는, 1. 그것은 유대 교회의 제사장들과 레위인들에게 공적으로 말씀을 읽는 것이 맡겨졌음이 입증되었다. 2. 그러한 복음의 이었다. 비상직은 사도들, 선지자들, 복음 전하는 자들이다. 통상직은 장로들elders과 집사들deacons이다. 사도, 선지자, 복음 전하는 자들은 그리스도께서 비상적으로 부르셨으므로, 그들의 직분은 그들 자신과 함께 종결되었다. 바울이 디모데에게 어떻게 교회의 직무를 수행할 것인지에 대해 지시한 것은, 사도들이나 선지자들, 또는 복음 전하는 자들의 택함이나 과정에 대해서 지시한 것이 아니라, 오직 장로들과 집사들에 대해만 지시한 것이다. 그리고 바울이 에베소의 교회를 마지막으로 떠날 때에, 그는 교회를 돌보는 일을 다른 사람들이 아니라, 그 교회의 장로들에게 맡겼다. 마찬가지로 베드로도 장로들에게 이 같은 책임을 맡겼다.

▶ 고전 12:28. 엡 4:11. 행 8:6,16,19, 그리고 11:28. 롬 11:13. 고전 4:9. 딤전 3:1,2,8-13. 딛 1:5. 행 20:17,23.

사역자에게는 다른 규례ordinances가 아니라 말씀을 분배dispense할 책임과 임무가 율법시대의 제사장들과 레위인들이 지녔던 것만큼 충분하게 주어졌는데, 사 66:21과 마 23:34에 증거 되어 있다. 우리 주님은 그가 보내실 신약의 직원들에게 [구약의 교사가 지닌 명칭과] 동일한 명칭의 칭호로 부르셨다. 그러므로 이 진술들이 증명하는 것은, 그것이 (도덕적 본질a moral nature을 지니는 의무)이기 때문에 당연한 결과로서, 성경을 공적으로 읽는 것이 목사의 직무the pastor's office에 속한다는 것임을 증명한다. 양무리를 먹이기 위해To feed 말씀을 설교하고, 따라서 그는 가르치고, 확신케convince하며, 책망하고reprove, 권면하며exhort, 위로하는 것이다. 교리문답catechise을 하며, 하나님의 예언의 초보적 원리들, 혹은 그리스도의 교리를 쉽고 명백하게 가르치는 것으로, [이는] 설교의 한 부분이다. 하나님의 다른 비밀을 분벧전 5:1.

4. 장로elders에 관하여는, 성경 가운데서도 감독bishops이라고 불린 자들 가운데 어떤 이들은 목사pastors와 교사teachers로서 주로 말씀의 사역ministry에 참여했었다. 다른 이들은 특별히 다스림rule에 참여하므로, 치리 장로 ruling elders라 불린다.

▶ 딤전 2:3. 빌 1:1. 행 20:17,28. 딤전 5:7.

5. 목사pastor와 교사teacher의 직분은 구별되는 것 같다. 목사의 특별한 직무는 권면exhortation에 주의를 기울이며, 또한 그 가운데서 지혜의 말씀a word of wisdom에 전념하는 것이다. 교사는 교리 doctrine에 주의를 기울이며, 또한 그 가운데서 지식의 말씀a word of knowledge에 전념하는 것이다. 그리고 그들 각각은 그러한 언약의 인seals을 동일하게 부름 받은

배하는 것이다. 성례를 집례하는 것이다. 하나님으로부터 사람들을 축복하는 것, 민 6:23-26과 계 1:4-5을 함께 비교해보면 (동일한 축복들, 그리고 [그것들이] 위격들persons로부터 그들에게 오는 것이 분명하게 언급되어 있다) 사 66:21에서 제사장과 레위인이라는 이름 아래의 것들이 복음 아래에서도 계속되는 것은, 복음적인 목사evangelical pastors를 의미하는 것으로, 즉 목사는 그 직무로 사람들을 축복하는 것이다. 가난한 자를 돌보는 것이다. 그리고 그는 양무리를 목사pastor로서 다스릴 권세a ruling power를 가지고 있다.

교사 혹은 박사

성경은 목사와 마찬가지로 교사 teacher라는 이름name과 호칭title도 제시한다. 그도 목사와 마찬가지로 말씀의 사역자a minister이며, 또

경륜dispensation 가운데서 시행한다. 또한 견책censures을 시행하는 것과 마찬가지로, 그것은 다음과 같은 말씀을 적용함에 불과하다. 그중에서 설교preaching는, 그것의 적용application과 더불어서, 그들 모두에게 동일하게 부담되는 것이다.

▶ 엡 4:11. 롬 12:7,8. 고전 12:8. 딤후 4:1,2. 딛 1:9.

6. 또한 목사와 교사 모두는 성도들을 온전하게perfecting 하며, 그의 몸의 건덕edifying을 위하여 그리스도께서 주신 자들이다. 성도들saints과 그리스도의 몸이 그의 교회이다. 그러므로 우리는 단지 학교의 교사만이 아니라 교회의 목사까지, 목사와 교사 둘 다를 교회의 직분들church officers로 간주한다. 우리는 이를 기꺼이 인정하는 바이니, 학교는 [목사와 교사] 모두에게 적법하며, 나중에 앞으로 교회에서 목사나 교사의 직

한 성례를 집례 할 권한이 있다. 주께서는 말씀의 사역에 있어서 여러 다른 은사gifts들을 주셨으며, 그러한 은사에 따라 다르게 실행exercises하셨다. 한 사람의 동일한 사역자가 여러 은사를 지니고 있을 수 있으며, 그에 따라 행사할 수 있다. 하지만 동일한 회중congregation 가운데에 여러 목사가 있는 경우, 그들은 각자 다른 은사에 맞게 각자의 직책을 맡을 수 있으며, 이 때에 각각의 그 직책은 각기 그 은사에 있어서 가장 탁월한 자가 맡는다. 그리고 성경의 해석과 건전한 교리를 가르치는데 있어, 반론하는 자들을 논박하는데 가장 뛰어나며, 더욱 그에 맞게 적용하는 일을 맡은 자를 가리켜 교사teacher 또는 박사doctor라 부를 수 있다(말씀의 주석에 근거하여 인용한 구절들이 그 진술을 입증한다). 그렇지만 개별 회중a particular congregation 안에 한 목사만 있는 경우라면, 그는 그가 할 수 있는 한 그 말씀 사역에 속한

분으로 부름을 받을 수 있는 좋은 문학literature 또는 학문learning을 수련하는 것을 위해 합법적이고 유익하며 필요한 것이다.

▶ 엡 4:1,12, 그리고 1:22,23. 삼상 10:12,19,20. 왕하 2:3,15.

모든 일들을 수행하도록 한다. 교사 또는 박사는 학교schools와 대학교universities에서 가장 탁월하게 쓰임을 받을 수 있다. 구약의 선지학교the schools of the prophets에서, 그리고 가말리엘과 다른 이들이 박사doctors로서 가르쳤던 예루살렘에서 그러함과 같다.

해설

　케임브리지 강령은 제6장에서 **"교회의 직분들, 특히 목사와 교사에 관하여"** 다루는 가운데서 먼저 이르기를, **"1. 교회는 하나님의 예배를 위해 언약으로 함께 연합된 사람들의 모임이며, 어떠한 직분도 없는 교회라 할지라도 거기에는 교회의 존재와 본질이 있으므로, 거기에서 교회의 형태와 요소가 모두 있다고 본다."**고 했다. 즉 교회의 직분들이 아직 세워지지 않았다 할지라도 기본적으로 **"하나님의 예배를 위해 언약으로 함께 연합된 사람들의 모임"**만으로 교회로서의 요건을 충족시킨다고 보는 것이다. 아울러 2조에서도 이르기를 **"비록 직분들이 교회가 순전하게 존재함에 절대적으로 필요한 것은 아닐지라도, 그들이 부름을 받는 것은, 일반적으로 그들을 부름과, 그들의 잘됨을 위함이다."**라고 하여, 교회의 직분들이 필연적으로 요구되는 것이 아니라 보조적[혹은 편의상]으로 요구될 뿐임을 규정하고 있다. 이러한 케임브리지 강령의 교회에 대한 이해는 얼핏, 스코틀랜드 제2치리서(1578) 제1장의 **"교회와 정치의 일반적인 의미, 그리고 세속정치와의 차이점"**에 관한 규정들 가운데 첫 번째 규정에서 언급하는바 **"하나님의 교회는 넓은 의미에서는 예수 그리스도의 복음을 고백하는 모든 사람들을 말하며, 또한 경건한 자들뿐만이 아니라, 외적으로 참된 종교를 고백하나 위선적인 자들까지도 포함하는 모임이나 교제를 교회라 이르기도 한다."**는 문구로 볼 때, 타당한 듯하다. 그러나 스코틀랜드 제2치리서 제

1장 첫 번째 규정은 계속해서 **"또한 어떤 경우에 있어서 교회란, 오직 경건하며 택함을 입은 자들만을 지칭하기도 한다."**고 했고, 아울러 **"종종 진리를 고백하는 회중들 가운데 영적인 역할을 하는 사람만을 지칭하기도 한다."**고 하여, 교회에 대하여서 **"모임이나 교제"**의 성격으로만 이해할 수 없으며, 오히려 **"진리를 고백하는 회중들 가운데 영적인 역할을 하는 사람"** 즉, 교회의 직원들을 특별히 지칭하여 교회를 이해할 경우가 있음을 규정하고 있는 것을 볼 수가 있다. 그러므로 스코틀랜드 제2치리서 1장 2조에서 이르기를 **"마지막 의미로서의 교회는 하나님께서 부여하신 특정한 권세가 있으며, 교회는 온 교회의 평안을 위해 정당한 관할권Jurisdiction과 다스림Government에 있어서 그 권세를 사용한다."**고 했고, 또한 3조에서는 **"이 권세로부터 기인한 교회의 정치는 하나님의 말씀에 따라 임명된 교회 직분자가 행하는 영적인 통치의 질서 혹은 형태. 그러므로 직분자는 즉시로 이 권세를 받아서, 전체 교회의 유익을 위해 사용한다."**고 규정했다.

한편, 웨스트민스터 장로교회정치 형태(1645)에서는 첫 번째 장에서 **"교회에 관하여"** 규정하기를, **"하나의 가시적인 보편 교회가 신약성경에 제시되어 있다."**고 하면서 **"신약성경의 사역[직분]ministry과 예언[말씀]oracles과 규례ordinances는 예수 그리스도께서 가시적인 보편 교회에 주신 것으로, 이 세상에서 주님이 다시 오실 때까지 [성도들을] 모으고 [교회를] 온전케 하시기 위함"**이라고 했고, 또한 **"개별적인 가시적 교회들, [즉] 보편 교회의 회원은……성년이 되어 그리스도를 믿는 신앙과 그리스도에 대한 순종을, 그리스도와 사도들이 가르친 신앙과 생활의 규칙에 따라 고백한 사람들과 그들의 자녀들로 이뤄졌다."고 했다. 그런즉 웨스트민스터 장로교회정치 형태에서는 교회에 관하여 이해할 때에, 교회정치와 교회의 직분들을 제외하고서 케임브리지 강령 제6장 1조에서처럼 **"어떠한 직분도 없는 교회라 할지라도 거기에는 교회의 존재와 본질이 있으므로, 거기에서 교회의 형태와 요소가 모두 있다고 본다."**고 할 수가 없는 것이다. 그리고 이는 웨스트민스터 신앙고백(1647) 제25장 3조의, **"이 보편적인 가시적 교회에 그리스도께서는 하나님의 직분과 말씀과 규례를 주시되 세상 끝 날까지 이 세상에서 성도들을 모으고 온전하게 하는 일을 위하여 주셨다."**고 한 문구와 동일한 맥락이다.

이러한 케임브리지 강령에서의 교회정치와 직분에 대한 이해와 웨스트민스터 장로교회정치 형태에서의 교회정치와 직분에 대한 이해 사이에는 작은 차이점만이 있을 뿐인 것처럼 보인다. 그러나 케임브리지 강령 2조에서 **"주 예수께서는 그의 부드러운 온정으로, 만일에 교회를 위해 그들이 유용하고 필요한 것이 아니었다면 하지 않았을 직분들을 지정하시고 임명하셨다. 실로, 그는 하늘에 오르시어 계시며, 또한 사람들을 위해서 은사를 받으셨으며, 아울러 사람들에게 은사를 주셨으니, 이러므로 교회를 위해서 직분들을 단지 작은 부분으로 여기지 않으며, 그들은 세상의 마지막과 모든 성도들을 완전케 함을 위해 계속하여 존속할 것이다."**라고 한 것, 특히 **"사람들을 위해서 은사를 받으셨으며, 아울러 사람들에게 은사를 주셨으니"**라는 문구에서 알 수 있듯이, 회중교회의 교회정치와 직분은 회중을 섬기고 돕기 위한 수단에 가깝다. 비록 장로직분에 의한 다스림이 인정되기는 하지만, 그럼에도 불구하고 **"직분들이 교회가 순전하게 존재함에 절대적으로 필요한 것은 아니"**라고 한 문구에서 알 수 있듯이 그러한 다스림과 이를 위한 직분들은 필요와 유용성에 근거를 두고 존재할 뿐인 것이다.

그러나 마 28:19-20절에서 예수 그리스도께서는 그의 열한 제자들에게 이르시기를, **"너희는 가서 모든 민족을 제자로 삼아 아버지와 아들과 성령의 이름으로 세례를 베풀고, 내가 너희에게 분부한 모든 것을 가르쳐 지키게 하라."**고 명하셨다. 그리고 이는 성부께서 **"하늘과 땅의 모든 권세를 내게[곧 그리스도께] 주셨"**다는 사실에 근거한다. 한마디로 그리스도께서는 케임브리지 강령 제6장 2조에서 규정하고 있는 것처럼 **"하늘에 오르시어 계시며, 또한 사람들을 위해서 은사gifts를 받으셨으며, 아울러 사람들에게 은사를 주셨"**던 것이 아니라 **"권세"**power 를 받으시고서 **"세례"**[직분]와 **"가르침"**[말씀], 그리고 **"지키게"** 할 것[규례]들을 열한 제자들에게 명하신 것이다.

한편, 웨스트민스터 장로교회정치 형태의 **"그리스도께서 그의 교회를 세우고 성도들을 온전케 하기 위하여 임명하신 직원들 중 일부는 특수하며 임시적인 것으로서, 사도들과 복음 전하는 자와 선지자들이 있는데, 이들[이러한 직원들]은 중지되었다."**고 한 문구와 유사하게, 케임브리지 강령에서도 **"이들 직분들은 각각 비상적이거나 통상적이었다. 비상직은 사도들, 선지자들, 복음 전하는 자들이다. 통상직은 장로들과 집사들이다. 사도, 선지자, 복음 전하는 자들은 그리스도께서 비상적**

으로 부르셨으므로, 그들의 직분은 그들 자신과 함께 종결되었다."고 규정했고, 또한 웨스트민스터 장로교회정치 형태에서 **"다른 이들[다른 교회의 직원들]은 통상적이며 항존적이니, 목사와 교사와 또 교회의 다른 치리자들[치리장로]과 집사이다."**라고 한 문구에 대해서는 **"바울이 디모데에게 어떻게 교회의 직무를 수행할 것인지에 대해 지시한 것은, 사도들이나 선지자들, 또는 복음 전하는 자들의 택함이나 과정에 대해서 지시한 것이 아니라, 오직 장로들과 집사들에 대해만 지시한 것이다. 그리고 바울이 에베소의 교회를 마지막으로 떠날 때에, 그는 교회를 돌보는 일을 다른 사람들이 아니라, 그 교회의 장로들에게 맡겼다. 마찬가지로 베드로도 장로들에게 이 같은 책임을 맡겼다."**고 더욱 길게 규정하고 있는 것을 볼 수가 있다. 그러므로 이를 통하여 성경에서 언급하고 있는 교회의 통상적 직분들에 대한 근거를 더욱 유력하게 확인할 수 있다.[1]

그러한 교회의 통상적인 직분에 관하여 웨스트민스터 장로교회정치 형태에서는 먼저 **"목사는 교회의 통상적이며 항존적인 직원으로, 복음의 시대의 예언하는 [직원이다]. 먼저, 이것은 그의 직무에 속하는 것으로, 그의 양무리와 더불어서 그들을 위하여, 하나님을 향한 백성들의 입으로 기도하는 것이니, 행 6:2-4과 20:36에, 설교하기와 기도가 동일한 직무의 각각의 부분으로 결합되어 있다."**고 했고, 또한

---

1 또한 동시에 교회의 직분이 성경에 규정하는 바에 따라 필연적인 권세를 지닌다고 보는 웨스트민스터 장로교회정치 형태의 입장과, 교회의 직분이 필요와 요구에 따라 보조적으로 부여된 은사에 따라 존중해야 한다고 보는 케임브리지 강령의 입장 사이에는 현격한 차이가 있는 것이어서, 동일하게 통상적인 직분에 대해 규정하고 있더라도 그것은 다만 교회의 필요와 요구에 따른 것이라는 기본적인 성격을 전제하는 것이기도 하다.

"사 66:21에서 제사장과 레위인이라는 이름 아래의 것들이 복음 아래에서도 계속되는 것은, 복음적인 목사를 의미하는 것으로, 즉 목사는 그 직무로 사람들을 축복하는 것이다. 가난한 자를 돌보는 것이다. 그리고 그는 양무리를 목사로서 다스릴 권세를 가지고 있다." 고 한 것과 다소 차이를 두고서, 케임브리지 강령에서는 "장로에 관하여는, 성경 가운데서도 감독이라고 불린 자들 가운데 어떤 이들은 목사와 교사로서 주로 말씀의 사역에 참여했었다."고 했고, 또한 "다른 이들은 특별히 다스림에 참여하므로, 치리 장로라 불린다."고 하여 목사와 교사로서의 장로와 치리장로를 아주 분명하게 구별하고 있는 것을 볼 수가 있다. 즉 목사와 교사의 직무는 주로 말씀 사역과 가르침에 국한하며, 반면에 치리장로에 대해서는 "다스림rule에 참여"하는 것으로 명확하게 구별하는 것이다. 이는 나중에 제7장에서 "집사와 장로"에 관해 규정하는 가운데서 더욱 분명하게 확인되는데, 1조에서 "치리 장로들의 직무는 교사와 목사의 직무로부터 구별된다distinct."고 했고, 또한 2조에서도 "치리 장로의 일은 목사와 교사와 더불어 행하는 영적인 치리들로서, 목사와 교사에게 맡겨진 말씀과 성례전의 사역과는 구별된다."고 한 것이다.

그런가하면 케임브리지 강령에서는 목사pastor와 교사teacher를 명확하게 구별하지 않는다. 예컨대 5조에서 "목사와 교사의 직분은 구별되는 것 같다to be distinct."고 했으며, 또한 "목사의 특별한 직무는 권면에 주의를 기울이며, 또한 그 가운데서 지혜의 말씀에 전념하는 것이다. 교사는 교리에 주의를 기울이며, 또한 그 가운데서 지식의 말씀에 전념하는 것"이라고 구별하면서도, 동시에 "그들 각각은 그러한 언약의 인seals을 동일하게 부름 받은 경륜dispensation 가운데서 시행한다."고 하여 두 직분을 대등하면서도 큰 틀에서 동일한 직무를 수행하는 것임을 강조하고 있는 것이다. 이러한 맥락은 기본적으로 웨스트민스터 장로교회정치 형태에서도 동일하며, 특히 "교사 혹은 박사"에 관해 규정하면서 "성경은 목사와 마찬가지로 교사라는 이름과 호칭도 제시한다. 그도 목사와 마찬가지로 말씀의 사역자이며, 또한 성례를 집례할 권한이 있다. 주께서는 말씀의 사역에 있어서 여러 다른 은사들을 주셨으며, 그러한 은사에 따라 다르게 실행하셨다. 한 사람의 동일한 사역자가 여러 은사를 지니고 있을 수 있으며, 그에 따라 행사할 수 있다. 하지만 동일한 회중 가운데에 여러 목사가 있는 경우, 그들은 각자 다른 은사에 맞게 각자의 직책을 맡을 수 있으며, 이 때에 각각의 그 직책은 각기 그 은사에 있어서 가장 탁월한 자가 맡는다."[2]고 했다.

사실 케임브리지 강령 제6장과 웨스트민스터 장로교회정치 형태에서 다루는 교회의 직분들, 특히 목사와 장로[치리장로]들과 관련해서 가장 큰 차이점은 가르치는 장로로서의 목사와 교사, 그리고 교회의 다스리는 장로로서의 치리장로를 명확히 구별하는 점에 있다. 웨스트민스터 장로교회정치 형태에서 규정하는 장로로서의 목사 직분이 목회적이며 포괄적인 치리자의 직무로서 규정하고 있는 것에 비해 케임브리지

---

2 이러한 웨스트민스터 장로교회정치 형태에서의 언급 가운데서 우리들은, 소위 '부목사'나 '협동목사'의 개념이 장로교회정치 형태에 있어서 그다지 부합하지 않음을 유추할 수 있다. 목사나 교사에 있어서는 동일한 '장로'(가르치는 장로)로서, 다만 은사의 우선에 따라 적절하게 역할이 구별되는 직무를 수행할 뿐인 것이다.

강령에서 목사의 직분은 주로 말씀과 관련하며, 특별히 교회의 다스리는 직무를 주로 수행하는 치리장로에 대해서는 목사와 교사와 분명하게 구별된 직무를 수행하는 직분으로 규정[3]하고 있는 것이다. 더욱이 케임브리지 강령 제7장 2조에 규정하고 있는 치리장로들의 직무들의 구체적인 내용을 보면 10항에 이르는 아주 구체적인 교회의 다스림에 속하는 내용들인 것을 볼 수가 있으며, 이는 **"치리 장로의 일은 목사와 교사와 더불어 행하는 영적인 치리들로서, 목사와 교사에게 맡겨진 말씀과 성례전의 사역과는 구별된다."**고 한 것과 더불어서, 치리장로의 직무가 교회를 다스리는 직무에 특별하게 집중된 것임을 시사하는 문구라 하겠다. 바로 이러한 치리장로의 직무가 강조된 것이 바로 치리장로가 개별적인 교회의 회중을 대표하는 직분이라고 하는 개념이다. 그러나 웨스트민스터 장로교회정치 형태에서는 치리장로에 관하여 **"교회의 다른 치리자들"**이라는 제목으로 규정하고 있으며, 이보다 앞선 스코틀랜드 제2치리서(1578) 제6장 9조에서는 **"그들**[장로들, 특히 치리장로]**의 중요한 직무는 건전한 질서를 세우고, 치리를 시행하기 위해** (그들의 수가 얼마이든지) **목사와 박사와 더불어 회의를 정하는 것이다."**라고 하여 치리장로만이 개별 교회의 대표자인 것이 아니며, 목사와 박사와 치리장로가 함께 모인 회의[즉 개별 교회의 당회]가 바로 교회를 대표하는 치리회인 것을 밝혀주고 있다. 바로 이러한 맥락을 교훈하고 있는 것이 딤전 5:17절에 기록한바 **"잘 다스리는 장로들은 배나 존경할 자로 알되 말씀과 가르침에 수고하는 이들에게는 더욱 그리할 것이**

---

3 앞서 이미 언급한 바와 같이, 이러한 구별은 케임브리지 강령 제7장에서 분명하고 명시적인 문구 가운데서 찾아볼 수 있다.

니라."는 말씀이다. 개별 교회의 회중이 존경할 자는 "잘 다스리는 장로"인 치리 장로뿐 아니라, **"말씀과 가르침에 수고하는 이들"**인 목사와 교사들을 더욱 포함하는 것이다.

The Cambridge Platform

Chap VII:

집사와 장로

1. 치리 장로들의 직무는 교사와 목사의 직무로부터 구별distinct 된다. 치리 장로는 목사와 교사의 치리로부터 배제하여 불렸던 것은 아니니, 왜냐하면 치리rul-ing와 다스림governing은 다른 이들과 더불어서 이들에게도 공통적이기 때문이다. 반면에 말씀을 가르치고 전파하는데 집중하는 것은 전자에게 있어 독특한 것이다.

▶ 롬 12:7-9. 딤전 5:17. 고전 12:28. 히 13:17. 딤전 5장.

2. 치리 장로의 일은 목사와 교사와 더불어서to join with 행하는 영적인 치리의 일로서, 목사와 교

The Second Book of Discipline(1578)

Chap VI:

장로와 그의 직무

1. 장로elder라는 단어는 성경에서 어떤 때는 연령의 일컬으며, 어떤 때는 직분을 일컫는 말이다. 직분을 일컫는 경우에, 종종 연장자seniors 혹은 장로elders라 불리는 사람들처럼, 이들을 목사와 교사doctors로서의 포괄적 의미로 이해하기도 한다.

2. 이러한 분류 가운데서, 우리는 사도들의 예를 따라 장로를 주관하는 자presidents 혹은 치리자gov-ernors라 부른다. 그들의 직분은, 그것이 통상적인ordinary 것처럼 항존적perpetual이며, 따라서 하나님의 교회에 언제든지 필요한 직분이다. 장로직은 목회직과 마

사에게 맡겨진 말씀과 성례전의 사역과는 구별된다. 그러한 것에는 다음과 같은 것들이 있다. (1) 교회가 인정한 회원의 승인에 따라 하나님의 집의 문을 열고 닫는 것, 교회가 택한 직원을 승인하는 것admission, 그리고 교회가 포기한 악랄하고 완고한 범죄자의 파문excommunication, 또한 교회가 용서한 참회자를 회복케 하는 것restoring이다. (2) 기회가 있을 때에 교회로 불러 모으며, 때에 따라 그들을 다시 해산시키는 것to dismiss. (3) 사적인 문제들을 조율하고, 수고를 줄이며, 더욱 빠르고 신속하게 처리하려는 목적으로 그들은 그것을 공적으로 다룰 수 있다. (4) 교회 회집의 모든 문제들을 조정하고 통과시키도록 교회에 안건들을 제기하며, 발언과 침묵을 명령하고, 교회의 동의와 더불어 그리스도의 마음에 따라 판결을 내린다. (5) 교회의 관리administrations와 실행

찬가지로 영적인 직분이다. 장로가 합법적으로 그 직분에 부름을 받았다고 한다면, 하나님의 은사가 같은 실행을 위해 만난 것이기에, 다시 그 직분을 떠나서는 안 된다. 이러한 장로들의 수는 일정한 회중 가운데서 선택하며, 율법 아래서 레위인들이 성전에서 섬기던 것과 같이, 그들 중 일부는 합리적인 여지를 위해 다른 사람과 교대할 수 있다. 각 회중의 장로들의 수를 제한할 수는 없으나 성도의 필요와 지경에 따라서 정해야 한다.

3. 모든 장로가 말씀을 가르치는 선생일 필요는 없으나, 그럼에도 불구하고 그들이 그렇게 해야 한다면, 이 또한 참으로 명예로운 일이 된다. 그들이 마땅히 행할 일에 관해서 우리는 하나님의 말씀이 나타내는바, 즉 사도 바울이 기록한 규정들canons을 따른다.

actions에 속하는 모든 문제들에 있어서, 교회를 지도하며 인도한다. (6) 교회 안에서 지위rank와 자리place에서 벗어나 지나치게 행하는 사람이 없도록 하며, 소명이 없거나 그들의 소명에 게으르지 않도록 한다. (7) 교회를 부패시킬 수 있을만한 삶이나 교리에 있어서의 범과들을 방지하고 치유한다. (8) 훈계admonition의 말과 더불어서 하나님의 양떼들을 먹인다. (9) 그리고 그들은 아픈 형제들 위에 기도하기 위해 심방하도록 보내어질 것이다. (10) 또한 다른 시간들을 더욱 그러한 일들의 기회로 삼을 것이다.

▶ 딤전 5:17. 고후 23:19. 계 21:12. 딤전 4:14. 딤전 10장. 마 18:17. 고후 2:7,8. 행 2:6, 그리고 21:18,22,23절, 그리고 6:2,3절 그리고 13:15. 고후 8:19. 히 13:7,17. 살후 2:1.

3. 그리고 집사의 직무는 구주 예수 그리스도에 의해 교회에 제정

4. 그들의 직무는, 여러 명이 혹은 연합하여 성실하게, 공적으로 그리고 사적으로, 그들에게 맡겨진 무리flock를 돌아보아 신앙 혹은 회중의 생활이 부패하지 않게 하는 것이다.

5. 목사와 박사들이 말씀의 씨앗을 뿌리고 가르치는 일에 성실해야 함과 마찬가지로, 장로들도 사람들 가운데서 동일한 결실을 할 수 있도록 주의를 기울여야 한다.

6. 이는 목사가 주님의 만찬으로 나아오는 자들을 면밀히 살필 수 있도록 돕는 것과, 병자를 심방하는 것visiting이다.

7. 그들은 회의를 주관하되They should cause the acts of assemblies, 지교회와 지방 혹은 일반적인 사안들을, 특별히 주의하여 다루도록 해야 한다.

되었으며, 때때로 그것들은 조력 helps이라 불린다. 성경은 우리에게 그들이 어떠한 자격을 갖추어야 하는지에 대해 이르기를, "정중하고 일구이언을 하지 아니하고 술에 인박히지 아니하고 더러운 이를 탐하지 아니하"여야 할지니라고 했다. 그들은 먼저 검증되어야만 하고, 그 다음에 집사의 직무를 수행하여야 하되, 흠잡을 곳이 없어야 한다. 집사의 직무와 사역은, 교회의 헌금과, 교회에 주시는 은사를 취합하는 것, 그리고 교회의 재정을 관리하는 것, 또한 그것으로 교회가 제공해야 할 섬김의 상과 주의 만찬을 위한 상을 섬기기 위해, 아울러 보잘 것 없으나 누군가에게 필요를 따라 간소하게나마 나누어주는 것이다.

▶ 행 6:3, 6. 빌 1:1. 딤전 3:8. 고전 12:28. 딤전 3:8,9. 행 4:35, 그리고 6:2,3. 롬 12:8.

8. 그들은 복음의 규율을 따라 자신이 맡은 회중을 권면하는 일에 부지런해야 한다. 그들에 대한 개별적인 권면으로 교정이 되지 않는 경우에는, 장로회assembly of the eldership에서 논의하도록 한다.

9. 그들의 중요한 직무는 건전한 질서를 세우고, 치리를 시행하기 위해 (그들의 수가 얼마이든지) 목사와 박사와 더불어 회의assemblies를 구성하는 것이다. 회의에 참여한 모든 자들은 그들의 의제의 범위bounds에 다함께 참여해야 한다.

4. 그 직분은 그러므로 교회의 현세적인 선한 일들the temporal good things을 돌보는 것으로 제한되며, 말씀과 성례sacraments, 또는 그 같이 영적인 것들에 참여하여 집례하는 데까지 확장되지는 않는다.

▶ 고전 7:17.

5. 사도의 규례와 교회의 관례는, 주일the Lord's day을 성도들의 연보contributions에 적합한 때로 언급한다.

▶ 고전 16:1,2,3.

6. 이러한 모든 직분들을 교회에 세우는 것은, 하나님 자신과 주 예수 그리스도와 성령의 일이다. 그런즉 하나님께서 규정하시지 않은 그러한 직분이 교회에 자리하거나, 그 안에 존속하는 것은 전부 불법altogether unlawful이며, 또한 인간의 피조물들, 한낱 인간의 단순한 발명품들 및 설

Chap VI:

교회의 마지막 통상적 역할인 집사와 그들의 직무

1. '디아코노'[diavkono, 일꾼]라는 단어는 때로 넓은 의미로서 교회 내의 영적인 역할spiritual function과 직분ministry을 맡은 모든 자들로 이해할 수도 있다. 그러나 여기에서 이 단어는 오직 교회의 재산 및 신실한 구제헌금alms을 모으고 분배하는 일을 담당하는 자들만을 말한다.

2. 그러므로 집사의 직분은 그리스도의 교회kirk of Christ의 통상적이고 항구적인 교회적 직무function로서 받은 것이다. 이 직분에 부름을 받은 사람의 의무와 속성properties에 대해, 우리는 명백히 성경에서 소급remit한다. 집사는 앞서 말한 선출로 나머지 영

립으로 간주되는 교황popes, 총대주교patriarchs, 추기경cardinals, 대주교arch-bishops, 영주 주교lord-bishops, 대집사arch-deacons, 관료직officials, 주교 대리commissaries와 같은 것들은 그의 집의 주인이시며 그의 교회의 왕이신 예수 그리스도께 지독한 불명예를 안기는 것이다. 이러한 것들과 그러한 체계hierarchy와 나머지 뒤따르는 것들retinue은, 주님께서 심으신 작물이 아니므로, 모두다 반드시 뿌리 뽑히고 버려질 것이다.

▶ 고전 12:28. 엡 4:8,11. 행 20:28. 마 15:13.

7. 주께서는 옛적에 과부들이 발생할 수 있는 곳에서, 교회의 목회자들이, 병자들을 보살피고, 기타 비슷한 필요들로 그들을 돕도록 임명하셨다.

▶ 딤전 5:9.

적인 직원으로서 부름을 받고 선출된다.

3. 집사의 직무office와 권세power는 그들을 선출한 자들에게서 맡겨진 전체 교회의 재산을 전달하고 분배하는 일이다. 이것은 노회presbyteries 혹은 장로회[elderships, 집사는 회원이 아님]의 임명과 판단에 따라 수행하며, 이는 교회와 가난한 자에 대한 재산patrimony이 사적인 용도로 오용되거나 잘못 분배되지 않게 하려함이다.

해설

먼저 케임브리지 강령 7장에서는 **"집사와 장로"**에 관하여서 1조에 이르기를 **"치리 장로들의 직무는 교사와 목사의 직무로부터 구별된다."**고 했는데, 이는 장로들이 치리에 있어서 교사와 목사의 직무와 분명한 차이가 있음을 전제하는 것으로 보인다. 왜냐하면 이후의 문장에서 **"치리 장로는 목사와 교사의 치리로부터 배제하여 불렸던 것은 아니니, 왜냐하면 치리와 다스림은 다른 이들과 더불어서 이들에게도 공통적이기 때문"**이라고 했으며, 또한 "말씀을 가르치고 전파하는데 집중하는 것은 전자에게 있어 독특한 것"이라고 했기 때문이다. 이는 2조의 **"치리 장로의 일은 목사와 교사와 더불어서 행하는 영적인 치리의 일로서, 목사와 교사에게 맡겨진 말씀과 성례전의 사역과는 구별된다."**고 한 문장과도 일치하는 문맥으로서, 치리 장로의 사역이 **"목사와 교사와 더불어서 행하는 영적인 치리의 일"**일지라도, 기본적으로 **"목사와 교사에게 맡겨진 말씀과 성례전의 사역과는 구별된"** 독특하고 고유한 성격을 지니는 것임을 시사하고 있는 것이다.

그러나 스코틀랜드 제2치리서에서 규정하고 있는 장로에 관한 언급을 보면, 1조에서 장로elder를 직분으로 일컫는 경우에 관하여 이르기를 **"종종 연장자seniors 혹은 장로elders라 불리는 사람들처럼, 이들을 목사와 교사doctors로서의 포괄적 의미로 이해하기도 한다."**고 했는데,

이는 장로라 칭함이 단순히 치리장로만을 일컫는 것이 아니라 목사와 교사, 그리고 치리장로를 통틀어서 장로라는 직분으로 칭하기도 하는 것임을 밝히고 있는 것이다.[1] 하지만 이러한 문맥은 목사와 교사, 그리고 치리장로의 직분을 모두 통합하는 맥락이 아니며, 오히려 목사와 교사의 직무와는 분명히 구별되되 포괄적인 의미에서 동일한 사역[즉, 다스리는 직무]을 수행하는 두 가지의 장로, 곧 말씀을 전하는 장로로서의 목사와 교사들과 함께 교회의 다스리는 일을 수행하는 치리장로가 있음을 나타내 보이는 문맥이다. 그러므로 웨스트민스터 장로교회정치 형태(1645)에서는 **"교회의 다른 치리자들"**이라는 제목으로 치리장로에 관하여 규정하기를, **"목사와 함께 연합하여[2] 교회의 다스리는 일을 하게 하셨다. 이 직원들을 개혁교회에서는 일반적으로 장로**Elders**라 부른다."**고 했다. 그러므로 치리장로의 직분은 목사와 교사의 직분과 구별되는 직분이면서도, 그 직무에 있어서는 목사와 교사들이 수행하는 다스림[치리]의 직무를 **"함께 연합하여"** 시행하는 점에서 포괄적으로 동일한 장로의 직무를 수행하는 직분인 것이다.

사실 제2치리서(1578)나 웨스트민스터 장로교회정치 형태(1645)는 공히 치리장로를 교회정치[다스림]에 있어서 조력하는 자로 규정한

---

1 한편, 이처럼 포괄적으로 지칭되는 '장로'라는 말에 지나치게 몰입하는 경우에, 예컨대 에라스투스 주의나 감독제Prelatical의 원리를 고수하는 자들은 이러한 포괄성을 근거로 치리장로의 직분과 그 직무를 인정하지 않고 부인하기도 한다. 마찬가지로 일부 신학자들은 성경에서 말씀을 전하는 장로 Preaching Elder와 집사만큼 치리장로에 대해 충분히 언급하지 않음을 근거로, 성경에서 말하는 장로가 모두 말씀을 전하는 장로라고 주장하기도 한다.

2 케임브리지 강령 제7장 1조의 "더불어서"라는 문장과 동일하게 "to join with"으로 표현하는 문구이다.

다. 그러므로 제2치리서 6장 9항은 장로[치리장로]들에 대해 이르기를 "그들의 중요한 직무는 건전한 질서를 세우고, 치리를 시행하기 위해 (그들의 수가 얼마이든지) 목사와 박사와 더불어 회의를 구성하는 것"이라고 했고, 웨스트민스터 장로교회정치 형태에서도 "교회의 다른 치리자들"로서의 치리장로에 관해 언급하여 규정하기를 "목사와 함께 연합하여 교회의 다스리는 일을 하게 하셨다."고 한 것이다. 반면에 케임브리지 강령 제7장에서는 2조에서 규정하기를 "치리 장로의 일은 목사와 교사와 더불어서 행하는 영적인 치리의 일로서, 목사와 교사에게 맡겨진 말씀과 성례전의 사역과는 구별된다."고 하면서 10가지 직무의 내용들을 구체적으로 언급하고 있다. 그리고 그 내용들을 살펴보면,

"(1) 교회가 인정한 회원의 승인에 따라 하나님의 집의 문을 열고 닫는 것, 교회가 택한 직원을 승인하는 것, 그리고 교회가 포기한 악랄하고 완고한 범죄자의 파문, 또한 교회가 용서한 참회자를 회복케 하는 것"이라고 했는데, 이와 관련하여 스코틀랜드 제2치리서 제6장 8조는 명시하기를, "그들은 복음의 규율을 따라 자신이 맡은 회중을 권면하는 일에 부지런해야 한다. 그들에 대한 개별적인 권면으로 교정이 되지 않는 경우에는, 장로회에서 논의하도록 한다."고 하여, 교회의 치리권이 치리장로로서가 아니라 목사와 치리장로들 모두로 구성하는 '장로회'the assembly of the eldership에서 논의되고 다루어져야 할 것으로 규정한다. 더욱이 케임브리지 강령은 제10장 2조에서 "교회의 권세와 노회"에 관해 이르기를, "신앙을 고백하는 신자들이 교회적으로

동맹을 이룬 단체는, 그들이 직분자들을 지니기 이전에도 교회이며, 또한 그들이 없이도 교회이다. 그러므로 그 지위에 있어서도 그리스도 아래 있는 종속적인 교회의 권세는, 그리스도께서 그들에게 위임하신 바, 앞서 5장 2조에서, 교회의 본질과 실체에서 흘러나오는 것이라고 표현된 바와 같이 그들에게 속해 있다.”고 하여, 교회정치의 권세가 직분자들이 아니라 회중 자체에 있음을 규정하고 있는 점에서도 치리장로라는 직분 자체가 교회정치의 중요한 기능이자 역할이라 할 **“하나님의 집의 문을 열고 닫는 것”**과 같은 권한을 지니거나 행사하는 주체가 될 수 없음을 파악할 수 있다.

“⑵ 기회가 있을 때에 교회로 불러 모으며, 때에 따라 그들을 다시 해산시키는 것.”이라고 했는데, 이는 앞서 **“치리 장로의 일은 목사와 교사와 더불어서 행하는 영적인 치리의 일”**이라는 언급에 의해 치리장로만의 단독적인 직무로서 언급하는 것을 말하는 것이 아님을 짐작할 수 있다. 특히 이러한 치리장로의 영적인 치리의 일에 관한 언급은, 웨스트민스터 장로교회정치 형태에서 규정하고 있는 **“개별 회중의 규례 the Ordinances”**에 관한 문구의 적용으로 보이는데, 주로 예배의 구성요소로서 언급하고 있는 웨스트민스터 장로교회정치 형태의 규정에 따르면 **“축복[축도]과 더불어 사람들을 해산시키는 것”**이라고 했으며, **“말씀의 해석과 적용, 교리문답을 하는 것, 성례의 집례”** 등의 문구로 볼 때에 그것은 예배에의 부름과 해산을 지칭하는 것이니, 치리장로가 아니라 목사의 직무로 이해함이 더욱 적절하다.

무엇보다 "⑶ 사적인 문제들을 조율하고, 수고를 줄이며, 더욱 빠르고 신속하게 처리하려는 목적으로 그들은 그것을 공적으로 다룰 수 있다. ⑷ 교회 회집의 모든 문제들을 조정하고 통과시키도록 교회에 안건들을 제기하며, 발언과 침묵을 명령하고, 교회의 동의와 더불어 그리스도의 마음에 따라 판결을 내린다. ⑸ 교회의 관리와 실행에 속하는 모든 문제들에 있어서, 교회를 지도하며 인도한다. ⑹ 교회 안에서 지위와 자리에서 벗어나 지나치게 행하는 사람이 없도록 하며, 소명이 없거나 그들의 소명에 게으르지 않도록 한다. ⑺ 교회를 부패시킬 수 있을만한 삶이나 교리에 있어서의 범과들을 방지하고 치유한다. ⑻ 훈계의 말과 더불어서 하나님의 양떼들을 먹인다. ⑼ 그리고 그들은 아픈 형제들 위에 기도하기 위해 심방하도록 보내어질 것이다. ⑽ 또한 다른 시간들을 더욱 그러한 일들의 기회로 삼을 것이다."라고 하여, 목회적인 일에 속하는 교회적인 모든 권세가 치리장로가 수행할 직무로서 규정하고 있다. 하지만 이러한 권세는 치리장로들에게가 아니라 목사들과 더불어서 치리회에 주어지는 것이며, 특별히 잉글랜드 장로교회 목사들에 의해 작성된 '유스 디비눔'Jus Divinum Regiminis Ecclesiastici에서 설명하고 있는바, "3. "권세를 직접적으로 받기에 적절한 그릇이나 첫 번째 주체"는 예수 그리스도에게서 이 권세를 처음으로 직접 받은 주체이고 자리이며 그릇을 말한다. 결과적으로 예수 그리스도께서 교회정치를 위해 당신의 교회 안에서 그 권세를 내세워 행사하도록 일과 권위를 부여한 분이시다. 여기서 두 가지 사항을 기억해야 한다. (1) 이 권세의 대상과 주체를 구분해야 한다. 이 권세로 인해 유익과 이익을 받는 대상은 주로 보편적인 가시적인 교회이다(엡 4:7-12;

고전 12:28; 롬 12:5-6). 개별적인 교회들은 보편교회에 속한 회원교회들이다. 하지만 그 주어지는 권세를 받는 주체는 보편교회나 개별교회가 아니라 교회의 직원들이나 다스리는 자들이다. (2) 이 권세를 부여하는 일과 이 권세가 부여되는 교회 직분으로 특정한 자들을 지정하는 일은 구분돼야 한다. 사람을 열쇠를 갖는 직위, 즉 다스리는 직위로 지정하는 일, 다시 말해서 개별적인 직원들을 지정하는 일은 교회가 먼저 직접적으로 할 수 있다(어떤 경우에는 이러한 일이 교회에 허용되지만 적절하고 권위 있는 권세의 행위는 아니다). 하지만 그 권세 자체를 지정하는 일은 그 근원이 교회에서 나온 것이 아니라 그리스도 자신에게서 직접 나온 것이다(고후 11:8, 13:10). 그 권세는 교회에게 주어지지 않고 개별적인 교회 직원들에게 주어졌는데, 이는 직원들이 그리스도의 목회자와 청지기로서 그 권세를 제시하고 행사하기 위한 것이지(고전 4:1), 교회의 대리인이나 대표자로서 그 권세를 받은 것이 아니다(이는 완전히 거부된다)."[3]고 하는 설명에 유의하여야 할 것이다. 한마디로 치리장로는 교회의 대리인이나 대표자로서 그 권세를 받은 것이 아니며, 목사와 교사들과 더불어서 함께 연합하여 그 권세를 수행하도록 해야만 하는 것이다.

한편, 집사들에 관하여서 케임브리지 강령은 기본적으로 **"조력**helps**"**이라는 단어로서 규정하고 있는데, 이는 장로교회의 치리서들에서 치리장로에 대해 규정하는 조력하는 자로서의 개념이 집사의 직분에 적용된 것이라 하겠다. 그러한 집사의 직무와 사역에 관해서는 "**교회의**

---

3 「유스 디비눔us Divinum Regiminis Ecclesiastici」, 186-7.

헌금과, 교회에 주시는 은사를 취합하는 것, 그리고 교회의 재정을 관리하는 것, 또한 그것으로 교회가 제공해야 할 섬김의 상과 주의 만찬을 위한 상을 섬기기 위해, 아울러 보잘 것 없으나 누군가에게 필요를 따라 간소하게나마 나누어주는 것"이라고 했다.

그런데 이러한 집사의 직무에 관해서는 4조에서 규정하기를, "교회의 현세적인 선한 일들을 돌보는 것으로 제한되며, 말씀과 성례, 또는 그 같이 영적인 것들에 참여하여 집례하는 데까지 확장되지는 않는다." 고 했다. 반면에 스코틀랜드 제2치리서에서는, 제8장 1조에서 집사에 관해 이르기를 "'디아코노'라는 단어는 때로 넓은 의미로서 교회 내의 영적인 역할과 사역을 맡은 모든 자들로 이해할 수도 있다. 그러나 여기에서 이 단어는 오직 교회의 재산 및 신실한 구제헌금을 모으고 분배하는 일을 담당하는 자들만을 말한다."고 했으며, 또한 2조에서는 "집사는 앞서 말한 선출로 나머지 영적인 직원으로서 부름을 받고 선출된다."고 하여, 기본적으로 집사의 직분 또한 교회의 영적인 섬김의 직분으로 규정하고 있다. 그런가하면 웨스트민스터 장로교회정치 형태에서는 집사들에 관해 규정하기를, "성경은 집사를 교회의 구별된 distinct 직원으로 제시한다.……또한 그들의 직무는 말씀의 설교나 성례를 집례하는 것이 아니"라고 언급하여 집사의 직무가 교회의 가르치는 직분의 직무와 분명히 구별되는 것을 규정하는 것을 볼 수가 있다. 아울러 이러한 언급들 가운데서 우리들은 케임브리지 강령에서는 집사의 직분이 치리장로의 직분과 분명하게 구별이 있는 "현세적" 직분으로 규정하는 것을 확인할 수가 있다.[4] 반면에 제2치리서와 웨스트민스터 장로교회정치 형태가 공히 목사와 교사, 그리고 치리장로를 함께 치리의 직무를 수행하는 직분으로 언급하며, 이와 구별되되 기본적으로 영적인 섬김의 직분으로서 집사의 직분을 규정하는 것으로 보아야 할 것이다.

하지만 이러한 차이점에도 불구하고 케임브리지 강령에서조차 교회의 직분은 오직 하나님의 신적인 권위에 근거하는 것임을 여전히 표방하고 있음을 유념해야 할 것이다. 즉, 케임브리지 강령 6조에서 **"이러한 모든 직분들을 교회에 세우는 것은, 하나님 자신과 주 예수 그리스도와 성령의 일이다. 그런즉 하나님께서 규정하시지 않은 그러한 직분이 교회에 자리하거나, 그 안에 존속하는 것은 전부 불법이며, 또한 인간의 피조물들, 한낱 인간의 단순한 발명품들 및 설립으로 간주되는 교황, 총대주교, 추기경, 대주교, 영주 주교, 대집사, 관료직, 주교 대리와 같은 것들은 그의 집의 주인이시며 그의 교회의 왕이신 예수 그리스도께 지독한 불명예를 안기는 것"**이라고 했다. 무엇보다 케임브리지 강령 6조는 **"이러한 것들과 그러한 체계와 나머지 뒤따르는 것들은, 주님께서 심으신 작물이 아니므로, 모두다 반드시 뿌리 뽑히고 버려질 것"**이라고 하여, 성경에 규정하고 있는 직분들 외에 어떤 것도 추가될 수 없음을 분명히 밝히고 있다. 마찬가지로 스코틀랜드 제2치리

---

4 케임브리지 강령이 이러한 구별을 두는 것은 개별 교회의 직원들 가운데 치리장로와 구별되는 집사의 직분을 언급함으로써, 마치 목사와 교사와 구별되는 치리장로의 직분이 갖는 조력자로서의 특성을 집사 직분에 부여하는 문맥인 것으로 보인다. 반면에 장로교회정치에 있어서는 치리장로가 목사와 교사와 더불어서 함께 연합하여 교회의 다스리는[치리] 직무를 수행하는 조력자이다.

서 제6장 2조에서도 **"이 직분에 부름을 받은 사람의 의무와 속성에 대해, 우리는 명백히 성경에서 소급한다."**고 하여, 집사의 직분이 오직 성경에 근거함을 밝히고 있다.

끝으로 케임브리지 강령 7조는 집사에 관해 이르기를 **"주께서는 옛적에 과부들이 발생할 수 있는 곳에서, 교회의 목회자들이, 병자들을 보살피고, 기타 비슷한 필요들로 그들을 돕도록 임명하셨다."**고 하여, 집사의 직분 또한 목회적임을 규정하고 있다[5]. 마찬가지로 스코틀랜드 제2치리서 3조에서도 집사의 직무에 관해 이르기를 **"집사의 직무와 권세는 그들을 선출한 자들에게서 맡겨진 전체 교회의 재산을 전달하고 분배하는 일이다. 이것은 노회 혹은 장로회**[집사는 회원이 아님]**의 임명과 판단에 따라 수행하며, 이는 교회와 가난한 자에 대한 재산이 사적인 용도로 오용되거나 잘못 분배되지 않게 하려함"**이라고 했는데, 한마디로 집사의 직무는 통치하고 다스리는 것이 아니라 긍휼을 베풀고 나누어주고 식사를 대접하는 일 등인 것이다.

---

5 「유스 디비눔us Divinum Regiminis Ecclesiastici」, 302쪽에서도 롬 12:8절 말씀에 근거하여 이르기를 "예언의 은사 아래에 교사와 목사의 은사가 있고, 목회의 은사 아래에 치리장로와 집사의 은사가 있다."고 했다.

The Cambridge Platform	The Second Book of Discipline(1578)
### Chap VIII:	### Chap III:
### 교회 직분자들의 선택	### 교회의 직분을 맡은 자를 선출하는 방법

The Cambridge Platform

1. 누구든지 그가 아론과 같이 하나님께 부르심을 받은 자가 아니라면, 교회의 직분자a church officer의 영예를 자기 스스로가 취할 수 없다.

▶ 히 5:4.

2. 직분office에 대한 부름은 사도들과 선지자들의 소명과 같이, 그리스도 자신에 의해 직접적인 것이라 하더라도, 이러한 소명의 방식은 교회에 의한 중재mediate로서, 그들과 함께 종결되었다 ended.

▶ 갈 1:1. 행 14:23, 그리고 6:3.

The Second Book of Discipline(1578)

1. 소명Vocation 혹은 부르심calling은 교회 내 모든 직분 맡은 자가 갖추어야 할 공통의 요소이며, 이러한 합법적인 방법으로서의 부르심을 통해 하나님의 교회에서 자격을 갖춘 자가 영적인 직분을 맡는 것이다. 이러한 합법적인 부르심 없이 어느 누구도 교회의 직분function ecclesiastical에 관여하는 것은 결코 적법하지 않다.

2. 부르심에는 두 종류가 있는데, 하나는 비상적인extraordinary 경우로, 하나님께서 직접immediately 주시는 것으로서 선지자와 사

3. 어떠한 직분자들이든지 간에 선출이나 임직을 받기 이전에, 먼저 시험을 받고 검증을 받아야 한다. 왜냐하면 어느 누구에게도 갑작스럽게 안수를 해서는 안 되기 때문이며, 또한 장로들과 집사들 모두는 정직하고 좋은 평판을 들어야good report만 하기 때문이다.

▶ 딤전 5:22, 그리고 7:10. 행 16:2, 그리고 6:3,4.

4. 그들이 시험을 받아야 할 사항들에 관해서는, 그러한 곳[자리]에 선출되어야 하는 자들에게 성경에서 요구하는바 은사gifts와 미덕virtues 즉, 장로들elders은 책망할 것이 없고, 근신하며, 가르치기에 합당하며, 그 밖으로 규정한 모든 자질들을 갖춘 경우여야만 하며,

▶ 딤전 3:2. 딛 1:6-9. 지시에 따라 집사를 세우되, 행 6:3. 딤전 3:8-11.

도가 있으며, 이들은 잘 세워진 교회, 그리고 이미 잘 개혁된 교회에서는 사라졌다.

3. 또 다른 부르심은 통상적인ordinary 것으로서, 이는 선한 양심의 내적인 증거와 하나님의 부르심 외에, 하나님의 교회 안에 세워진 주님의 말씀과 명령을 따라 사람의 외적인 판단outward judgment과 법적인 승인lawful approbation이 있어야 한다. 오직 사람의 마음을 아시는 하나님 앞에서의 선한 양심의 증거 없이는 어느 누구라도 어떠한 것으로든 교회의 직무office ecclesiastical를 감당하게 해서는 안 된다.

4. 이러한 일반적이고 외적인 부르심ordinary and outward calling의 두 가지 방법은, 선출election과 임직ordination이다. 선출은 공석인 직분이 있는 경우에 가장 적합한 사람을 그 직분에 선택하는 것으로

5. 직분자들Officers은 그들이 사역하는to minister 교회에 의해 부름을 받아야 한다. 그러한 경우에 이러한 능력power이 보존되어, 교회들은 사도들apostles 앞에서 그 능력을 행사했다.

▶ 행 14:23, 그리고 1:23, 그리고 6:3,4,5,6.

6. 교회는 자유롭게 존재해야 하는 것으로서, 어떠한 것에도 종속될 수 없으며, 다만 자유로운 선택a free election에 의해 종속될 수 있을 뿐이다. 그러나 그러한 사람들이 주님 안에서 자신들을 다스릴 자를 택했으면 그들은 복종해야하며, 주 안에서의 그들이 선택한 자들의 사역ministry에 아주 기꺼이 복종해야 한다.

▶ 갈 5:13. 히 12:17.

7. 또한 만일에 교회가 그들의 직분자들officers과 사역자들ministers을 선출할 수 있는 권한power

서, 이는 장로회의 판단judgment of the eldership과 선거권을 가진 회중의 동의consent of the congregation하에 이루어진다. 교회의 직분을 감당할 직원의 자격 요건은 말씀에서 충분히 제시한 것처럼, 경건한 삶을 살고 건전한 종교를 가진 자로 한다.

5. 선출 절차에 있어서, 장로회eldership의 승인이 없거나 선거권을 가진 회중의 의지에 반하는 교회의 직분으로 사람을 세우는 것을 삼가 해야 한다. 또한 세상의 존경을 받기 위해서라도, 공석이 아닌 자리이거나 이미 기존에 맡은 자가 있는 경우에는 직분을 세워서는 안 된다. 유급benefice 사역자라 불리는 사람에 대해서는 적법한 부르심과 선출된 사역자의 사례stipend 외에 그 어떤 것도 허용하지 않는다.

6. 임직Ordination은 임명appointed

이 있다면, 그들은 또한 명백한 부끄러움과 과실이 있는 경우에, 직분자들과 사역자들을 해임할 권한이 있는 것이다. 열고 닫는 것, 선택과 거부, 직분을 부여함과 직분에서 해임함은, 동일한 권한에 속하는 행위이기 때문이다.

▶ 롬 16:17.

8. 우리는 그것이 편리하게 행해질 수 있는 곳에서는 이웃 교회들과 함께 조언을 받을 수 있도록, 하는 것이 교회의 안녕well being과 친교에 많은 도움이 된다고 판단judge하며, 또한 이웃 교회들의 도움은 그들을 선출하기 위한 질서 가운데서, 교회 직분자들을 시험하는 데 사용된다.

▶ 갈 8:8,9.

9. 그러한 교회 직분자들의 선출은, 이를테면 세속 관원이나, 교구장 주교diocesan bishops 또는 후견인

을 통해 하나님과 그의 교회가 훈련이 잘되고 자격이 있다고 판단한 사람을 거룩하게 하고 구별하기 위함이다. 임직식ceremonies of ordination은 금식, 간절한 기도, 그리고 장로회의 안수례imposition of hands이다.

7. 하나님께서 분명히 양육하셨고, 부르심에 합당한 일을 할 자격을 주신 모든 자들은, 자신의 메시지를 반드시 하나님의 말씀 안으로 한정해야 하고, 그 지경을 넘지 말아야 한다. 이러한 직분을 맡은 자들은 오직 성경이 허락한 명칭과 칭호만을 사용해야 (이는 스스로 높아지거나 교만해지지 않기 위함이다) 하며, 이는 그들이 수고와 고생을 마다하지 않는 자들이기 때문으로, 이 직분은 섬김의 이름이지, 그리스도께서 책망하시고 금하신 세상 명예나 교만, 게으름, 자고함preeminence에 속한 이름이 아니기 때

patrons에게 속한 것이 아니다. 그 가운데 어떠한 권한이 있는 것 같은 것들에 대해, 또는 이와 비슷한 것들에 대해서, 성경은 전적으로 침묵하고 있다.

문이다.

8. 이러한 직분을 맡은 모든 자들에게는 자신이 책임을 져야 할 특정한 회중particular flocks이 반드시 있어야 한다. 이러한 직분을 맡은 모든 자는 그들[회중]과 함께 거주하면서, 자신의 소명을 따라 그들[회중]을 돌보고 감독해야 한다. 그들[직분자들] 모두는 각기 다음 두 가지 일, 즉 하나님을 영화롭게 하고 그의 교회를 교화하는edifying 일을 통해, 그들의 부르심 안에서 그들의 의무를 다해야 한다.

해설

교회의 직분을 맡은 자들의 선출과 관련하여 기본적으로 기억해야만 하는 것이 있는데, 그것은 회중주의의 교회론과 장로주의의 교회론의 차이점에 관한 것이다. 즉 장로교회가 직무를 수행하는 직분[직원]들의 필연성을 강조하는 것과 달리, 회중교회는 직분들이 세워지지 않았다 하더라도 모인 회중들 자체로 교회가 성립한다고 보는 차이점에 따라 교회의 직분을 맡은 자들에 대한 이해와 관점에 있어 분명한 차이를 보인다. 그러므로 회중주의의 교회에서는 기본적으로 직분자들, 특히 다스리는 직분자들[가르치는 장로인 목사와 치리장로]을 세우는 것이 필수적이지는 않다. 하지만 그럼에도 불구하고 회중주의의 교회에서도 직분자들을 필요로 하며, 세워진 직분자들에 대한 기본적인 권위를 부여한다. 그런즉 케임브리지 강령 6조에서 **"교회는 자유롭게 존재해야 하는 것으로서, 어떠한 것에도 종속될 수 없"**다고 하면서도, **"다만 자유로운 선택에 의해 종속될 수 있을 뿐"**이라고 하여, 교회의 다스리는 직분의 필요성을 인정하고 있다. 특히나 **"그러한 사람들이 주님 안에서 자신들을 다스릴 자를 택했으면 그들은 복종해야하며, 주 안에서의 그들이 선택한 자들의 사역[치리]에 아주 기꺼이 복종해야 한다."**고 하여, 그들의 권위를 인정하고 있는 것이다.

이러한 케임브리지 강령의 언급은 사실, 민주주의 정치에 있어서의 기본적인 원칙인 대의 민주주의representative democracy의 방식과 유사하다. 즉 사회 구성원들에 의한 직접적인 선거 등의 절차를 거쳐서 대표자[국회의원]를 선출하여, 그 대표자를 통해서 간접적으로 정치에 참여하는 민주주의 제도와 유사한 것이다. 비록 대의 민주주의의 경우처럼 대표자를 세워 간접적으로 정치에 참여한다고 할지라도 필요에 따라서는 직접 민주주의의 방식으로 국민의 직접선거나 국민투표의 방식이 가능함과 마찬가지로, 회중주의의 교회정치에 있어서도 교회의 다스리는 직분들이 세워질 수 있을지라도 그것은 회중의 자유로운 선택에 의해 부여되는 권위에 근거하는 것일 뿐이다. 그러므로 회중주의의 교회에서는 장로교회와 마찬가지로 다스리는 직분자들에 의한 교회의 일반적인 다스림이 이뤄질지라도, 최종적이며 가장 대표적인 교회의 다스림에 있어서는 다수의 교인들로 이뤄진 '신자들의 몸'coetus fidelium이 교회정치의 영적 권세의 첫 번째 주체가 되는 것이다. **"교회는 자유롭게 존재해야 하는 것으로서, 어떠한 것에도 종속될 수 없으며, 다만 자유로운 선택에 의해 종속될 수 있을 뿐이다."**라고 하는 케임브리지 강령 6조의 문구에는 바로 그러한 회중주의의 특성이 전제되어 있다.

반면에 장로교회는 교회론에서부터 직분의 필연성이 전제된다. 그러므로 장로주의 정치의 교회에서는 기본적으로 직분자들, 특히 다스리는 직분자들을 세우는 것이 필수적이다. 바로 그들의 치리에 의해 지상의 교회는 더욱 순수하고 온전한 모습을 가시적으로 드러낼 수가 있는 것이다. 무엇보다도 장로교회의 직분, 그 가운데서도 목사의 직분은 하나님의 말씀인 성경에 따라 가르치고 다스리는 직무를 담당하는 것이기에 비록 스코틀랜드 제2치리서(1578) 5조에서 **"선출 절차에 있어서, 장로회의 승인 없거나 선거권을 가진 회중의 의지에 반하는 교회의 직분으로 사람을 세우는 것을 삼가 해야 한다."**고 했을지라도, 7조에서는 더욱 **"하나님께서 분명히 양육하셨고, 부르심에 합당한 일을 할 자격을 주신 모든 자들은, 자신의 메시지를 반드시 하나님의 말씀 안으로 한정해야 하고, 그 지경을 넘지 말아야 한다."**고 하여, 직분 자체와 그 직분에 의해 수행되는 직무가 모두 하나님의 말씀에 최종적이고도 유일하게 종속됨을 명시하고 있다. 그런즉 장로교회에서 직분과 그 권세[혹은 권위]는 다수의 교인들로 이뤄진 '신자들의 몸'이 위임하는 것이 아니며, **"소명 혹은 부르심"**을 기반으로 **"하나님께서 분명히 양육하셨고, 부르심에 합당한 일을 할 자격을 주신"** 것을 공적으로 확인하며 검증하는 절차를 통하여 거룩하게 구별되는 것이다. 따라서 그처럼 세워진 직분들, 특히 가르치는 직분과 다스리는 직분은 회중에게서 위임된 권위가 아니라 하나님께로부터 부여된 권위를 지니게 되는데, 그러한 권위는 철저히 하나님의 말씀인 성경에 종속됨을 통해 세워지고 행사되는 것이다.

이처럼 직분의 선출에 있어서 회중주의와 장로회 제도에 있어서 상당한 원리상의 차이가 있는 것을 볼 수가 있는데, 더욱 구체적으로 케인브리지 강령에서는 1조에서 **"누구든지 그가 아론과 같이 하나님께 부르심을 받은 자가 아니라면, 교회의 직분자의 영예를 자기 스스로가 취할 수 없다."**고 하여, 하나님의 부르심이라고 하는 내적 소명의 중요성을 강조하고 있음을 볼 수 있다. 그러면서 더욱이 2조에서는 **"직분에 대한 부름은 사도들과 선지자들의 소명과 같이, 그리스도 자신에 의해 직접적인 것이라 하더라도, 이러한 소명의 방식은 교회에 의한 중재로서, 그들과 함께 종결되었다."**고 함으로써, 내적인 소명의 중요성에도 불구하고 그 위임이 **"교회에 의한 중재"**에 의해 이뤄지는 것을 명시하고 있다. 그리고 물론 케임브리지 강령이 언급하는 교회에 의한 중재란, 회중주의 교회에 의한 중재[곧 '신자들의 몸'의 중재]다.

그런데 직분의 선출에 있어서 강조되는 '**소명**'Vocation 혹은 '**부르심**'calling에 있어 회중주의는 "그리스도 자신에 의해 직접적인 것"으로서의 '내적인 소명'에 대한 비중을 상당히 강조하고 있다. 즉 **"이러한 소명의 방식은 교회에 의한 중재로서, 그들과 함께 종결되었다."**고 2조에 명시하고 있어도, 1조에서 명시하고 있는바 **"누구든지 그가 아론과 같이 하나님께 부르심을 받은 자가 아니라면, 교회의 직분자의 영예를 자기 스스로가 취할 수 없다."**고 하는 문구에서 볼 수 있듯이, **"하나님의 부르심"**이라고 하는 개인적이고 내적인 소명의 중요성을 기본적으로 전제하고 있는 것이다.[1] 반면에 스코틀랜드 제2치리서에서는 1조에서부터 명백하게 **"소명 혹은 부르심은 교회 내 모든 직분 맡은 자가 갖추어야 할 공통의 요소이며, 이러한 합법적인 방법으로서**

---

1 이러한 명시는, 이미 그들이 잉글랜드를 떠날 때에 불가피하게 지닐 수밖에 없었던 공적인[혹은 잉글랜드 교회의] 소명의 인증에 있어서의 불완전성을 배경으로 하는 것으로 보인다. 즉 "교회의 직분자의 영예를 자기 스스로가 취할 수 없다." 할지라도, 기본적으로 그 근거는 "그리스도 자신에 의해 직접적인 것"으로서의 '내적인 소명'에 바탕을 두고 있는 것이다. 반면에 스코틀랜드 제2치리서나 웨스트민스터 장로교회정치 형태와 같은 것들에서 명시하고 있는 부르심과 소명은, 충분히 공적이며 심지어 국가적으로도 승인된 절차를 통해 이뤄지는 것이라는 점에서 아주 명확하게 '공적 소명'에 한정하는 것이다.

의 부르심을 통해 하나님의 교회에서 자격을 갖춘 자가 영적인 직분을 맡는 것"이라고 규정하고 있다. 아울러 2조에서도 **"부르심에는 두 종류가 있는데, 하나는 비상적인 경우로, 하나님께서 직접 주시는 것으로서 선지자와 사도가 있으며, 이들은 잘 세워진 교회, 그리고 이미 잘 개혁된 교회에서는 사라졌다."**고 하여, 장로교회의 직분을 세우는 것이 결코 비상적인 경우로나 직접적인 방식에 근거하는 것이 아님을 분명하게 밝히고 있다. 그러므로 스코틀랜드 제2치리서는 3조에서 더욱 **"하나님의 교회 안에 세워진 주님의 말씀과 명령을 따라 사람의 외적인 판단과 법적인 승인이"** 있어야만 하는 것을 뚜렷하게 부각하여 명시하고 있는 것이다.

무엇보다 교회의 직분들의 선택과 세움에 있어서, 회중주의 교회에서는 케임브리지 강령 5조에서 명시하고 있는바 **"직분자들은 그들이 사역하는 교회에 의해 부름을 받아야 한다. 그러한 경우에 이러한 능력이 보존되어, 교회들은 사도들 앞에서 그 능력을 행사했다."**고 함에서 알 수 있듯이, 회중들의 주도권이 상당히 중요하게 전제되어 있음을 볼 수가 있다. 반면에 장로교회에서는 스코틀랜드 제2치리서 4조에서 명시하고 있는바, **"장로회의 판단과 선거권을 가진 사람들[회중]의 동의하에"** 일반적이고 외적인 부르심에 따른 선출이 이루어지는 것이며, 더욱이 5조에 명시한바 **"선출 절차에 있어서, 장로회의 승인 없거나 선거권을 가진 회중의 의지에 반하는 교회의 직분으로 사람을 세우는 것을 삼가 해야 한다."**고 했다. 그러므로 장로교회에서는 회중들의 선택이 아니라 동의가, 그리고 더욱 장로회의 판단과 승인이 직분자들의 선출에 있어 중요한 것이다. 한마디로 장로교회의 회중은 자신들 가운데서 내적인 소명을 전제하고 직분자들을 택하여 선출하는 것이 아니며, 오히려 장로회로서의 당회와 노회의 판단을 통해서 회중의 동의를 거쳐서 최종적으로 장로회의 승인 가운데서 직분자들의 선출이 이뤄진다.

한편, 케임브리지 강령에서는 5조에서 **"직분자들은 그들이 사역하는 교회에 의해 부름을 받아야 한다."**고 함과 아울러, 7조에서는 **"또한 만일에 교회가 그들의 직분자들과 사역자들을 선출할 수 있는 권한이 있다면, 그들은 또한 명백한 부끄러움과 과실이 있는 경우에, 직분자들과 사역자들을 해임할 권한이 있는 것"**이라고 명시하고 있는 것을 볼 수가 있다. 이는 회중교회의 성격을 전제할 때에, 당연히 다수의 교인들로 이뤄진 '신자들의 몸'으로서의 회중에게 부여되는 권한들이라 하겠다. 그러므로 회중교회에서는 교회의 기본적인 치리행위에 있어 전적으로 '공동체'community로서의 특성을 지니고 있는 것이다. 이에 반해 장로교회에서는 프랑스 개혁교회 치리서(1559) 제5장 1조에서부터 이미 명시하고 있는바 **"모든 교회 안에는 지교회 치리회를 만들어야"** 하며, 또한 9조에 명시한바 **"추문**Scandals**의 인지, 그리고 그들에 대해 선고할 권한은 목사와 장로의 회집**Assembly**에 속하"**[2]는 것이다. 즉 치리행위는 교회의 신자들이 아니라 치리회에 전적으로 속하는 것이 바로 장로교회정치의 기본적인 원리이다.

---

2 장대선 편역, 「장로교회의 치리서들」(서울: 고백과문답. 2020), 211-13.

하지만 이러한 차이점들에도 불구하고 회중주의 교회정치의 원리를 밝히고 있는 케임브리지 강령과 장로교회정치의 원리를 밝힌 스코틀랜드 제2치리서 가운데에는 기본적인 일치점도 있는데, 케임브리지 강령 9조에서 **"교회 직분자들의 선출은, 이를테면 세속 관원이나, 교구장 주교 또는 후견인에게 속한 것이 아니다."**라고 하는 명시에서 볼 수 있는바, 직분자들의 선출의 권한을 교회 외의 세속 관원에게 부여하는 것이 가능한 국교회적인 교회정치 원리인 '에라스티안주의'Erastianism에 대한 반대와 더불어서 '감독주의정치'Prelacy에서 주장하는바 주교제도에 대한 반대, 그리고 로마 가톨릭교회의 후견인 제도 등을 모두 반대하고 있는 것을 볼 수가 있다.[3] 그리고 그러한 반대의 근거로서 **"그 가운데 어떠한 권한이 있는 것 같은 것들에 대해, 또는 이와 비슷한 것들에 대해서, 성경은 전적으로 침묵하고 있다."**고 했다.[4] 마찬가지로 장로교회의 제2치리서에서도 7조에서 **"직분을 맡은 자들은 오직 성경이 허락한 명칭과 칭호만을 사용해야**(이는 스스로 높아지거나 교만해지지 않기 위함이다) **하며, 이는 그들이 수고와 고생을 마다하지 않는 자들이기 때문으로, 이 직분은 섬김의 이름이지, 그리스도께서 책망하시고 금하신 세상 명예나 교만, 게으름, 자고함에 속한 이름이 아니기 때문"**이라고 하여, 직분자들을 선출할 수 있는 권한을 가진 그 어떤 직문의 명칭도 성경에 언급한바 없음을 분명하게 명시하고

3　반면에 케임브리지 강령 8조에서는 "이웃 교회들의 도움은 그들을 선출하기 위한 질서 가운데서, 교회 직분자들을 시험하는 데 사용된다."고 하여, 직원 선출의 기능 일부를 이웃한 교회들의 도움에 의해 보완할 수 있는 것으로 언급한다.

4　즉, 그러한 권한이 부여된 것으로 호칭되는 세속 관원civil magistrates이나 교구장 주교diocesan bishops, 후견인patrons 등의 명칭을 모두 거부하는 것이다.

있는 것을 볼 수가 있다.

The Cambridge Platform

Chap IX:

임직과 안수

1. 교회 직분자들은 오직 교회에 의해 선출되어야 할 뿐만 아니라, 기도와 안수imposition of hands로 임직되어야 한다. 그와 더불어서, 장로들의 임직에 대해서는 금식fasting 또한 함께 이뤄져야 한다.

▶ 행 13:3, 그리고 14:23. 딤전 5:22.

2. 이러한 임직에서 우리는 그 무엇도 고려account하지 않으며, 다만 교회에서 어떤 사람을 그의 자리와 직분에 엄숙히 세우는 것은, 어디까지나 그가 [임직되기] 이전에 선출election을 받았음이니, 주정부에서 관원이 취임하는 것과 같다. 임직은 그러므로 [선출에] 앞서

The Second Book of Discipline(1578)

Chap III:

교회의 직분을 맡은 자를 선출하는 방법

4. 이러한 일반적이고 외적인 부르심ordinary and outward calling의 두 가지 방법은, 선출election과 임직ordination이다. 선출은 공석인 직분이 있는 경우에 가장 적합한 사람을 그 직분에 선택하는 것으로서, 이는 장로회의 판단judgment of the eldership과 선거권을 가진 회중의 동의consent of the congregation하에 이루어진다. 교회의 직분을 감당할 직원의 자격 요건은 말씀에서 충분히 제시한 것처럼, 경건한 삶을 살고 건전한 종교를 가진 자로 한다.

5. 선출 절차에 있어서, 장로회el-

서 시행하는 것이 아니라, 선출에 따라 시행하는 것이다. 교회에서 통상적인 직분자의 외적인 부르심의 본질essence과 실체substance는, 그의 임직 가운데에 이루어져 있지 않고, 다만 교회에 의한 자발적이고 자유로운 선출과 그가 그 선출을 받아들임에 있으며, 그러한 사역자a minister와 그러한 사람들 사이에, 목사pastor와 양떼flock 사이의 관계가 세워진다. 임직은 직분자를 임명하는 것이 아니며, 그의 직분의 필수적인 요소를 제공하는 것도 아니다. 사도들은 사람들의 안수 없이without imposition of hands 세워진 장로들이었다. 바울과 바나바는 안수 이전에 세워진 직분자들이었다. 행 13:3. 레위 자손들The posterity of Levi은, 이스라엘 자손들이 그들에게 손을 얹기 전에 제사장priests과 레위인Levites이었다.

▶ 민 8:10. 행 6:5,6, 그리고 13:2,3, 그리고 14:23.

dership의 승인이 없거나 선거권을 가진 회중의 의지에 반하는 교회의 직분으로 사람을 세우는 것을 삼가 해야 한다. 또한 세상의 존경을 받기 위해서라도, 공석이 아닌 자리이거나 이미 기존에 맡은 자가 있는 경우에는 직분을 세워서는 안 된다. 유급benefice 사역자라 불리는 사람에 대해서는 적법한 부르심과 선출된 사역자의 사례stipend 외에 그 어떤 것도 허용하지 않는다.

6. 임직Ordination은 임명appointed을 통해 하나님과 그의 교회가 훈련이 잘되고 자격이 있다고 판단한 사람을 거룩하게 하고 구별하기 위함이다. 임직식ceremonies of ordination은 금식, 간절한 기도, 그리고 장로회의 안수례imposition of hands이다.

7. 하나님께서 분명히 양육하셨고, 부르심에 합당한 일을 할 자격을

3. 장로들이 있는 그러한 교회에서, 임직 시에 하는 안수하는 그 교회의 장로들이 수행해야 한다.

▶ 딤전 4:14. 행 13:3. 딤전 5:22.

4. 장로들이 없는 그러한 교회에서는, 그러한 교회에 의해 질서 있게 택한 몇몇 신도들brethren에 의해 안수를 수행할 수 있다. 왜냐하면 사람들이 어떤 점에서 더욱 큰 직분자들officers을 선출할 수 있는 직분의 실체를 구성하고 있는 경우라면, 그들은 더욱 더(기회와 필요에 따라) 임직 가운데서 안수할 수 있을 것이며, 그것은 더욱 적은 것이지만, 다른 것의 성취이기 때문이다.

▶ 민 8:10.

5. 장로들이 없음에도 불구하고, 그처럼 안수하기를 원하는 교회들의 경우에 있어서, 왜 다른 교회의 장로들이 안수를 행하지 않았는지 우리는 그 이유를 알지 못

주신 모든 자들은, 자신의 메시지를 반드시 하나님의 말씀 안으로 한정해야 하고, 그 지경을 넘지 말아야 한다. 이러한 직분을 맡은 자들은 오직 성경이 허락한 명칭과 칭호만을 사용해야(이는 스스로 높아지거나 교만해지지 않기 위함이다) 하며, 이는 그들이 수고와 고생을 마다하지 않는 자들이기 때문으로, 이 직분은 섬김의 이름이지, 그리스도께서 책망하시고 금하신 세상 명예나 교만, 게으름, 자고함preeminence에 속한 이름이 아니기 때문이다.

8. 이러한 직분을 맡은 모든 자들에게는 자신이 책임을 져야 할 특정한 회중particular flocks이 반드시 있어야 한다. 이러한 직분을 맡은 모든 자는 그들[회중]과 함께 거주하면서, 자신의 소명을 따라 그들[회중]을 돌보고 감독해야 한다. 그들[직분자들] 모두는 각기 다음 두 가지 일, 즉 하나님을 영

한다. 통상적인 직분자들Ordinary officers은 많은 교회들의 직분자들에게 손을 얹었다. 에베소의 노회the presbytery at Ephesus는 복음 전하는 자 디모데에게 손을 얹었고, 안디옥의 노회the presbytery at Antioch는 바울과 바나바에게 손을 얹었다.

▶ 딤전 4:14. 행 13:3.

6. 교회의 직분자들은 한 교회one church의 직분자들로서, 더욱 성령께서 그들 자신의 감독자로 삼으신 개별 교회particular church의 직원들이다. 장로들elders에게는 모든 양 떼all flocks가 아니라, 그들의 믿음과 신뢰로 헌신하며, 그들에게 의지하는 양 떼를 먹이라는 명령이 부여되었다. 만일에 그가 한 회중one congregation의 사역자만이 아니라 보편적인universal 교회의 사역자라면, 한 회중에게 지속적으로 머무르는 것은 목사에게 필요하지 않으며, 더욱이 합법

화롭게 하고 그의 교회를 교화하는edifying 일을 통해, 그들의 부르심 안에서 그들의 의무를 다해야 한다.

적lawful이지도 않다. 왜냐하면 그
가 사역자minister로 있는 교회의
한 부서one part만 보살필 수는 없
기 때문으로, 그는 모든 양떼를 보
살피도록 부르심을 받은 것이다.

▶ 벧전 5:2. 행 20:28.

7. 그가 사역자였던 그 교회에 대
한 그의 직무 관계office-relation로
부터 분명하게 해임된 자는 사역
자로 볼 수가 없으며, 그가 다시
직분으로 질서 있게 부름을 받지
않는 한, 다른 교회에서 어떠한
직분도 수행해서는 안 된다. 그
렇게 될 때에, 우리는 아무런 방
해도 할 수 없지만, 그의 임직or-
dination에 있어서는 그에게 안수
하는 것을 다시 시행하여야 한
다. 그러므로 사도 바울은 아나
니아Ananias로부터 적어도 두 번
이나 안수를 받았다.

▶ 행 9:17, 그리고 13.

해설

교회의 직분자들의 임직에 관련해서 회중주의 교회의 케임브리지 강령과 장로교회의 치리서들에서는 근본적인 차이를 볼 수가 있는데 그것은 바로 **"교회"**에 의해서 선출되는 것이냐, 혹은 **"장로회의 판단"**에 의해 이루어지는 것이냐의 차이이다. 기본적으로 회중주의의 교회에서 직분자들의 임직이 온 교회에 의해 이루어지는 것이라면, 장로교회에서의 직분자들의 선출과 임직은 온 교회가 아니라 장로회로서의 '당회'의 판단과 더불어서 이루어지는 것이다. 물론 장로교회의 절차에서도 **"선거권을 가진 회중의 동의하에 이루어"**지는 것을 전제하지만, **"동의"**consent라는 것은 어떤 결정권을 부여하는 것이 아니라 이해와 수긍을 전제하는 것이기에 선거에 있어 결정적인 절차라고 볼 수는 없는 특성을 지니는 것이다. 오히려 장로교회의 직분자 선출과 임직은 장로회로서의 당회의 적극적인 판단을 전제로 회중의 최종적인 동의 절차를 걸쳐서 최종적으로 이뤄지는 것이다.

한편, 스코틀랜드 제2치리서(1578)에서는 2장 6조에서 임직식의 절차에 관하여 이르기를 **"임직식은 금식, 간절한 기도, 그리고 장로회의 안수례"**를 통해서라고 분명하게 명시하고 있는데, 마찬가지로 케임브리지 강령에서도 1조에서 **"기도와 안수로 임직되어야"** 하되 특별이 **"장로들의 임직에 대해서는 금식 또한 함께 이뤄져야 한다."**고 명시한 것을 볼 수 있다.[1] 그러나 스코틀랜드 제2치리서가 6조에서 **"임직은 임명을 통해 하나님과 그의 교회가 훈련이 잘되고 자격이 있다고 판단한 사람을 거룩하게 하고 구별하기 위함이다."**라고 밝히고 있는 것과 다르게, 케임브리지 강령에서는 2조에서 이르기를 **"이러한 임직에서 우리는 그 무엇도 고려하지 않으며, 다만 교회에서 어떠한 사람을 그의 자리와 직분에 엄숙히 세우는 것은, 어디까지나 그가** [임직되기] **이전에 선출을 받았음이니, 주정부에서 관원이 취임하는 것과 같다."**고 규정하고 있는 것을 볼 수가 있다. 한마디로 장로교회의 임직에 있어 안수가 스코틀랜드 제2치리서 6조에서 명시한바 **"임명을 통해 하나님과 그의 교회가 훈련이 잘되고 자격이 있다고 판단한 사람을 거룩하게 하고 구별하기 위함"**인 것과는 구별되게, 회중주의 교회의 임직은 케임브리지 강령 2조에 명시한 것처럼 다만 **"취임하는 것과 같"**을 뿐인 것이다.

그런가하면 케임브리지 강령에서 '**임직**'에 대해 어떻게 이해하고 있는가에 대해서는, 2조에 명시한바 **"교회에서 통상적인 직분자의 외적인 부르심의 본질과 실체는, 그의 임직 가운데에 이루어져 있지 않고, 다만 교회에 의한 자발적이고 자유로운 선출과 그가 그 선출을 받아들임에 있으며, 그러한 사역자와 그러한 사람들 사이에, 목사와 양떼 사이의 관계가 세워진다."**고 한 문구 가운데서 비교적 명확하게 드러난다.

---

1 금식의 명시에 있어서 또한 케임브리지 강령과 스코틀랜드 제2치리서 사이에 분명한 차이점이 있는데, 그것은 케임브리지 강령이 "장로들의 임직에 대해서는 금식 또한 함께 이뤄져야 한다."고 명시한 것과 다르게, 스코틀랜드 제2치리서에서는 금식이 이뤄져야 하는 별도의 임직의 대상을 명시하지 않는다는 점이다.

즉 임직의 절차는 부수적으로 이해될 수 있으며, **"다만 교회에 의한 자발적이고 자유로운 선출"**과 선출되도록 지명된 자의 자유로운 수용에 부르심의 본질과 실체가 내포되는 것으로 보는 것이다. 한마디로 교회의 회중과 선출되는 자의 수용 가운데서 직분의 세움이 이뤄지는 것인데, 이처럼 형식이나 여건[혹은 환경] 등에 무게를 두지 않고 오히려 공동체로서의 교회와 개인 스스로의 자발적인 선택에 강조를 두는 회중주의의 특성은, 근본적으로 재세례파인 메노나이트Mennonites의 특성이기도 하다. 예컨대 메노나이트의 주요 교리들 가운데 일부인 **"세례는 자기 선택 능력이 있는 사람에게만 시행해야하며, 본인의 신앙고백이 없는 유아세례는 유효한 세례가 될 수 없다"**고 보는 것. 그리고 **"신앙은 주변적 상황에 의한 것이 아니라 철저히 자발적인 선택에 의해 예수 그리스도의 가르침을 따르는 것이 되어야 함"**의 강조. 또한 **"신자들이 돌아가면서 메노파 목사로 목회하는 교회정치를 통한 만인제사장설**priesthood of all believers**의 실천, 즉 별도의 목회자를 두는 교회도 목회자를 하나님의 대리인이 아니라 올바른 신앙생활을 하도록 하기 위한 '도우미'이자, 교회 회중의 집단적 리더십을 북돋고 조율하는 사람으로 인식하며, 리더십을 교회 내 전 신도에게 고루 두려고 노력"**[2]하는 점 등에서 회중주의적인 가치관을 찾아볼 수가 있는 것이다. 케임브리지 강령 2조에 명시한 후반부 문구 즉, **"임직은 직분자를 임명하는 것이 아니며, 그의 직분의 필수적인 요소를 제공하는 것도 아니다. 사도들은 사람들의 안수 없이 세워진 장로들이었다. 바울과 바나바는 안수 이전에 세워진 직분자들이었다. 레위 자손들은, 이스라엘 자손**

---

2 https://ko.wikipedia.org/wiki/메노파

들이 그들에게 손을 얹기 전에 제사장과 레위인이었다.[3]"고 한 문구는 일차적으로 임직 자체에 부르심의 본질과 실체가 담겨있는 것이 아니라고 하는 것이지만, 그 확장 가운데 직분의 필연성을 부인하는 메노나이트 교리와 회중주의 교리의 취지가 충분히 공유되어 있는 것이다.

사실 회중주의 교회와 일부 분리주의적인 청교도 그룹[4], 그리고 침례교도들[5]은 공히 재세례파에서 기원하는 신앙의 특성을 널리 공유하고 있다. 즉 개별 교회들의 자치와 독립을 분명하게 보장하려는 교회정치의 맥락을 고수하는 점, 그리고 개별 신자의 자유롭고 자발적인 선택에 의한 믿음의 중요성을 강조하는 점에서 유사한 맥락의 신앙체계를 공유하고 있는 것이다. 그러므로 교회정치에 있어서 직분에 대한 중요성의 강조보다는 회중 전체의 자발적인 신앙을 독려하고 돕는 자들로서의 이해가 우선한다. 즉 직원들의 소명에 있어서도 기본적으로 교회 회중의 자발적인 선택에 그 비중과 권위를 우선하는 것이다. 마찬가지

---

3 이러한 케임브리지 강령의 언급들은, 소위 비상직원Extraordinary officer과 통상직원Ordinary officer의 구별을 전혀 전제하지 않은 성경 이해로 보인다. 특히 '사도'ὁ ἀπόστολος는 장로회의 안수가 아니라 예수 그리스도의 직접적인 부르심에 의해 세워진 자들이었으며, 다만 바울[혹은 사울]의 경우에는 그리스도의 택하심을 받되, 성령님의 이르심에 따라서 "금식하며 기도하고……안수하여" 공적으로 세워진 독특한 비상직원이었다(행 13:1-3). 마찬가지로 민 8:10절에서 "레위인을 여호와 앞에 나오게 하고 이스라엘 자손이 그들에게 안수하게 한" 것은, 비록 그 때에 비로소 그들이 세워진 것은 아닐지라도, 그들을 구별하여 세우는 공적인 형식이었다는 점에서 여전히 필연적이라 하겠다. 그러므로 이러한 본문들은 비상직원의 임직이 필연적이 아님을 시사하는 것이라기보다는, 오히려 통상직원의 임직의 권위를 필연적으로 교훈하는 본문으로 이해해야 할 것이다.

4 즉, 자신들을 순례자pilgrim들이라 부른 메이플라워호를 타고 북미대륙에 이주한 상당수의 청교도들을 일컫는다.

5 특히 칼빈주의 신학을 받아들인 일부 청교도 회중주의자들 중에서 유례 한 '특수침례교파'Particular Baptists들을 일컫는다. 침례교회는 기본적으로 개별 교회들의 자치권을 철저히 보장하려는 회중주의정치를 채택하는 점에서 회중주의적인 장로교회와 일치한다.

로 장로들이 이미 세워진 교회에서의 임직은 그러한 교회의 장로들의 안수를 규정하고 있을지라도[케임브리지 강령 3조], 그러나 장로들의 안수가 필수적인 것은 아니므로 장로들이 세워지지 않은 교회에서의 임직에 있어서는 **"그러한 교회에 의해 질서 있게 택한 몇몇 신도들에 의해 안수를 수행할 수 있다."**[케임브리지 강령 4조] 한마디로 케임브리지 강령은 교회의 회중the people의 선택에 임직의 핵심적이고 필수적인 요소가 있다고 보는 것이다.

그러나 장로교회의 임직에 관해 다루고 있는 스코틀랜드 제2치리서에서는 교회의 비상직원Extraordinary officer과 통상직원Ordinary officer을 철저히 구별하여서, 통상적인 직원의 선출과 임직의 절차를 규정하고 있다. 그런즉 6조에서 잘 규정하고 있는 것처럼, 장로교회에서의 임직에 있어서의 **"안수는 임명을 통해 하나님과 그의 교회가 훈련이 잘되고 자격이 있다고 판단한 사람을 거룩하게 하고 구별하기 위함이다."** 이는 곧 딤전 4:14절에 기록한바 **"네 속에 있는 은사 곧 장로의 회에서 안수 받을 때에 예언을 통하여 받은 것을 가볍게 여기지 말"**라고 한 바울 사도의 디모데에 대한 권면 가운데 표명된 것으로서, 통상직원으로서 **"믿음의 말씀"**과 더불어 **"좋은 교훈으로 양육"**하여 형제를 깨우치는 직무를 수행하도록 **"장로의 회"**에서 **"안수"**로 받은 **"예언을"** 가벼이 여기거나 함부로 하지 말라는 것이다. 그런즉 교회의 직원으로 임직됨에 있어 필수적인 은사가 바로 **"말씀"**과 관련된다.[6] 한마디로 장

---

6 이는 특히나 말씀 사역자인 장로들[목사]에게 더욱 그러하니, 바로 그러한 이유로 딤전 5:17절에서 바울 사도는 에베소에 머물며 사역하는 디모데에게 이르기를 "잘 다스리는 장로들은 배나 존경할 자로 알되 말씀과 가르침에 수고하는 이들에게는 더욱 그리할 것이니라."고 권면한 것이다.

로교회의 직분의 임직에 있어서 핵심은 교회[교회의 회중들]에 의한 선출에 있는 것이 아니라 장로회의 안수와, 더욱이 **"말씀에서 충분히 제시한 것처럼, 경건한 삶을 살고 건전한 종교를 가진 자"**[스코틀랜드 제2치리서 4조]임이 공적으로 검증됨에 있는 것이다.

끝으로 케임브리지 강령은 교회의 직분에 대해 철저히 개별 교회 자체에 집중하여 있는 것을 볼 수가 있으니, 6조에서 **"교회의 직분자들은 한 교회의 직분자들로서, 더욱 성령께서 그들 자신의 감독자로 삼으신 개별 교회의 직원들이다."**라고 한 것에서 이를 알 수가 있다. 마찬가지로 7조에서도 **"그가 사역자였던 그 교회에 대한 그의 직무 관계로부터 분명하게 해임된 자는 사역자로 볼 수가 없으며, 그가 다시 직분으로 질서 있게 부름을 받지 않는 한, 다른 교회에서 어떠한 직분도 수행해서는 안 된다."**고 하여, 개별 교회의 직무에 철저히 종속적인 범위 안에서만 직분의 범위를 인정하고 있음을 볼 수가 있다. 이는 얼핏 장로교회의 치리서인 스코틀랜드 제2치리서 8조의 **"이러한 직분을 맡은 모든 자들에게는 자신이 책임을 져야 할 특정한 회중이 반드시 있어야 한다."**고 한 문구와 유사한 맥락의 문구로 보인다. 그러나 회중주의 교회의 케임브리지 강령은 직분의 범위를 아주 강력하게 개별 교회 자체로 제한하는데, 개별 교회의 직분이 개별 교회 자체를 떠나서는 어떠한 직무나 직분의 인정을 받을 수 없음을 기본적으로 전제하는 점에서 그러하다. 그러므로 6조에서 **"만일에 그가 한 회중의 사역자만이 아니라 보편적인 교회의 사역자라면, 한 회중에게 지속적으로 머무르는 것은 목사에게 필요하지 않으며, 더욱이 합법적이지도 않**

다."고 명시한 것이다. 반면에 장로교회에서는 케임브리지 강령 6조에서 **"보편교회의 사역자"**를 인정하지 않는 것과 달리, 노회Presbytery 혹은 대회Synod[혹은 총회General assemble]의 회의에 참여하여 수행하는 보편교회적인 치리와 사역에도 동참하는 확장의 범위를 충분히 인정한다. 그러나 회중주의 교회에서 대회와 같은 상위의 회의체는 케임브리지 강령 16장 1조에서 언급하는바 **"교회의 존재함에 절대적으로 필요한 것은 아니"**다.

The Cambridge Platform

Chap X:

교회와 [그 교회의] 장로회presbytery의 권세

1. 지상에 있는 모든 교회들 위에 있는 최고supreme이며 주권적인 lordly power 권세는 오직 예수 그리스도께만 있으며, 그는 교회의 왕이시자 그것의 머리이시다. 그리스도의 어깨에는 정사[다스림] the government가 있고, 하늘heaven 과 땅earth의 모든 권세가 그에게 주어져 있다.

▶ 시 2:6. 엡 1:21,22. 사 9:6. 마 28:18.

2. 신앙을 고백하는 신자들이 교회적으로 동맹을 이룬confederate 단체company는, 그들이 직분자들

The Second Book of Discipline(1578)

Chap VII:

장로회 및 회의체 그리고 치리에 관하여

1. 장로회Elderships와 회의체들assemblies은 일반적으로 목사, 박사, 그리고 흔히 우리가 말하는 장로들elders로 구성되며, [그들은] 말씀word과 교리doctrine를 맡은 자가 아니니, 그들에 관해, 그리고 그들이 가진 몇 가지 권세는 이미 언급했다.

2. 회의체Assemblies에는 네 종류가 있다. 하나 혹은 그 이상의 개별 교회particular kirks와 회중에 속한 것이 있고, 지방 혹은 지역province에 속한 회의체, 나라 전체whole nation에 속한 회의체, 혹

officers을 지니기 이전에도 교회이며, 또한 그들이 없이도 교회이다. 그러므로 그 지위estate에 있어서도 그리스도 아래 있는 종속적인 교회의 권세는, 그리스도께서 그들에게 위임하신delegated 바, 앞서 5장 2조에서, 교회의 본질과 실체에서 흘러나오는 것이라고 표현된 바와 같이 그들에게 속해 있다. 이는 모든 육신들 all bodies과 교회 자체a church body에 매우 당연한 일이며, 그 자체의 보존preservation과 존속subsistence을 위한 충분한 권세를 공급받음이다.

▶ 행 1:23, 그리고 14:23, 또한 6:3,4. 마 18:17, 고전 5:4,5.

3. 이러한 교회의 정치[다스림]government는 혼합 정치a mixt government로서, 독립이라는 용어를 듣기보다 훨씬 오래 전에 인정되었다. 교회의 머리이시며 왕이신 그리스도와, 그 안에 거하고 그로

은 예수 그리스도를 고백하는 열방의 모든 나라들diverse nations에 속한 회의체가 있다.

3. 모든 교회 회의체들은 그들의 책임 하에 있는 교회에 관한 일을 처리함에 있어 합법적으로 회의를 소집할 권한이 있다. 회의를 열 장소와 시간을 정할 수 있고, [다음으로] 정해진 모임의 순서, 시간, 장소를 정할 수 있다.

4. 모든 회의체에서 의장[moderator, 소집된 회원의 다수결로 선출]은 안건을 제시하고, 표결을 하며, 회의체의 명령을 시행하도록 하는 역할을 한다. 의장은 오직 회의에서 교회의 일만이 거론되도록, 그리고 세상 관할권the civil jurisdiction에 속한 그 어떤 일도 간섭하지 않도록 성실히 역할을 해야 한다.

5. 모든 회의체는 회원 중에서 한

말미암아 실행되는 주권적 권세 the sovereign power에 관련해서 그것은 군주제monarchy이다. [그리고] 교회의 몸 또는 형제회brother-hood, 그리고 그들에게 부여된 그리스도로부터의 능력에 관련해서 그것은 민주제democracy와 유사하다. [또한] 노회와 그들에게 위임된 권한과 관련해서 그것은 귀족정aristocracy이다.

▶ 계 2:7. 고전 5:12. 딤전 5:17.

4. 그리스도께만 있는 독특한 주권적인 권세와 실행은, (1). 그리스도 자신과 거룩한 교제를 나누도록 교회를 세상에서 부르심call-ing. (2). 그리스도의 예배 규정들을 제정하시고, 그것들의 분배함을 위해 그의 사역자들ministers과 직분들officers을 임명하심. (3). 우리의 행할 모든 길들과 그의 집의 길들을 정돈하기 위한 규범들laws을 제공하심. (4). 그의 모든 제도들institutions과, 그들을 통하여 그

명 혹은 그 이상의 시찰자visitors를 보내어 그들의 관할권 안에서 합법적으로 모든 일이 진행되는지 돌아볼 권한이 있다. 한 사람이 많은 교회를 시찰할 권한은 통상적인 교회의 직무상 없다. 감독[혹은 주교, bishop]이라는 이름이 오직 이러한 시찰자에게만 붙는 것이 아니며, 오직 한 사람으로 제한하여 맡기지도 않지만, 필요에 따라 자격 있는 사람을 파송하는 것 또한 장로회eldership의 역할이다.

6. 모든 회의체들의 최종적인 목적은 첫째로, 종교와 교리가 흠이나 타락이 없이 순수성을 지키는 데 있으며, 둘째로, 교회 안에 질서와 안정을 지키고자 함이다.

7. 이러한 상황들을 고려하여서, 그것들은 교회의 모든 회원들이 각자의 소명vocation에 따른 선한 행동규범과 관련된 법규rules와 규

리스도의 백성들에게 권세power 와 구원life을 제공하심. (5). 그들의 평화의 모든 대적들을 대항하여 그리스도의 교회를 보호하시고protecting 모으심delivering이다.

▶ 갈 1:4. 계 5:8,9. 마 28:20. 엡 4:8,11. 렘 4:12. 사 33:22. 딤전 3:15. 고후 10:4,5. 사 32:2. 눅 1:71.

5. 그리스도께서 교회의 몸과 형제회에 대해 부여하신 권세는, 교회가 행사하는 대권prerogative 또는 특권privilege으로서, (1). 장로들이거나 집사들이거나 간에, 그들의 직분자들을 선출함choosing. (2). 그들의 회원들의 입회함admission이며, 그러므로 그들이 그들의 교제권fellowship으로부터 어떠한 사람을 다시 제명할to remove 권한을 가져야 하는 중요한 이유가 있는 것이다. 그러므로 범과offence의 경우에 있어서, 어떠한 형제라도 범과한 형제를 설득convince하고 권계admonish할 권한이 있는

례constitutions를 만들 수 있다.

8. 그것들은 사람들이 오용하고, 시대와 맞지 않고, 유익하지 않으며 해롭다고 판단된 교회의 문제에 관한 모든 규정과 명령을 폐기하고 폐지할 권한이 있다.

9. 그것들은 교회의 정책과 선한 질서를 모욕하고 범법한 모든 자를 교회적으로 치리하고 처벌을 할 수 있는 권한이 있다.

10. 비록 그것들이 개별 회중particular congregations 안에 소속되어 있다고 할지라도, 첫 번째 종류와 성질의 회의체는 상호 동의mutual consent하에 교회의 권세power, 권위authority 및 판결jurisdiction을 행사할 수 있으며, 그 결과 이 모든 일들은 교회의 이름으로 행사된다. 개별 회중의 장로elders라 함은 각 교구parish가, 특히 내륙[격오지]의 경우, 각각 [별

것이다. 그리고 그의 말을 듣지 못했을 경우에는, 권계를 강화하기 위해 한 두 사람을 더 붙이도록 한다. 그리고 그들이 다 들어 본 후에는, 교회에 보고하도록 한다. 그리고 그의 범과에 필요함에 따라서, 온 교회the whole church는 권계admonition나 출교excommunication를 통해서 그를 공적으로 책망할 권한이 있다. 그리고 그가 회개할 때에는, 그의 이전의 교제communion를 다시 복구시키도록 to restore 한다.

▶ 행 6:3,5, 그리고 14:23, 그리고 9:26. 마 18:15,16,17. 딛 3:10. 골 4:17. 고후 2:7,8.

6. 장로가 구제할 수 없는 범과를 저지른 경우에, 요구되는 문제에 있어서는, 교회가 그를 직분으로 청할 수 있는 권한이 있었기 때문에, 그들은 질서에 따른 권한power according to order을 가지므로(다른 교회의 회의기구council가 있

도의] 교구를 가져야만 한다거나, 가질 수 있는 것이 아니라 셋 혹은 넷, 아니면 더 많은 수이거나 더 적은 수이거나 간에, 개별 교회들particular kirks이 그들의 교회적 소송들ecclesiastical causes을 판단하기 위해 한 장로회one eldership를 공동으로 가질 수 있다. [하지만] 비록 이러한 조건에 맞는다고 하더라도, 몇몇 장로들은 각각 특정한 회중들 가운데서 선발하며, 이들은 공동 회의common assembly에서 나머지 형제들과 상의한 후 각기 그들의 교회 앞에 범법 행위를 공포한 후에 회의에 회부한다. 우리는 이를 도시와 유명한 곳에 장로나 연장자seniors들의 모임colleges이 세워졌던, 초대교회의 관습에서 찾는다.

11. 이러한 개별 장로회particular elderships의 권세는 그들의 관할 bounds내에서 그들이 성실히 수

을 경우에는, 거기에서 지시) 그를 그의 직분으로부터 해임할 수 있다. 그리고 이제는 회원에 불과하므로, 만일에 그가 그의 죄에 더하여 완고한contumacy 경우를 대비하여, 그를 그들의 교제 안으로 받아들일 수 있는 권세를 가진 교회는 또한 어떠한 다른 회원에 대해 가진 것과 동일한 권세를 가지므로, 그를 쫓아낼 수 있다.

▶ 골 4:17. 롬 16:17. 마 18:17.

7. 교회 정치Church government 또는 치리rule는, 그리스도께서 교회의 직분자들officers 가운데에 두신 것이니, 따라서 그들이 하나님과 더불어서 치리하는 동안에는, 치리자들rulers이라 불린다. 하지만 실정maladministration의 경우에 있어서, 그들은 전에 말했듯이, 교회의 권세에 종속됨이 요구된다. 성령께서는 빈번하게, 더욱 항상, 교회 치리church rule와 교회 정치church government를 언급하는 곳

고하여, 교회가 선한 질서 가운데 서도록 함이다. 행실이 바르지 못하고 참되지 못한 사람을 견책admonition하고, 교정threatening, 혹은 하나님의 심판judgments을 경고함으로써, 혹은 권면을 통해 그들이 다시 제 길에 들어서게 하기 위함인 것이다.

12. 장로회eldership는 하나님의 말씀이 그들의 관할 안에서 순수하게 선포되었는지, 성례가 바르게 시행되었는지, 치리가 바르게 유지되었는지, 교회의 자산이 부패함 없이 분배 되었는지 살피는 일을 한다.

13. 그러한 종류의 회의체assembly는 지방대회provincial assemblies, 전국national 및 범세계적general 총회가 만든 법을 유지하고 실행하도록 한다. 교회 안에서 그들이 지도하는 개별 교회들particular kirks의 경건한 질서를 위하여

에서, 그것을 장로들에게 돌린다. 반면에 사람들의 사역work과 의무duty는 그들의 장로들에게, 그리고 주님 안에서 그들에게 복종함의 구절the phrase of obeying 가운데에 표현되어 있다. 따라서 유기적 혹은 완전한 교회가 정치적 실체a body politic라는 것이 명백하며, 어떤 자들은 감독자들governors로, 그리고 어떤 자들은 주님 안에서 다스리는 자governed로 이루어져 있는 것이다.

▶ 딤전 5:17. 히 13:17. 살전 5:12. 롬 12:8. 고전 12:28,29. 히 13:7,17.

8. 그리스도께서 장로들the elders에게 맡기신 권세는, 하나님의 교회를 먹이고 다스리는 것이며, 또한 그에 따라서 어떠한 중대한 때에는 교회[교회 회의를]를 소집하는 것이다. 회원들을 그처럼 부른 때에는, 정당한 사유가 없이 참석을 거부해서는 안 된다. 또한 회원들이 참석한 때에도, 장로들이 해산

관련된 법을 만들되, 범세계적 총회 혹은 전국대회가 제정한 어떠한 법도 변경하지 않는 것을 조건으로 하여 만들며, 앞으로 제정될 법을 지방대회에서 미리 보게 하여, 그것이 해악이 될 수 있는 법이라고 한다면 폐지할 수 있도록 한다.

14. 그러한 회의체는 완고한 자를 출교excommunicate할 권한이 있다.

15. 그러한 종류의 회의체는 교회의 직분자를 선거할 권한을 가지고 있어, 그들이 지닌 권한 내에서 충분한 능력을 갖춘 목사와 장로를 선출할 권한power of election이 있다.

16. 이러한 종류의 회의체는 동일한 이유로 면직[혹은 해임deposition]할 권한이 있다. 즉 잘못되고 부패한 교리erroneous and corrupt doctrine를 가르치는 자, 문란

하기 전에 떠나서는 안 된다. 장로들이 허락하기 전에는 교회에서 발언해서는 안 된다. 장로들이 침묵하도록 요구할 때에는 발언을 계속해서는 안 된다. 회원들은 충분하고 중대한 사유가 없이, 장로들의 선고sentence나 판결judgment을 부정하거나 반대하지 말아야 하는데, 왜냐하면 그러한 행실이 질서order와 정치government에 명백히 반대되기 때문이며, 또한 혼란disturbance으로 몰아넣으며, 혼잡confusion으로 이끌기 때문이다.

▶ 행 20:28, 그리고 6:2. 민 16:12. 겔 46:10. 행 13:15. 호 4:4.

9. 어떠한 직분자들officers 혹은 회원들members을 교회로 받아들이기 전에, 그들을 조사하는 것과, 교회에 제기된 고발accusations을 접수하며, 교회의 청문hearing을 위해 그들을 준비시키는 것 또한 장로들이 해야 할 일이다. 교

한 삶scandalous life을 사는 자, 권면을 해도 돌이키지 않는 자, 교회를 대적하는 분열과 분리를 조장한 자, 명백한 신성모독을 한 자, 성직매매simony의 경우, 부정한 뇌물을 받은 자, 거짓말을 한 자, 위증[혹은 위조perjury]을 한 자, 매춘행위를 한 자, 도둑질 한 자, 술에 취하는 자, 법으로 처벌받을 만한 싸움을 한 자, 이자 놀이usury를 한 자, 춤을 추는dancing 자, 사악한infamy 자, 그리고 교회로부터 분리되어야[출교]할 자들이 면직[혹은 해임]의 대상에 해당한다. [또한] 직분을 감당하기에 충분하지 않다고 생각되는 경우에는 면직을 해야 하며, 이럴 경우 타 교회들에도 알림으로서 면직한 사람을 받지 않도록 해야 한다.

17. 그러나 노령through age, 질병sickness 혹은 기타의 사고들other accidents이 직무에서 해임할 조건

회 앞에서의 범과offences와 다른 문제들을 처리함에 있어서, 그들은 동일한 것에 관련하여 하나님의 뜻과 공회council의 소집을 발표publish하고 포고declare할 권한이 있으며, 교회의 동의와 더불어서 판결sentence을 선고한다. 끝으로, 회원들을 해산시킬 때에, 그들을 주님의 이름으로 축복할 권세를 그들은 지니고 있다.

▶ 계 2:2. 딤전 5:19. 행 21:18,22,23. 고전 5:4,5. 민 6:23-26.

10. 장로들 가운데서의 이러한 정치의 권한power of government은, 형제회 안에서의 특권적인 권한power of privilege을 어떠한 지혜로도 침해하지 않는 것이다. 다 같은 신도들 안에 있는 특권의 권한이 장로들 안에 있는 정치의 권한을 침해하지 않으므로, 그들은 다 함께 기분 좋은 동의agree를 할 수 있을 것이니, 우리가 교회 정치의 시행administrations 가운데서 동

이 되지는 않는다. 이러한 경우, 그들의 명예를 지켜주며, 그들의 교회가 그들을 부양하고, 다른 사람이 그들의 직무를 대신할 수 있도록 해야 한다.

18. 지역 회의체[즉 노회]Provincial assemblies는 목사, 박사 그리고 지방의 다른 장로들의 합법적인 회의로서, 교회의 공통된 일들을 위해 소집되며, 이는 교회와 형제들의 모임conference이라 부른다.

19. 이러한 회의체들은 필요에 따라, 지방 내의 형제들의 도움assistance이나 상호 동의가 필요한 중대한 문제들을 해결하기 위해 결성된다.

20. 이러한 회의체들은 개별 회의체들particular assemblies 안에서 행해진 일 들 중 잘못된 것, 생략된 것을 바로 잡고 처리할 권한이 있다. 선하고 공정한 명분을 위해

일한 신도들의 의견일치concur-rence와 동의를 받은 자들로서, 가장 큰 교회의 권한church power을 함께 갖춘 사도들의 예 안에서 볼 수 있듯이 말이다. 또한 고후 2:9, 그리고 10:6절에서 선언하는바, 교회들이 이러한 문제들에 있어서 어떻게 행동하고 결의할 것인가는, 순종의 방식way of obedience으로 행해야 하는데, 사도들의 지시뿐만이 아니라 그들의 통상적인 장로들ordinary elders 또한 마찬가지이다.

▶ 행 14:15,23, 그리고 6:2. 고전 5:4. 고후 2:6,7. 히 13:1.

11. 앞서 말한 것, 즉 장로들에게만 속하는 교회정치의 통상적인 권한과, 형제회와 더불어 남아 있는 특권적인 권한(견책censure의 문제들 안에서의 판결의 권한power of judgment, 그리고 자유의 문제들 안에서의 권한과 같이)으로부터, 유기적인 교회organic church

해임이 필요한 지방대회의 직무 맡은 자를 해임할 권한이 있다. 그리고 일반적으로 이러한 회의체는 소집된 개별 장로회particular elderships의 전권을 가진다.

21. 우리에게 익숙한 전국총회national assembly는 교회의 공통된 일을 위해 모였거나 사용된 그 영역 내 모든 교회의 합법적인 회의체로서, 그 영역 내 전체 교회 whole kirks의 총회general eldership 라고 부른다. 동일하게 회의체가 적절하다고 생각할 만한 교회 대표들의 수가 되지 않는 한 이러한 회의를 바로잡을 투표권은 없으며, 여기에 제안하고, 경청하며, 그리고 추론할 회의를 개선할 만한 그 외의 사람들을 예외로 하지는 않는다.

22. 이러한 회의체를 결성함은 지방대회provincial assemblies에서 잘못하거나 생략한 모든 것들을 수

와 바른 실행administration에 있어서는, 모든 교회의 행동이 혼합된 실행mixt administration의 방식으로 진행된다는 결론이 뒤따르며, 따라서 교회의 행동은 양자both의 동의consent가 없이는 완성되거나 완전할 수가 없다.

정하고 다시 처리하기 위함이며, 또한 일반적으로는 그 영역 내에 있는 교회 전체whole body를 위해 섬김으로 하나님의 영광을 드러내고, 보여주며, 또한 [그것을] 미리 볼 수 있도록foreseen 하기 위함이다.

23. 교회가 세워지지 않은 곳에는 교회가 세워지도록 세심한 주의를 기울여야한다. 그 외의 두 종류의 회의체가 일을 처리할 때에 있어서의 방법을 거론한 규칙을 제정해야 한다.

24. 이러한 회의체는 영적인 통치spiritual jurisdiction와 세속 통치의 혼란으로 교회의 아픔을 초래하지 않도록 하며, 교회의 재산patrimony이 줄어들거나 남용되도록 해서는 안 된다. 그러므로 일반적으로 영역 내의 교회 전체whole kirks의 선한 질서와 행복과 관련된 모든 중대한 일에 대한 권한

을 지닌다.

25. 이외에도, 보다 더 보편적인 종류의 회의체들이 있다. 이들은 모든 나라들과 모든 교회에 속한 자들의 회의로서, 이들은 그리스도의 보편적 교회universal kirk를 대표하며, 이들은 하나님의 전체 교회의 총회general council of the whole kirk of God 혹은 범세계적 총회general assembly라고 부르는 것이 타당하다. 이러한 회의체는 특별히 교회 안에서 교리로 인한 논쟁과 큰 분열이 존재하는 경우에 소집되었으며, 당시의 경건한 황제의 명령 아래서 소집되었는데, 이는 보편적인 하나님의 교회universal kirk of God 내의 분열을 막기 위함이었다. 왜냐하면 그러한 일은 특정한 영역에만 속하는particular estate of one realm 것이 아니기 때문에, 우리는 더 이상의 말은 삼가 하도록 한다.

해설

    케임브리지 강령에 앞서 1578년에 스코틀랜드 교회가 채택한 장로 교회정치로서의 제2 서에서는 제1장에서 **"교회와 정치의 일반적인 의미, 그리고 세속정치와의 차이점"**에 관해 규정하는 가운데, 1조에서 이르기를 **"하나님의 교회는 넓은 의미에서는 예수 그리스도의 복음을 고백하는 모든 사람들을 말하며, 또한 경건한 자들뿐만이 아니라, 외적으로 참된 종교를 고백하나 위선적인 자들까지도 포함하는 모임이나 교제를 교회라 이르기도 한다. 또한 어떤 경우에 있어서 교회란, 오직 경건하며 택함을 입은 자들만을 지칭하기도 한다. 그리고 종종 진리를 고백하는 회중들 가운데 영적인 역할을 하는 사람만을 지칭하기도 한다."**고 했다. 아울러 2조에서는 **"마지막 의미로서의 교회는 하나님께서 부여하신 특정한 권세가 있으며, 교회는 온 교회의 평안을 위해 정당한 관할권과 다스림에 있어서 그 권세를 사용한다. 이러한 교회의 권세는 성부 하나님께서 중보자 예수 그리스도를 통해 그 분의 교회에게 주신 권세로서, 하나님의 말씀에 근거를 두니, 하나님의 영적 다스림으로 적법하게 부르심을 받은 자들이 이 권세를 행사한다."**고 하여, 넓은 의미에서는 1648년에 작성한 회중주의 교회의 케임브리지 강령 10장 1조의 **"지상에 있는 모든 교회들 위에 있는 최고이며 주권적인 권세는 오직 예수 그리스도께만 있으며, 그는 교회의 왕이시자 그것의 머리이시다. 그리스도의 어깨에는 정사[다스림]가 있**

고, 하늘과 땅의 모든 권세가 그에게 주어져 있다."고 한 것과 기본적으로 일치함을 볼 수 있다. 즉, 교회의 유일한 머리는 예수 그리스도 외에는 없는 것이다.

그러나 스코틀랜드 제2치리서에서는 **"또한 경건한 자들뿐만이 아니라, 외적으로 참된 종교를 고백하나 위선적인 자들까지도 포함하는 모임이나 교제를 교회라 이르기도 한다."**고 하여, 지상의 교회가 **"예수 그리스도의 복음을 고백하는"** 사람들로만 이뤄진 것이 아니며, 그러므로 2조에서 **"교회의 평안을 위해 정당한 관할권과 다스림에 있어서 그 권세를 사용"**하는 교회적인 치리[다스림]의 역할을 수행하는 기구[치리기구]가 교회적인 중요한 역할을 수행함을 본질적으로 표명하고 있는 것에 반해, 회중주의 교회의 케임브리지 강령은 2조에서 **"신앙을 고백하는 신자들이 교회적으로 동맹을 이룬 단체는, 그들이 직분자들을 지니기 이전에도 교회이며, 또한 그들이 없이도 교회이다. 그러므로 그 지위에 있어서도 그리스도 아래 있는 종속적인 교회의 권세는, 그리스도께서 그들에게 위임하신 바, 앞서 5장 2조에서, 교회의 본질과 실체에서 흘러나오는 것이라고 표현된 바와 같이 그들에게 속해 있다."**고 함으로써 그러한 교회적 치리의 역할을 수행하는 것이 기본적으로 회중 자체임을 표명하고 있다. 따라서 케임브리지 강령은 3조에서 이르기를, **"이러한 교회의 정치[다스림]는 혼합 정치**a mixt government **로서, 독립이라는 용어를 듣기보다 훨씬 오래 전에 인정되었다."**고 하여, 오래 전부터 회중정치와 대의적인representative 교회의 치리기구에 의한 교회정치가 혼재mixt하는 것을 지향하고 있음을 분명히 밝히고 있다. 그리고 이는 3조에 명시한바 **"그것은 민주제와 유사하다. [또한] 노회와 그들에게 위임된 권한과 관련해서 그것은 귀족정aristocracy이 다."**라는 문구 가운데서 단적으로 표명된다. 회중주의 교회정치체제는 한마디로 '민주제'와 대의적인 '귀족정'이 조합된 교회정치체제를 지향하고 있는 것이다. 아울러 그것이 '독립 교회'Independence Church 보다도 훨씬 오래 전으로 소급되는 교회정치체제임을 표명하고 있어서, 궁극적으로 그것이 성경에서 확인할 수 있는 교회정치체제임을 암시하려는 듯 보인다.

무엇보다 1680년 5월 12일에 뉴잉글랜드에 있는 보스턴에 모인 회중주의 교회들의 장로들과 전령들Messengers의 총회 두 번째 회의Session 에서 동의하여 채택한 사보이 선언Savoy declaration, 1658[1]을 보면, 제26 장 2조에서 **"복음의 믿음과 이에 따라 그리스도로 말미암아 하나님께 순종함을 고백하며 터를 무너뜨리는 어떠한 오류들errors로나, 대화의 거룩하지 아니함으로 자신들이 고백한 것을 무너뜨리지 아니하는 그 들 자신, 그들과 함께 한 그들의 자녀들이 온 세상 사람들의 몸 전체 the whole body이자, 그리스도의 가시적인 공교회라 불릴 수 있을 것이 지만, 또한 온 몸을 다스리거나 통치하는 것 자체는 어떠한 직원들에 게도 위임되지를 않았다."**고 하여, 스코틀랜드 제2치리서 제1장 2조

---

1 1658년 9월 29일부터 10월 12일까지 120개 회중들의 교회에서 파견한 200명의 대표들이 영국 의 사보이 궁전에 모여서 6명의 위원들[존 오웬John Owen, 1616-1683, 토머스 굿윈Thomas Good-win, 1600-1680, 필립 나이Philip Nye, 1596-1672, 윌리엄 브릿지William Bridge, 조셉 칼Joseph Carl, 1602-1673, 윌리엄 그린힐William Greenhill, 1597-1671]을 선정하여 작성한 회중주의 신앙고 백으로서, 기본적으로는 칼빈주의적인 웨스트민스터 신앙고백의 바탕을 유지하고 있으면서도 개별 교회의 독립성을 강조하는 회중주의의 교회론의 맥락을 채택하고 있다.

의 "……이러한 교회의 권세는 성부 하나님께서 중보자 예수 그리스도를 통해 그 분의 교회에게 주신 권세로서, 하나님의 말씀에 근거를 두니, 하나님의 영적 다스림으로 적법하게 부르심을 받은 자들이 이 권세를 행사한다."고 한 문구와, 아울러 3조의 "이 권세로부터 기인한 교회의 정치는 하나님의 말씀에 따라 임명된 교회 직분자가 행하는 영적인 통치의 질서 혹은 형태다. 그러므로 직분자는 즉시 이 권세를 받아서, 전체 교회의 유익을 위해 사용한다."고 한 문구에 정면으로 배치되는 것을 볼 수가 있다. 그러므로 회중주의 교회의 케임브리지 강령에서는 기본적으로 치리회로서의 장로회Presbytery를 다루고 있어도, 결코 신적인 권한이 위임된 중요성을 지니는 것이 아니다.

이러한 회중주의 교회정치체제의 특성은 기본적인 특성은 4조에서 더욱 명백한데, 4조에서는 오직 "그리스도께만 있는 독특한 주권적인 권세와 실행"에 관하여 언급하기를 "(1). 그리스도 자신과 거룩한 교제를 나누도록 교회를 세상에서 부르심. (2). 그리스도의 예배 규정들을 제정하시고, 그것들의 분배함을 위해 그의 사역자들과 직분들을 임명하심. (3). 우리의 행할 모든 길들과 그의 집의 길들을 정돈하기 위한 규범들을 제공하심. (4). 그의 모든 제도들과, 그들을 통하여 그리스도의 백성들에게 권세와 구원을 제공하심. (5). 그들의 평화의 모든 대적들을 대항하여 그리스도의 교회를 보호하시고 모으심이다."라고 하여, 그 영역들을 세부적으로 구별하여 언급하고 있다. 특히 "(2). 그리스도의 예배 규정들을 제정하시고, 그것들의 분배함을 위해 그의 사역자들과 직분들을 임명하심."과 더불어서, "(4). 그의 모든 제도들과, 그들을 통하여 그리스도의 백성들에게 권세와 구원을 제공하심."이라고 하는 항목들은 회중주의교회정치체제의 독특한 '혼합 정치'a mixt government의 성격을 단적으로 보여주고 있으니, **"그의 사역자들과 직분들을 임명"**하시는 대의적인 귀족정의 특성과 **"그리스도의 백성들에게 권세와 구원을 제공"**하시는 민주적인 회중주의적 특성이 혼재해 있는 것이다.

사실 케임브리지 강령은 앞서 2조에서 **"그리스도 아래 있는 종속적인 교회의 권세는, 그리스도께서 그들에게 위임하신 바, 앞서 5장 2조에서, 교회의 본질과 실체에서 흘러나오는 것이라고 표현된 바와 같이 그들에게 속해 있다."**고 하여, 4조에서 언급하는 성도들의 '권세'Power 가 어떠한 것인지를 명확히 밝혀두고 있다. 그러므로 그리스도께로부터 직접적으로 위임된 실질적인 권세는 기본적으로 **"신앙을 고백하는 신자들"**, 곧 **'회중'**들에게 있는 것이지 교회의[혹은 그리스도의] **"사역자들과 직분들"**에게 있는 것이 아니다.

하지만 뉴잉글랜드의 케임브리지 강령(1648)과 그 후로 십 년이 지나 영국에서 발표한 사보이 선언(1658) 이전 웨스트민스터 총회를 통해 수많은 신학적인 오류가 극복되고 최종적으로 동의된 교회정치체제는 분명 장로교회정치체제였으며, 그러한 장로교회정치체제의 신적인 기원과 권위에 관해 다루는 유스 디비눔Jus Divinum Regiminis Ecclesiastici, 1646에서는 2과Part II 제10장에서 **"신자들의 공동체, 즉 신자들의 몸은 교회정치의 권세를 직접적으로 받을만한 그릇이나 주체가 아**

니다."라는 제목 가운데서 명백히 회중주의정치체제에 관하여 분석하여 논박한 바 있다. 즉 **"우리의 중보자 예수 그리스도께서는 당신의 교회정치를 위한 적절한 공식적인 권세나 영적인 권세를 그 권세를 직접 받기에 적절한 그릇이나 첫 번째 주체가 아닌 신도단체, 신자들의 공동체, 전 교회, 신자들의 몸에 맡기지 않으셨다."**[2]는 것이다. 이러한 논박은 웨스트민스터 총회를 통해서 분명하게 정리되어 동의된 것이었는데, 1648년에 뉴잉글랜드로 이주한 일부 회중주의적인 청교도들에 의해 작성된 케임브리지 강령과, 1658년에 잉글랜드에서 존 오웬John Owen, 1616-1683, 토머스 굿윈Thomas Goodwin, 1600-1680, 필립 나이Philip Nye, 1596-1672, 윌리엄 브릿지William Bridge, 조셉 칼Joseph Carl, 1602-1673, 윌리엄 그린힐William Greenhill, 1597-1671[3]을 위원으로 한 사보이 선언에 의해 개별 교회의 독립된 교회정치에 중점을 두는 회중주의적인 교회정치체제의 교회론이 다시 표명된 것이다. 그러므로 웨스트민스터 총회 이후로 사실상 잉글랜드와 뉴잉글랜드의 청교도들이 공히 회중주의적 교회정치체제를 표방했었음을 알 수가 있다.

계속해서 케임브리지 강령 5조는 **"그리스도께서 교회의 몸과 형제회에 대해 부여하신 권세는, 교회가 행사하는 대권 또는 특권으로서, (1). 장로들이거나 집사들이거나 간에, 그들의 직분자들을 선출함. (2). 그들의 회원들의 입회함이며, 그러므로 그들이 그들의 교제권으로부**

---

2 「유스 디비눔」Jus Divinum Regiminis Ecclesiastici, 183-4.

3 안타깝게도 이들 가운데 존 오웬을 제외한 5명의 위원들이 이미 웨스트민스터 총회에서 장로교회 정치체제가 예수 그리스도께서 제정하신 교회정치체제임을 동의한 자들이었다.

터 어떠한 사람을 다시 제명할 권한을 가져야 하는 중요한 이유가 있는 것"이라고 규정하고 있다. 그러나 유스 디비눔에 따르면, "장로들과 다른 직원들을 임명하는 권세를 신자들의 무리에게 맡기지 않았다. 신자들은 단지 특별한 직원들을 선택할 수는 있지만 이들에게 안수하는 일은 장로들의 회에서만 가능하다(행 6:3-6, 13:1-3, 14:23; 딤전 4:14, 5:22; 딛 3:5). 따라서 신자들의 선택하고 승인하는 일이 성경을 기반으로 직원들을 안수하는 일에는 충분하지 않다. 말씀을 전하는 장로들이 여러 가지 언어와 학문, 거룩한 판단을 하는데 있어서 충분한 자격을 갖추었는지를 모든 면에서 시험하고 판단할 수 있는 사람은 일만 명 중 한명도 없다. 공적인 훈계, 출교, 죄 용서에 있어서 재판의 권세 역시 신자들에게 허용되지 않는다." 왜냐하면 "A. 신자들 모두가 그리스도에게서 지식의 열쇠뿐 아니라 교회 직원들에게만 주어지는 열쇠, 즉 상기한 권세를 부여받지는 못했다(마 16:19; 18:18-20). "교회에 전하라"는 것은 (다양한 분별력 있는 학자들이 동의하는 바처럼) 반드시 다스리는 교회만을 의미한다(고후 8:10; 요 20:21-23). B. 신자들 모두가 그러한 권세를 행사하거나 시행한다는 기록은 성경에 없다. 주로 고린도교회에 촉구하는 일, 즉 온 교회가 근친상간한 자를 내쫓는 일(고전 5:4-5)을 통해 여러 가지 사항들에 답할 수 있"기 때문이다. 그리고 그 근거로 "a. 모든 신자들이 이러한 일을 할 수는 없었다. 어린이들은 이러한 일을 판단할 수 없었고 여자들은 교회에서 발언해서는 안 되었기 때문이다. b. "이러한 사람은 모든 사람이 아니라 많은 사람에게서 벌 받는 것이 마땅하도다"(고후 2:6)라고 성경에 기록되어 있다. 즉 많은 직원들로 구성된 장로의 회에서 벌 받는 것이 마땅하다. c. 이러한 책망을 한 고린도교회는 회중Congregational교회가 아니라 교회 안에 다양한 특별한 회중들이 있는 장로Presbyterial교회였다. 그러므로 이러한 책망을 위해서 고린도교회의 모든 신자들이 한 자리에 모일 수는 없었고 교회의 노회Presbytery만 모일 수 있었다. 다시 말하지만 신자들 모두가 교회정치와 재판을 하는데 적합한 은사와 자격을 그리스도에게서 받지는 못했다. 신자들 모두가 사도들이 받은 것처럼 그리스도께서 그들과 함께하겠다는 약속을 받은 것은 아니다(마 28:18-20). 그리고 이후에도 나오겠지만 이러한 회중의 정치를 용인해서는 안 된다."[4]고 언급하고 있다. 하지만 그럼에도 불구하고 케임브리지 강령은 5조에서는 더하여서 **"범과의 경우에 있어서, 어떠한 형제라도 범과한 형제를 설득하고 권계할 권한이 있는 것이다. 그리고 그의 말을 듣지 못했을 경우에는, 권계를 강화하기 위해 한 두 사람이 더 붙이도록 한다. 그리고 그들이 다 들어본 후에는, 교회에 보고하도록 한다. 그리고 그의 범과에 필요함에 따라서, 온 교회는 권계나 출교를 통해서 그를 공적으로 책망할 권한이 있다. 그리고 그가 회개할 때에는, 그의 이전의 교제를 다시 복구시키도록 한다."**고 규정하고 있다. 이는 유스 디비눔의 **"신자들 모두가 그리스도에게서 지식의 열쇠뿐 아니라 교회 직원들에게만 주어지는 열쇠, 즉 상기한 권세를 부여받지는 못했다**(마 16:19; 18:18-20)."고 하는 설명과 분명한 차이를 두고 있는 것이다. 더구나 유스 디비눔에서 **"온 교회가 근친상간한 자를 내쫓는 일(고전 5:4-5)"**과 관련하여 **"이러한 책망을 한 고린도교회는 회중교회Congregational가 아니라 교회 안에 다양한 특별한 회중들이 있**

---

4 「유스 디비눔」Jus Divinum Regiminis Ecclesiastici, 192-194.

는 장로교회Presbyterial였다. 그러므로 이러한 책망을 위해서 고린도교회의 모든 신자들이 한자리에 모일 수는 없었고 교회의 노회Presbytery만 모일 수 있었다."고 설명했듯이, "온 교회"에 교회정치의 권세가 부여되지 않은 것이다.

사실 유스 디비눔에서 "온 교회가 근친상간한 자를 내쫓는 일(고전 5:4-5)"과 관련하여 "고린도교회의 모든 신자들이 한자리에 모일 수는 없었고 교회의 노회Presbytery만 모일 수 있었다."고 언급한 것과, 케임브리지 강령 5조에서 "그의 범과에 필요함에 따라서, 온 교회는 권계나 출교를 통해서 그를 공적으로 책망할 권한이 있다."고 한 것에는 심각하고 중대한 목회적 결점이 내포되어 있는데, 그것은 그처럼 공개적으로 시벌함에 따라 정작 회개를 통해 다시 돌이켜 교회의 회원으로 복귀하는 '해벌'lifted punishment의 가능성을 크게 해치는 일일 수 있다는 점이다. 고린도전서 5장에서 끔찍한 죄를 범한 신자를 내쫓기로 결행할 때에 그것이 노회의 모임으로 이뤄진 것임과 아울러서 목회적으로도 모든 회중들에게 완전히 공개된 범과자는 사실상 다시 회복하기 어려운 심리적 낙인이 찍히게 되고 마는 것이다. 특히 교회의 사역자들, 그 가운데서도 말씀 사역자인 목회자들의 치리나 권징에 관련해서 공적인 책망을 온 교회적으로 시행하는 것은 극히 조심스러운 것이다. 그러므로 프랑스 개혁교회 치리서(1559) 제1장 51조는 "필요로 하지 않는 한, 목사 면직의 원인은 회중에게 공개되지 않으며, [다만] 면직에 대한 공포와 재판에 대한 심리는 해야 한다."[5]고 규정한 것이다. 마찬

---

5 장대선,「장로교회의 치리서들」(서울: 고백과문답, 2020), 202. 이는 기본적으로 딤전 5:19의 "장

가지로 제5장 9조에서는 **"추문의 인지, 그리고 그들에게 대해 선고할 권한은 목사와 장로의 회의체에 속하"**[6]는 것으로 언급하고 있어서, 그것을 온 교회가 치리하고 권징하는 것으로 언급하지 않고 있어서, 기본적으로 권징의 시행이 온 교회의 권리가 아니라 치리회Consistory의 권한에 속하는 것을 규정하고 있다.

한편, 케임브리지 강령 6조와 7조는 케임브리지 강령의 회중주의 정치의 기본적인 원리를 언급하고 있다. 즉 7조에 명시한바 **"교회 정치 또는 치리는, 그리스도께서 교회의 직분자들 가운데에 두신 것이니, 따라서 그들이 하나님과 더불어서 치리하는 동안에는, 치리자들이라 불린다. 하지만 실정의 경우에 있어서, 그들은 전에 말했듯이, 교회의 권세에 종속됨이 요구된다."**고 하여, 교회의 직분자들이 기본적으로 전체 교회의 권위 아래에 있음을 명시하고 있다. 마찬가지 원리에 따라 6조에서는 **"장로가 구제할 수 없는 범과를 저지른 경우에, 요구되는 문제에 있어서는, 교회가 그를 직분으로 청할 수 있는 권한이 있었기 때문에, 그들은 질서에 따른 권한을 가지므로**(다른 교회의 회의기구가 있을 경우에는, 거기에서 지시) **그를 그의 직분으로부터 해임할 수 있다."**고 명시한 것이다. 이에 따라 6조에서는 더욱 **"이제는 회원에**

로에 대한 고발은 두세 증인이 없으면 받지 말 것"이라는 말씀에 근거하지만, 20절의 "범죄한 자들을 모든 사람 앞에서 꾸짖어 나머지 사람들로 두려워하게 하라."는 말씀과 상치되는 것이 아니다. 이어지는 21절에서 사도는 이르기를 "아무 일도 불공평하게 하지 말"라고 했으니, 그것은 차등을 두는 언급이 아니라 그 만큼 공정하게-즉 쉽게 모함하지 못하도록- 시행하도록 하는 맥락이다(cf: 신 19:15-20). 또한 "모든 사람 앞에서 꾸짖"으라는 말에서 알 수 있듯이, 그에 해당하는 범과는 무거운 권징을 시행할 중대한 범죄라기보다는 엄히 충고할-견책censures- 정도의 범과라 하겠다.

6 앞의 책, 213.

불과하므로, 만일에 그가 그의 죄에 더하여 완고한 경우를 대비하여, 그를 그들의 교제 안으로 받아들일 수 있는 권세를 가진 교회는 또한 어떠한 다른 회원에 대해 가진 것과 동일한 권세를 가지므로, 그를 쫓아낼 수 있다."고 했으니, 7조에서 언급하는바 그야말로 **"유기적 혹은 완전한 교회가 정치적 실체"**인 것이다.

케임브리지 강령에서 언급하는 **"유기적 혹은 완전한 교회"**란, 기본적으로 노회를 포함하는 광역 치리회로서의 교회를 말하는 것이 아니라 독립된 개별 교회를 말한다. 그러므로 **"유기적"**organic이라는 말은, 노회를 포함하는 '장로회'Presbytery로서의 유기적인 교회를 지칭하지 않고 개별 교회 자체로 한정하는 장로회로서의 유기적인 성격을 지칭하는 것이다. 즉 개별 교회를 그 자체로 **"완전한 교회"**complete church로 보는 것이다. 그리고 완전한 교회란 교회의 회원들 전체로서의 교회를 말한다. 바로 그러한 교회에 장로들의 범과에 따라 해임할 권한도 부여되는 것이 회중주의의 원리이다.

무엇보다 장로회와 관련하여 케임브리지 강령과 장로교회정치의 원리를 충실하게 정립한 스코틀랜드 제2치리서 사이에는 큰 틀에서 차이점을 보이는데, 그것은 제2치리서가 교회의 치리에 관한 언급을 할 때에 항상 **"회의체"**assemblies로서 언급하는 것과 달리 케임브리지 강령에서는 **"장로들"**the elders로서 언급하고 있는 데서 구별되는 차이점이다. 즉 회중주의의 교회정치에 있어서 **"교회 정치 또는 치리는, 그리스도께서 교회의 직분자들 가운데에 두신 것"**이다. 따라서 교회정치의 권세는 장로교회와 같이 '치리회' 자체의 권세의 성격이라기보다는, 여러 장로들의 권세의 성격인 것이다.[7] 그러므로 케임브리지 강령에서는 8조에서 **"그리스도께서 장로들에게 맡기신 권세는, 하나님의 교회를 먹이고 다스리는 것이며, 또한 그에 따라서 어떠한 중대한 때에는 교회**[교회 회의를]**를 소집하는 것"**이라고 하여 그리스도께서 장로들에게 권세를 맡기셨음을 분명하게 명시하는데, 다만 그 권세의 사용이 **"하나님의 교회를 먹이고 다스리는 것"**에 한정될 뿐이다.

장로교회정치의 원리에서는 사실 목사와 교사를 포함한 장로들의 권세와 권한이 훨씬 제한적이다. 바울 사도는 그들에 대해 **"배나 존경할 자로 알"**(딤전 5:17)도록 가르칠지라도 그 근거는 성경에 기록한 바 **"곡식을 밟아 떠는 소의 입에 망을 씌우지 말라"**(신 25:4)고 한 말씀에 있으며, 또한 **"장로에 대한 고발은 두세 증인이 없으면 받지 말 것"**이라고 가르쳤을지라도 그 근거는 이미 신 19:15-21절의 말씀에 근거할 뿐인 것이다. 그런즉 장로교회정치의 원리에서 목사와 교사를 포함한 장로들의 권세와 권한은 철저히 성경에 종속적이다. 바로 그

---

7 이러한 시각은, 그들이 잉글랜드 교회로부터 분리하여 나온 데서 연원할 것이다. 그들은 비록 잉글랜드 교회와의 분리를 택한 것은 아니었다 할지라도 그들이 도착한 신대륙 아메리카에서는 처음부터 치리회가 결성될 수 없었으며, 그러므로 그들은 애초에 "장로들"에게 위임된 교회정치의 권세를 가장 기본적인 교회정치의 바탕으로 인식하게 되었을 것으로 짐작된다. 반면에 교회정치의 권세를 회의체로서의 '치리회'에 두는 장로교회정치의 원리에서는, 기본적으로 교회정치의 권세가 장로들에게 있는 것이 아니라 회의체에 있으므로 회의체의 권세의 정당성인 성경적 타당성, 즉 권세의 객관성을 항상 염두에 둘 수밖에 없는 특성을 전제한다. 즉 회의체로서의 치리회는 그 자체로 오류가 없는 권세를 지니는 것이 아니라 그리스도께서 가르쳐 지키게 하신 것들에 얼마만큼 충실하냐에 따라 권세가 명확해 지는 것이다. 한마디로 회의체로서의 치리회는 권세를 지닌 장로들의 집합이 아니라 그리스도의 말씀에 근거하는 권세를 수종하는subordinate 장로들의 집합이며, 그러므로 장로들의 권세는 그들 자신에게서 오는 것이 아니며, 또한 그들에게 위임된 회중에게서 오는 것도 아니고, 오직 예수 그리스도께서 가르쳐 지키게(마 28:20) 하신 바에서 오는 것이다.

러한 의미로 그들은 말씀의 수종자subordinate들인 것이다. 그에 반해 케임브리지 강령은 장로들에 대해 훨씬 분명한 권세와 권한을 언급하고 있는데, 8조에 명시한바 **"어떠한 중대한 때에는 교회[교회 회의를]를 소집하는 것이다. 회원들을 그처럼 부른 때에는, 정당한 사유가 없이 참석을 거부해서는 안 된다. 또한 회원들이 참석한 때에도, 장로들이 해산하기 전에 떠나서는 안 된다. 장로들이 허락하기 전에는 교회에서 발언해서는 안 된다. 장로들이 침묵하도록 요구할 때에는 발언을 계속해서는 안 된다. 회원들은 충분하고 중대한 사유가 없이, 장로들의 선고나 판결을 부정하거나 반대하지 말아야"** 한다는 것이 바로 그러한 예이다. 마찬가지로 9조에서도 **"어떠한 직분자들 혹은 회원들을 교회로 받아들이기 전에, 그들을 조사하는 것과, 교회에 제기된 고발을 접수하며, 교회의 청문을 위해 그들을 준비시키는 것 또한 장로들이 해야 할 일이다. 교회 앞에서의 범과와 다른 문제들을 처리함에 있어서, 그들은 동일한 것에 관련하여 하나님의 뜻과 공회의 소집을 발표하고 포고할 권한이 있으며, 교회의 동의와 더불어서 판결을 선고한다."** 고 하여, 장로들의 권세와 권한을 더욱 광범위하게 명시하고 있는 것을 볼 수가 있다.[8]

그러나 케임브리지 강령은 이러한 장로들의 권세와 더불어서 교회의

---

8 이로 볼 때에, 회중주의의 교회 직원들의 권세에 대한 인식은 훨씬 감독정치Episcopal Church Pol-itics에 가까워질 가능성을 보인다. 장로교회의 직원들이 지니는 권위가 항상 말씀에 대한 수종적 권위와 권세이기에 치리회의 권위와 권세 또한 치리회의 구성원인 장로들 자신에게 있는 것이 아니라 회의체 자체에 있으며, 그러한 회의의 권위와 권세는 하나님의 말씀인 성경에 얼마나 충실한가에 따라 확연하게 되는데 반해, 회중주의의 교회정치에서 교회의 직원들인 장로들은 기본적으로 그리스도께서 그들에게 맡기신 권세를 지니고 있음(8조)을 공표하고 있는 것이다.

몸[실체]으로서의 형제회brotherhood에 부여된 그리스도의 능력이 서로 상반되지 않는 **"조합 정치"**a mixt government로서 양립함을 3조에 이어서 10조에서 더욱 구체적으로 언급한다. 즉 **"다 같은 신도들 안에 있는 특권의 권한이 장로들 안에 있는 정치의 권한을 침해하지 않으므로, 그들은 다함께 기분 좋은 동의를 할 수 있을 것이니, 우리가 교회 정치의 시행 가운데서 동일한 신도들의 의견일치와 동의를 받은 자들로서, 가장 큰 교회의 권한을 함께 갖춘 사도들의 예 안에서 볼 수 있"**는 것과 같다고 한 것이다. 그러면서 고후 2:9절에 기록된바 **"너희가 범사에 순종하는지 그 증거를 알고자 하여 내가 이것을 너희에게 썼노라."**고 한 사도 바울의 말과, 더불어서 10:6절에 기록된바 **"너희의 복종이 온전하게 될 때에 모든 복종하지 않는 것을 벌하려고 준비하는 중에 있노라."**는 말씀을 근거로 교회들이 근심하게 한 사람을 용서하는 문제나, 사도들을 **"육신에 따라 행하는 자로 여기는 자들"**(고후 10:2)에 대하여 사도직을 변호함에 있어서나 교회들이 **"순종의 방식"**way of obedience으로 행해야 함을 규정한다. 그러면서 그러한 원리가 사도들의 경우뿐 아니라 **"통상적인 장로들"**, 곧 현행 교회의 직원들에게 있어서도 동일한 것이라고 했다.

무엇보다 케임브리지 강령 11조는 **"모든 교회의 행동이 혼합된 실행의 방식으로 진행된다."**고 했으니, **"장로들에게만 속하는 교회정치의 통상적인 권한과 형제회와 더불어 남아 있는 특권적인 권한"**이 **"혼합된 실행의 방식으로 진행된다."**는 것이다. 그러므로 케임브리지 강령은 최종적으로 이르기를 **"따라서 교회의 행동은 양자**[장로들에게만 속하는

교회정치의 통상적인 권한과 형제회와 더불어 남아 있는 특권적인 권한]**의 동의가 없이**
는 완성되거나 완전할 수가 없다."고 했다.

이처럼 케임브리지 강령 10조와 11조는 앞선 조항들에서 다루는 문
제들의 최종적인 원리로서의 **"혼합 정치"**의 성격을 구체적으로 설명
하는 내용들을 명시하고 있음을 볼 수가 있는데, 이러한 언급들은 사
실 스코틀랜드 제2치리서 6조에서 명시하고 있는 **"모든 회의체들의**
최종적인 목적", 곧 **"종교와 교리가 흠이나 타락이 없이 순수성을 지**
키는" 첫째 목적과 **"교회 안에 질서와 안정을 지키고자 함"**이라는 둘
째 목적 가운데서 특히 둘째 목적에 많이 치우치는 것이라 하겠다. 왜
냐하면, 잉글랜드 장로교회의 목사들에 의해 작성된 성경적인 장로교
회정치에 관한 책인 유스디비눔에서 언급하고 있듯이 **"말씀을 전하는**
장로들이 여러 가지 언어와 학문, 거룩한 판단을 하는데 있어서 충분
한 자격을 갖추었는지를 모든 면에서 시험하고 판단할 수 있는 사람
은 일만 명 중 한명도 없"기 때문인데, **"종교와 교리가 흠이나 타락이**
없이 순수성을 지키는" 문제는 분명 교회 자체, 혹은 '형제회'가 감당
할 수 있는 범위 밖에 속하는 것이기 때문이다. 더구나 스코틀랜드 제
2치리서 12조에서는 **"장로회는 하나님의 말씀이 그들의 관할 안에서**
순수하게 선포되었는지, 성례가 바르게 시행되었는지, 치리가 바르게
유지되었는지, 교회의 자산이 부패함 없이 분배 되었는지 살피는 일을
한다."고 하여, 케임브리지 강령이 교회의 본체body라고 한 '형제회'[혹
은 신도회]와 같은 개별 교회의 모임 외에 장로회, 곧 '노회'의 살핌[시찰]
가운데 있어야 함을 명백히 규정하고 있는 것을 볼 수가 있다. 그러므

로 장로교회에서는 케임브리지 강령 6조에서 **"장로가 구제할 수 없는 범과를 저지른 경우에……교회가 그를 직분으로 청할 수 있는 권한이 있었기 때문에……그를 그의 직분으로부터 해임할 수 있다. 그리고 이제는 회원에 불과하므로……그를 그들의 교제 안으로 받아들일 수 있는 권세를 가진 교회는 또한 어떠한 다른 회원에 대해 가진 것과 동일한 권세를 가지므로, 그를 쫓아낼 수 있다."**고 명시함과 달리, **"장로회"** 로서의 **"회의체"**[곧 치리회](스코틀랜드 제2치리서 7장 14, 15, 16조)에 있음을 규정하고 있는데, 그러한 장로회로서의 회의체에 관하여 이미 프랑스 개혁교회 치리서 5장 4조에서 명시하기를 **"지교회 안에는 하나의 치리회**consistory**가 있어야만 하며, 이외에 다른 협의회**council **즉 지교회 치리회와 구별된** [별도의] **회의 기구는 교회의 존속을 위해 허락하거나 세워져서는 안 되며, 만일 그러한 기구가 존재하고 있을 경우에는 즉시 제거해야 한다."**고 규정하여, 케임브리지 강령이 3조에서[그리고 10조와 11조] 언급하는 것과 같은 **"혼합 정치"**는 인정되지 않는다. 개별 교회인 지교회이던, 노회이던 간에 한 장로회 안에 교회정치를 수행하는 치리기구는 지교회의 치리회인 '당회'와 지역 교회들의 치리회인 '노회'[9] 외에는 인정되지 않는 것이다.

사실 '장로회'Presbytery에 대한 이해에 있어서 회중교회와 장로교회의 근본적인 차이점은, 개별 교회의 완전성을 기초로 하는 회중교회의 교

---

9 '노회'는 기본적으로 지역 단위의 회의체로서, 제2치리서 18조에서는 '지방 회의체'라 칭하여 "지역 회의체[즉 노회]Provincial assemblies는 목사, 박사 그리고 지방의 다른 장로들의 합법적인 회의로서, 교회의 공통된 일들을 위해 소집되며, 이는 교회와 형제들의 모임conference이라 부른다."고 명시했다. 마찬가지로 19조에서는 "이러한 회의체들은 필요에 따라, 지방 내의 형제들의 도움이나 상호 동의가 필요한 중대한 문제들을 해결하기 위해 결성된다."고 했다.

회관과 개별 교회뿐 아니라 장로회로서의 노회를 연계하여 완전한 교회의 개념으로 파악하는 장로교회의 교회관 사이의 구별에 있다. 그러므로 케임브리지 강령 2조에서 **"신앙을 고백하는 신자들이 교회적으로 동맹을 이룬 단체는, 그들이 직분자들을 지니기 이전에도 교회이며, 또한 그들이 없이도 교회이다."**라고 하여 개별 교회 자체, 심지어 치리자를 포함하는 교회의 직원들이 없어도 교회임을 표명한 것과 달리, 스코틀랜드 교회의 장로교회정치를 규정하는 제2치리서에서는 20조에서 **"이러한 회의체들**[즉 지역 노회]**은 개별 회의체들 안에서 행해진 일 들 중 잘못된 것, 생략된 것을 바로 잡고 처리할 권한이 있다. 선하고 공정한 명분을 위해 해임이 필요한 지방대회의 직무 맡은 자를 해임할 권한이 있다. 그리고 일반적으로 이러한 회의체는 소집된 개별 장로회의 전권을 가진다."**고 했다. 한마디로 장로교회에서 장로회의 개념은 개별 교회의 당회에 국한하지 않으며, 오히려 지역 노회로서의 전체 교회이자 공교회적인 안목을 필히 내포하는 개념인 것이다. 바로 그러한 맥락에서 노회의 개별 교회들에 대한 시찰visiting은, 개별 교회의 당회의 심방과 같이 필연적이며 중요한 교회 운영의 요소인 것이다.

또한 회중교회와 장로교회는 교회와 치리의 개념을 적용하는 범위에 있어서도 큰 차이를 보이고 있는데, 회중교회가 기본적으로 개별 교회의 유기적인 성격과 그 자체로서의 완전성에 머무르는데 반해, 장로교회에 있어 교회의 유기성은 개별 교회나 지역, 혹은 나라 전체만이 아니라, 심지어는 온 세계를 아우르는 유기적 교회의 안목을 지향하고 있다. 그러므로 에큐메니즘Ecumenism이 이미 장로교회정치의 안목 가운데에 담겨있는 것이다. 일반적인 에큐메니즘이 18세기의 복음주의 운동과 19세기의 아시아 등지를 중심으로 하는 선교 운동 및 기독교 청년 운동의 과정을 거쳐서 이뤄진 것과 달리, 장로교회의 교회관은 심지어 범국가적, 그리고 범세계적인 안목 가운데서 예수 그리스도의 통치를 교회에 국한하지 않는 진정한 에큐메니즘의 조망을 그 자체에 내포하고 있는 것이다.[10] 그러므로 장로교회정치의 원리에서는 교회와 국가와의 관계가 각각 별개로 양립하는 것이 아니라 각각의 영역으로 병립하는 것이며, 그런 만큼 교회의 직원들이 시행하는 교회정치와 세속 관원들이 시행하는 세속정치 사이의 유기적 관계로 확대되는 것이 가능한데, 스코틀랜드 제2치리서 25조에서 언급하는바 "교회 안에서 교리로 인한 논쟁과 큰 분열이 존재하는 경우"로 인해 발생할 수 있는 "보편적인 하나님의 교회universal kirk of God 내의 분열을 막기" 위하여 "당시의 경건한 황제의 명령 아래서 소집"될 수 있는 "하나님의 전체 교회의 총회general council of the whole kirk of God 혹은 범세계적 총회general assembly"나, 웨스트민스터 총회Westminster Assembly of Divines, 1643-1649와 같이 세속 관원[의회]들의 소집과 신학자들의 논의로 도출된 일련의 표준문서들이 교회뿐 아니라 국가[의회]적으로 승인될 수 있었던 역사는 바로 그러한 장로교회정치와 신학의 맥락을 반영하는 것

---

10 나중에 다루게 될 것이지만, 이러한 지점에 있어서 교회[교회 정치]와 국가[세속 정치] 사이의 관계에 대한 정확한 이해는 교회론에 있어서 중요한 부분이다. 특히 엄격하게 '정교분리'Separation of church and state만을 표방하는 것은, 신대륙 아메리카에서의 초창기 교회관과 교회정치를 주도했었던 청교도들의 신앙, 특히 잉글랜드 국교회와의 분리를 주장한 비국교도들의 신앙관이 초기부터 투영이기도 하다. 미국의 수정헌법 1조(The First Amendment)에 명시된 바, 영국의 국교회(성공회)와 같은 국교를 두지 않으며, 기독교 내의 특정 교파의 우위나 주도를 인정하지 않는 것은, 케임브리지 강령이나 사보이 선언과 같은 회중주의 교회관의 맥락이 상당부분 반영된 것이었다.

이다. 아울러 스코틀랜드 제2치리서의 마지막 24조에서 언급하는바 "이러한 회의체[전국 총회 혹은 전국 대회]는 영적인 통치와 세속 통치의 혼란으로 교회의 아픔을 초래하지 않도록" 해야 한다는 명시는, "교회 전체의 선한 질서와 행복과 관련된 모든 중대한 일에 대한 권한"을 넘어서서 국가의 일반적인 정책에 관여하는 월권을 행사하지 말아야 함을 분명하게 규정하는 것인데, 이는 교회정치와 세속[시민]정치의 구별됨 또한 명백히 규정하는 것이다.

The Cambridge Platform	The Second Book of Discipline(1578)
Chap XI:	Chap IX:
교회의 부양maintenance	교회의 재산과 그것의 분배

The Cambridge Platform — Chap XI: 교회의 부양maintenance

1. 사도는 결론을 내리기를, 필수적이고 충분한 부양maintenance은 말씀의 사역자들에게 돌려야 하는데, 이는 국가nations와 자연 법 law of nature으로부터 모세의 율법과 그로부터의 형평성, 또한 통상적인 이성의 법칙에서 도출되는 것이라고 했다. 더욱이 성경은 장로들을 일꾼들laborers, 그리고 사역자들workmen이라 칭할 뿐 아니라, 또한 그러한 일꾼은 그의 삯 hire을 받을 만 하다고 말했다. 그리고 말씀으로 가르침을 받는 자는, 모든 좋은 것들all good things 을 그[가르치는 자]에게 제공해야 한다. 또한 그것은 주님의 규

The Second Book of Discipline(1578) — Chap IX: 교회의 재산과 그것의 분배

1. 교회의 재산patrimony은, 기독교 신앙을 고백하는 나라의 보편적인 관습이나 동의하에서, 교회의 유익과 공적인 사용을 위해 과거에 이미 받았거나 앞으로 받을 모든 것들을 의미하므로, 그러한 재산에는 하나님을 섬기고자 교회에 주어진, 그리고 앞으로 주어질 모든 것이 포함되며, 여기에는 토지, 건물, 소유물possessions, 연간 임대료annual rents, 그리고 그 어떤 적법한 칭호 즉 왕, 군주, 혹은 평민들이 교회에 기부한 모든 기부금, 기금, 금식헌금mortifications, 그리고 신실한 성도들이 지속적으로 헌납한 모든 것들 또

례에서 복음을 전하는 자들은 복음으로 말미암아 살리라 함과 같다. 아울러 곡식을 밟는 소의 입에 재갈을 물리는 것muzzling을 금하셨다.

▶ 고전 9:14,15. 마 9:38, 그리고 10:10. 딤전 5:18. 갈 6:6. 고전 9:9,14.

2. 성경이 주장하는 바는, 이러한 부양함이 필수적인 의무와 그에 따른 채무due debt와 같은 것을 요구하며, 또한 구호금alms이나 공짜 은사free gift의 문제와 같은 것이 아니므로, 사람들people에게는 그들이 이러한 문제에 있어서 무엇을 그리고 언제, 행할 것이냐 말 것이냐의 자유가 없으며, 주님의 규례와 명령된 의무들 이상의 다른 어떤 것이 아니라는 것이다. 그러나 그들의 육신의 것들carnal things, 곧 말씀과 교리 안에서 그들 가운데 수고하는 자들을 보살피고, 여타의 다른 일꾼들에게

한 포함한다. 우리는 이 모든 것들이 법과 관습, 나라의 관례, 교회의 관례와 효용에 따라 사용되었다고 본다. 또한 토지의 십일조teinds, 목사관manses, 목사 사례[glebes, 성직자의 토지], 그리고 그와 같은 것들에는 공통된 시 당국의 법과 보편적 관습을 따라 교회가 소유한 것들이 거기에 포함된다.

2. 불법적인 수단으로 교회 재산을 취하고, 또한 개인의 사적이거나 모독적인profane 용도로 전용convert한다면, 이는 하나님 앞에서 가증한 행위이다.

3. 교회의 재산은 반드시 집사가 취합하고 분배하되, 그들은 교회에서 직분을 맡은 자로서 아무런 주의나 조심함이 없이 행하지 않고 하나님의 말씀이 정한 것을 따라서 집행하도록 한다. 사도적 교회에서 신실한 성도들의 것에서 취해진 모든 것들을 모으고 분배

도 그들의 삯pay을 지불하며, 그들의 다른 빚들debts을 탕감하고 갚거나, 주님의 다른 어떤 규례를 준수하기 위해, 그들 자신을 복종시킬 의무가 있다.

▶ 롬 15:27. 9:21.

3. 사도(갈 6:6)는 가르침을 받는 사람이 모든 선한 것을 가르치는 사람에게 제공하도록 명하되, 무엇what을 또는 얼마how much를 주어야 할 것인지, 또한 어느 정도what proportion로 주어야 할 것인지를 임의arbitrary에 두지 않았으며, 오히려 전자는 물론이고 후자까지도 주님께 지시prescribed와 지정appointed을 받도록 했다.

▶ 고전 16:2.

4. 단지 교회의 회원들members of churches뿐만이 아니라, 말씀가운데서 가르침을 받는 모든 자들이, 모든 선한 것들에 있어서 가르치는 그에게 기여토록to contribute

하도록 임명을 받은 자는 성도들의 필요를 따라 분배함으로써, 신실한 성도들 가운데 아무런 부족함이 없도록 했다. 이러한 취합은 자선alms의 방식으로 수집되었을 뿐 아니라, 기타 자산, 토지 혹은 소유물들이 속한 부동산 및 동산, 그리고 그에 해당하는 값을 사도들의 발 앞에 가져오는 것이었다. 이 직무는 계속해서 집사들의 손에 맡겨졌으며, 교회의 모든 재산과 교회에 속한 모든 자산들이 누구에게든 독점되었을 때에는 적그리스도에 의해 부패되었음을 고대의 규정들canons이 증거 한다.

4. 동일한 규정들이 교회의 소유자산patrimony에 대한 다음 네 가지의 분배원칙을 언급했다. 교회 자산의 일부는 목사와 감독bishop이 그들의 생계sustenance와 환대hospitality를 위해 사용하며, 다른 것들은 장로들과 집사들 및 모든 성

하라. 회중이 그들의 연보에 있어 부족함이 있는 경우에 있어서는, 집사가 저들의 의무를 다하도록 저들을 불러 모을 수 있으며, 만일에 그들의 부름으로 충분하지 않다면, 교회의 권한으로 그들의 회원들에게 그것을 요구해야 한다. 또한 교회의 권한이 인간의 부패로 인해 수행되지 못하거나, 목적을 달성할 수가 없다면, 관원은 느헤미야가 권장하는 모범으로부터 분명히 드러남과 같이, 목회가 제대로 수행되는지 지켜보아야 한다. 관원들은 양부nursing-fathers이자, 양모nursing-mothers, 두 방면의 보호관할custody의 책임을 진다. 왜냐하면 발생하지 않을 수도 있는 스캔들을 예방하는 것이 더욱 좋고, 쉬우며, 그러한 일이 발생했을 때 그것을 제거하는 것보다는 다스리는 것이 가장 적절하기 때문이며, 그것은 교회의 보살핌으로 각 사람이 규정에 따라서 그의 주제를 알도록 하

직자들clergy이, 세 번째는 가난한 자, 병든 자, 그리고 나그네를 위해 쓰며, 그리고 네 번째는 교회의 기타 일들을 위해서와, 특별하고 비상적인extraordinary 일들을 위해 쓰도록 한다. 우리들은 여기에 학교와 교사들schoolmasters 역시 포함하도록 했는데, 이는 그들을 교역자들 아래에서 동일한 것들을 소유하고 유지할 수 있어야 하는 사람들로 이해하기 때문이다. 또한 특별하지만 일반적인 경우로서, 회의체assemblies의 사무원들을 여기에 포함하며, 뿐만 아니라 교회 일반적인 일들을 담당하는 행정관들syndics 혹은 대리인들procurators, 시편송을 담당하는 자들, 그 외 교회의 다른 통상 직원들ordinary officers을 추가한다.

고, 그가 무슨 일을 행하기 전에, 그가 무엇을 행해야 할 것인지를 알게 하여, 그의 판단judgment과 마음heart이 그가 행하는 일에 만족하도록 하고, 다만 그 행하는 일에 있어서 과오를 방지하게 하려 함이다.

▶ 갈 6:6. 행 6:3,4. 느 13:11. 사 44:23. 고후 8:13,14.

The Discipline of the Reformed Churches of France(1559)

Chap Ⅰ :

목사에 관하여

32. 목사에게는 교회의 가르침에 필요한 경우 지교회 치리회의 동의 하에 대출lent이 가능하다, 그러나 6개월 이상인 경우의 융자loan는, 해당 노회, 또는 두 명 혹은 세 명의 목사의 조언advice이 없이 이루어질 수 없다.

33. 목사가 대출을 받은 경우에 융자가 만기되는 때time of their loan is expired에는, 그들이 떠나는 곳으로부터from which they had departed, 그들의 교회로 다시 [융자를] 반환하여야be restored again 한다.

34. 만일 목사Pastor가 대출하여 만기가 지난 후 일 년 안에 교회가 그에게 반환을 요구하지 않으면, 그 당시 대출한 교회에 속한 목사는 자신의 동의를 양보해야 하고, 그러나 만일에 동의를 하지 않으면, 목사가 대출한 교회가 속한 노회나 대회의 조언을 따라 처리된다. 그리고 핍박 때문에 목사Ministers가 다른 교회를 섬겼을 경우, 그리고 핍박이 중단되고 앞서 언급한 교회에게 목사가 통지한 시점에서 일 년 안에 이전 교회로부터 반환을 요구 받지 않으면, 이 규칙은 목사와 관련하여 효력을 발휘한다.

35. 교회 안에 극빈한 목사Ministers 그리고 그가 속한 대회 안에서 청빙되지 않은 자, 그리고 그가 속한 지방 대회의 다음 임기까지 대회의 반경 내의 교회에게 대출을 한 노회의 경우, 만일 그가 지방 내의 대회에 의해 청빙이 되지 않

는다면, 그와 교회는 상호 동의하에 대출을 받은 교회 소속으로 남는다.

36. 그 교회는 교회에 속한 목사들Pastors에게, 하나님의 말씀을 근거로 세워진 의무의 규칙을 따라서 의무를 다하며, 목사들은 그들에게 주어진 일에 악의를 갖지 말고 주어진 무리들Flocks을 버리지 말고, 무리들은 목사들이 편안한 생활을 하기에 필요한 모든 것을 제공하도록 권면한다.

37. 그리고 그들의 배은망덕을 막고, 경험상 그들의 고통당하는 목사를 하찮게 대하는 사람이 없도록, 다음 명령order을 지켜야 한다. 즉 연간 생활 보조금의 1/4을 그들에게 약속하고, 앞서 언급한 선불 방식으로by way of advance 지불해야 한다.

38. 그리고 미래를 위하여, 이 문제

와 관련하여 교회가 잘못 관리되지 않으며 낭비가 되지 않도록, 노회에서 의장Moderators으로 선출된 사람은 모든 교회의 장로들에게, 목사들Ministers에게 제공하는 생활비에 대해 문의하고, 앞서 정해진 규범Canon을 따라, 즉 이를 위해 만들어진 노회의 권한에 의해 그들에게 제공될 수 있도록 해야 한다.

39. 목사에게 필요한 생활비가 연체될 경우, 이의Complaints와 항의 Remonstrances를 한지 석 달이 지날 경우, 그 후에는 앞서 말한 목사가 스스로 지방 대회 혹은 노회의 동의하에 다른 교회에서 사역하는 것은 합법이다. 그리고 긴급한 상황인 경우에 노회 혹은 대회 Synod는, 이 석 달이라는 기간을 줄일 수 있으며, 또한 긴급한 경우, 즉 석 달이 만료되고 떠나고자 하는 탄원을 했음에도 그 후로도 목사에게 생활비가 지급되지

않을 경우, 목사가 두 명의 이웃
하는 목사를 그 지교회의 치리회
로 부르면, 그 목사는 동의나 조
언을 위해 노회나 대회의 결정을
기다리지 않아도 된다. 단 앞서
말한 회의 중 하나가 소집되어 동
일한 달, 즉 목사가 떠난 그 달 안
에 충족이 되지 않는다는 조건하
에서 그러하다.

40. 배은망덕한 사람들에게 내릴
목사Minister의 고소complaint에
대한 판결의 경우에는, 모든 상황
들을 신중하게 고려하도록 하고,
교회가 가난한 경우에 이를 특히
고려할 사항으로 둔다. 그리고 원
고의 재산Plaintiff's estate의 경우,
하나님의 영광을 위해, 교회의 교
화를 위해, 그리고 목회사역의 명
예를 위해 가장 적절한 방법을 사
용할 수 있다.

41. 배은망덕한 것으로 여겨지는
교회는 그들이 교회에서 쫓아낸

be deprived 자에게 능력에 따라 충분한 만족을 줄 때까지 목사에게 주어져서는 안 된다. 그리고 이 목사는 그 동안에, 스스로 다른 지방이 아닌 자신의 지방에서 항상 구별된 삶을 살아야하는 것을 기억하며, 다만 앞서 말한 지방회 Province에서 별도의 결정을 내리지 않는다는 것을 조건으로 한다.

42. 목회자들Ministers은, 비록 그들만의 땅과 재산이 있을지라도, 그들의 무리들Flocks로부터 사례 Wages를 받을 경우, 그리고 그 결과consequence와 관련하여 교회가 편리하게 해야 할 일은, 목사와 교회가 이 일로 인해 다른 목회자들이 편견을 가지지 않도록 해야 한다는 것이다. 그러나 교회의 필요성에 따라 자유롭게 관리를 하도록 권면해야 하며, 이에 필요한 자질 또한 요구된다.

43. 어떤 목사Pastor도, 목사라는 칭

호 아래서의 유산Inheritance을 소유해서는 안 된다. 그러나 목사가 받는 사례비 혹은 기타 주택, 임대, 혹은 예산에 관한 부분은 전부 교회에서 안수하고 위임한 집사 혹은 다른 사람에 의해 관리된다. 그러한 수고를 통해 목사는 생활 지원금pension을 받으며, 탐심에 대한 모든 의심은 제거되고, 그러한 일이 세상의 염려로 인해 목사의 소명이라는 보다 더 중대한 의무를 소홀하게 해서는 안 된다.

44. 목사가 사역 중에 죽으면 교회는 마땅히 목사의 미망인과 자녀들을 돌봐야 하며, 만일 교회가 능력이 부족하여 그 일을 할 수 없다면, 지방회the Province가 이 부분을 감당해야 한다.

해설

　케임브리지 강령 11장에서는 **"교회의 부양"**Of the maintenance of church이라는 제목을 사용하고 있는데 반해, 이에 상응하는 주제를 다루고 있는 스코틀랜드 제2치리서(1578)에서는 9장에서 **"교회의 재산과 그것의 분배"**Of the Patrimony of the Kirk, and the Distribution Thereof라는 제목을 사용하고 있다. 그리고 그보다 앞선 프랑스 개혁교회 치리서(1559)에서는 목사에 관해 다루는 1장에서 목사에 관하여 다루는 가운데서 그에 대한 처우와 예우에 관해서도 포함하여 규정하고 있는 것을 볼 수가 있다. 그러므로 목사의 생계와 생활에 필요한 사례를 제공함에 있어서 케임브리지 강령이 교회가 부양하는 문제로 다루는데 비해 제2치리서에서는 교회의 재산을 분배하는 문제로서 약간 다르게 접근하고 있는 것을 알 수가 있다.

반면에 좀 더 세부적으로 보자면, 케임브리지 강령 1조에서 **"필수적이고 충분한 부양**maintenance**은 말씀의 사역자들에게 돌려야 하는데, 이는 국가와 자연 법으로부터 모세의 율법과 그로부터의 형평성, 또한 통상적인 이성의 법칙에서 도출되는 것"**이라고 하는 사도들의 결론에 근거하고 있는 것과 마찬가지로, 얼핏 제2치리서에서도 1조에서 이르기를 **"교회의 재산**patrimony**은, 기독교 신앙을 고백하는 나라의 보편적인 관습이나 동의하에서, 교회의 유익과 공적인 사용을 위해, 과거**

에 이미 받았거나 앞으로 받을 모든 것들을 의미하므로, 그러한 재산에는 하나님을 섬기고자 교회에 주어진, 그리고 앞으로 주어질 모든 것이 포함되며, 여기에는 토지, 건물, 소유물, 연간 임대료, 그리고 그 어떤 적법한 칭호 즉 왕, 군주, 혹은 평민들이 교회에 기부한 모든 기부금, 기금, 금식헌금, 그리고 신실한 성도들이 지속적으로 헌납한 모든 것들 또한 포함한다."고 하면서, 또한 덧붙이기를 **"우리는 이 모든 것들이 법과 관습, 나라의 관례, 교회의 관례와 효용에 따라 사용되었다고 본다."**고 했다. 그러므로 케임브리지 강령이나 제2치리서 모두가 공히 **'자연법'**과 **'관습'**에 부합하는 것을 전제로 하여 목사에 대한 사례를 규정하는 점에서 공통됨을 볼 수가 있다. 즉 목사의 생계는 하나님께서 비상적이고 특별한 방식으로 책임지시는 성격이 아니라 자연법과 관습에 따라 필연적이라 할 수 있는 방식으로서 통상적인 방식으로 '분배' 혹은 '부양'되어야 하는 것으로 모두 규정하고 있는 것이다. 마치 직장에서 근무한다면 급여를 받는 것이 당연하고 보편적인 규칙임과 마찬가지로, 교회에서 '말씀의 사역자'로 수고하는 목사들에 대해 사례하는 것은 지극히 당연하며 필연적인 원리에 따라 이뤄져야 하는 것이다.

사실 이러한 점에서도 우리들은 특별하고 비상적인extraordinary 원리와 일반적이며 통상적인ordinary 원리 사이의 구별이 상당히 취약한 것을 볼 수가 있다. 마치 **"복음 전하는 자들이 복음으로 말미암아 살리라"**(고전 9:14)고 한 사도 바울의 말이, 복음 전하는 자들이 살아가는 것이 복음 그 자체에서 제공되는 영적이며 신비한 양식으로 말미암는 것이라고 말한 것처럼 여기는 것이다. 한마디로 교회의 사역에 수고하는 자들에게는 '기도'라는 수단을 통해서 하나님의 신비한 부양이 이뤄지는 것이라고 생각하는 것이다. 그러나 사도 바울이 그처럼 말한 것은 사도 바울 자신의 믿음에 근거하는 말로서가 아니라 **"주께서"** 말씀하신 것을 인용하여 말한 것이었다. 즉 마 10:10절에서 주님이 이르시기를 **"여행을 위하여 배낭이나 두 벌 옷이나 신이나 지팡이를 가지지 말라 이는 일꾼이 자기의 먹을 것 받는 것이 마땅함이라."**고 말씀하신 것을 인용한 말인 것이다. 그러므로 복음 전하는 자들과 마찬가지로 말씀의 사역자들인 목사가 그의 말씀 사역에 합당한 사례를 받음으로 살아가는 것이 마땅하며, 그런 사역을 위해서는 그야말로 정말로 **"배낭이나 두 벌 옷이나 신이나 지팡이"**가 필요치 않도록 교회가 부양해야 하는 것이다. 마땅히 복음[말씀]에 합당한 사례로서 생활에 필요한 것들을 공급받는 것이 당연한 것이니 말이다.

그런데 사실 목회 사역자의 생활을 위한 사례의 지급은 자연법이나 관습에 근거한 것만이 아니라 더욱 성경에 근거하는 것이다. 고전 9:7-11절에서 그의 사역을 위해 필요한 것들을 교회로부터 공급받을 권리가 **"모세의 율법"**에 근거하는 것임을 분명하게 밝히고 있다. 즉 8-9절에서 이르기를 **"내가 사람의 예대로 이것을 말하느냐 율법도 이것을 말하지 아니하느냐, 모세의 율법에 곡식을 밟아 떠는 소에게 망을 씌우지 말라 기록하였으니"**라고 신 25:4절을 인용하여 말한 것이다. 그러므로 목회 사역에 대한 사례와 생활을 책임지는 문제는 자연법으로서의 이성적 판단과 관습에 근거하기 이전에, '하나님의 법'Jure Divino

으로서의 율법을 근거로 하는 필연적이고 필수인 문제이다.[1] 이처럼 말씀의 사역자인 목사와 교사에 대한 생활의 보장과 부양은, 장로교회뿐 아니라 회중주의의 교회에서도 분명하게 교회의 의무로서 강조하고 있는 문제이다. 그러므로 현대의 교회들에서 행 18:2-3절의 **"바울이 그들에게 가매 생업이 같으므로 함께 살며 일을 하니 그 생업은 천막을 만드는 것이더라."**는 말씀을 근거로, 공공연하게 '자비량'one's own expense을 당연시 하는 현상은 심지어 회중주의 교회의 운영원리에서조차 부정하는 심각한 오류와 태만을 야기하는 시류일 뿐인 것이다.

한편, 케임브리지 강령 2조에서는 **"이러한 부양함이 필수적인 의무와 그에 따른 채무와 같은 것을 요구하며, 또한 구호금이나 공짜 은사의 문제와 같은 것이 아니므로, 사람들에게는 그들이 이러한 문제에 있어서 무엇을 그리고 언제, 행할 것이냐 말 것이냐의 자유가 없으며, 주님의 규례와 명령된 의무들 이상의 다른 어떤 것이 아니"**라고 했으며, 또한 3조에서 더욱 이르기를 **"가르침을 받는 사람이 모든 선한 것을 가르치는 사람에게 제공하도록 명하되, 무엇을 또는 얼마를 주어야 할 것인지, 또한 어느 정도로 주어야 할 것인지를 임의에 두지 않았으며,**

---

[1] 이 점에서 제2치리서에서는 의도적으로 '분배'distribution라는 말을 사용하여, 교회의 재산에 대한 배분에 국한하여 언급하고 있는 것으로 보인다. 그러므로 "시 당국의 법과 보편적 관습에 따라"서 라는 제2치리서 1조의 문구는, 교회 재산의 분배에 관한 통상적인 배분의 당위성을 말하고 있는 것이지 말씀 사역자에 대한 교회의 부양 자체가 광범위하게 자연법이나 관습에 근거하여 규정됨을 말하는 것은 아니라고 이해해야 한다. 바로 그러한 통상적 시행이 얼마나 합리적인가에 관해서는, 프랑스 개혁교회 치리서 1장에서 그야말로 현실성 있는[목회자에 대한 대출의 언급에서와 같이] 시행으로 언급하고 있음을 볼 수가 있다.

오히려 전자는 물론이고 후자까지도 주님께 지시와 지정을 받도록 했다."고 명시하고 있다. 마찬가지로 제2치리서에서도 3조에서 이르기를 **"교회의 재산은 반드시 집사가 취합하고 분배하되, 그들은 교회에서 직분을 맡은 자로서 아무런 주의나 조심함이 없이 행하지 않고 하나님의 말씀이 정한 것을 따라서 집행하도록 한다."**고 규정한 것을 볼 수가 있다. 그러므로 회중교회와 장로교회가 공히 교회의 재산에 대한 분배의 문제, 혹은 목회자를 부양하는 문제에 있어서 교회 스스로가 임의로 결정하고나 규정하지 말고 성경에 명시된 사도들의 가르침이나 정한 것에 근거하며 따라야만 하는 것으로 규정함을 볼 수가 있다.

그런데 교회의 재산에 대한 분배의 문제, 혹은 목회자를 부양하는 문제를 성경에 명시된 사도들의 가르침이나 정한 것에 근거하며 수행함에 있어서 장로교회와 회중교회 사이에는 중요한 구별이 있으니, 그것은 장로교회가 교회 재산의 취합과 그것의 분배를 **"집사들"**deacons의 직무로서 언급하는데 반해 회중주의 교회의 케임브리지 강령에서는 그것을 **"사람들"**people이라 칭한 '회중'congregation의 의무로 규정하고 있다는 점이다. 그러므로 회중주의 교회정치에 있어서 목회자를 부양하는 문제를 성경에 명시된 사도들의 가르침이나 정한 것에 근거하며 수행함은 아주 광범위한 적용을 둔다 할 것인데, 정작 그러한 광범위한 회중들 가운데 성경에 명시한바 사도들의 가르침과 규정들에 대해 제대로 이해하고 실행할 수 있는 능력을 지닌 자, 그리고 더욱 그것에 대하여 **"그들 자신을 복종시킬 의무"**로 여길 수 있는 자들이 얼마일지를 생각한다면, 유스 디비눔Jus Divinum Regiminis Ecclesiastici 2권 10장에서 "어떠한 권세가 교회의 몸, 즉 신자들의 무리에게 맡겨졌는가? 명령의 권세, 아니면 재판의 권세? 하지만 성경에서는 이들 중 어느 것도 신자들의 무리에게 허락하지 않는다……명령의 권세가 신자들의 무리에게 맡겨진 적이 없다. 온 성도와 개별 신자 모두가 그 권세를 간섭할 수도 없고 간섭해서도 안 되기 때문"[2]이라고 하면서, "말씀전하는 장로들이 여러 가지 언어와 학문, 거룩한 판단을 하는데 있어서 충분한 자격을 갖추었는지를 모든 면에서 시험하고 판단할 수 있는 사람은 일만 명 중 한명도 없다. 공적인 훈계, 출교, 죄용서에 있어서 재판의 권세 역시 신자들에게 허용되지 않는다."고 함과 마찬가지로 목회자를 부양하는 문제를 성경에 명시된 사도들의 가르침이나 정한 것에 근거하며 수행하는 일을 "그들 자신을 복종시킬 의무"로 여길 수 있는 자들 또한 극히 소수에 불과할 것임을 분명하게 알 수가 있는 것이다. 심지어 집사들이라 할지라도 "교회에서 직분을 맡은 자로서 아무런 주의나 조심함이 없이 행하지 않고 하나님의 말씀이 정한 것을 따라서 집행"할 수 있는 신앙을 지닌 경우는 그리 많지 않은 것이 현실이다.[3]

또한 케임브리지 강령은 4조에서 이르기를 "단지 교회의 회원들members of churches뿐만이 아니라, 말씀가운데서 가르침을 받는 모든 자들

---

2 「유스 디비눔」Jus Divinum Regiminis Ecclesiastici, 191-2.

3 이와는 별도로, 제2치리서에서는 교회 재산의 취합과 분배가 '집사'의 직무라고 명시하지 않고 "집사들"deacons의 직무라고 명시함을 주목하라. 특히 "이 직무는 계속해서 집사들의 손에 맡겨졌으며, 교회의 모든 재산과 교회에 속한 모든 자산들이 누구에게든 독점되었을 때에는 적그리스도에 의해 부패되었음을 고대의 규정들이 증거 한다."고 한 문구에서 알 수가 있듯이, 그러한 직무는 단수의 집사가 아니라 다수의 집사들에 의해 수행되어야 하는 것이다. 그러므로 이런 점에서 집사들은 '당회'와 같은 치리기구로서가 아니라 '집사회'로서의 회의체를 이루어서 교회 재산의 취합과 분배에 관한 성경적 기준에 따르기를 힘써야 하는 것이다.

이, 모든 선한 것들에 있어서 가르치는 그에게 기여토록 하라."고 하면서, **"회중이 그들의 연보에 있어 부족함이 있는 경우에 있어서는, 집사가 저들의 의무를 다하도록 저들을 불러 모을 수 있으며, 만일에 그들의 부름으로 충분하지 않다면, 교회의 권한으로 그들의 회원들에게 그것을 요구해야 한다."**고 했다. 여기서도 회중주의의 원리는 기본적으로 교회의 모든 회중들에게 적용되는 것임을 알 수가 있는데, 이는 아마도 스코틀랜드 교회의 경우처럼 이미 잘 개혁된 장로교회정치가 확립되고 **"기독교 신앙을 고백하는 나라"**로서의 기틀이 다져지지 않은 가운데서 시작한 신대륙의 교회의 현실이 다분히 반영된 문맥으로 짐작된다. 즉, 신대륙 아메리카의 뉴잉글랜드 지역에서는 말씀의 사역자들이 절대적으로 부족했을 뿐만 아니라 그들을 청빙하고 부양할 연보에 있어서도 부족함이 있는 회중들이 많았던 것이다. 그러므로 회중주의에 바탕을 둔 교회의 운영과 회중들의 적극적인 역할과 그 수행을 당연하게 강조하는 문맥이라 하겠다. 그에 반해 제2치리서에서는 4조에서 **"교회 자산의 일부는 목사와 감독이 그들의 생계와 환대를 위해 사용하며, 다른 것들은 장로들과 집사들 및 모든 성직자들clergy이, 세 번째는 가난한 자, 병든 자, 그리고 나그네를 위해 쓰며, 그리고 네 번째는 교회의 기타 일들을 위해서와, 특별하고 비상적인 일들을 위해 쓰도록 한다. 우리들은 여기에 학교와 교사들schoolmasters 역시 포함하도록 했는데, 이는 그들을 교역자들 아래에서 동일한 것들을 소유하고 유지할 수 있어야 하는 사람들로 이해하기 때문이다. 또한 특별하지만 일반적인 경우로서, 회의체assemblies의 사무원들을 여기에 포함하며, 뿐만 아니라 교회 일반적인 일들을 담당하는 행정관들 혹은 대리**

인들, 시편송을 담당하는 자들, 그 외 교회의 다른 통상 직원들ordinary officers을 추가한다.”고 하여, 이미 잘 조직되고 관리된 교회의 운용이 이뤄지고 있음을 전제하고 있는 것을 볼 수가 있다.

그런데 한 가지 주목할 것은, 회중주의의 케임브리지 강령 4조에서 “교회의 권한이 인간의 부패로 인해 수행되지 못하거나, 목적을 달성할 수가 없다면, 관원은 느헤미야가 권장하는 모범으로부터 분명히 드러남과 같이, 목회가 제대로 수행되는지 지켜보아야 한다.”고 명시하고 있다는 점이다. 또한 계속하여 명시하기를 “관원들은 양부nursing-fathers 이자, 양모nursing-mothers, 두 방면의 보호관할custody의 책임을 진다. 왜냐하면 발생하지 않을 수도 있는 스캔들을 예방하는 것이 더욱 좋고, 쉬우며, 그러한 일이 발생했을 때 그것을 제거하는 것보다는 다스리는 것이 가장 적절하기 때문이며, 그것은 교회의 보살핌으로 각 사람이 규정에 따라서 그의 주제를 알도록 하고, 그가 무슨 일을 행하기 전에, 그가 무엇을 행해야 할 것인지를 알게 하여, 그의 판단judgment과 마음heart이 그가 행하는 일에 만족하도록 하고, 다만 그 행하는 일에 있어서 과오를 방지하게 하려 함이다.”라고 하여, 세속 관원의 교회에 대한 적극적인 역할을 명시하고 있는 것이다. 이는 제2치리서에 있어서도 기본적으로 동일하여, 제2치리서 4조에서도 “교회 일반적인 일들을 담당하는 행정관들syndics 혹은 대리인들procurators”에 대하여서도 교회의 재산이 사용될 수 있음을 명시하고 있는 것을 볼 수가 있다. 이는 얼핏 스코틀랜드 교회의 특수성, 혹은 뉴잉글랜드의 미약하고 취약한 교회들의 현실을 위한 세속 관원들의 적극적인 역할에 기댈 수밖에 없는 특수성으로 보일 수 있겠으나, 앞선 케임브리지 강령 3조와 4조의 전반부 문맥(특히 **"교회의 권한이 인간의 부패로 인해 수행되지 못하거나, 목적을 달성할 수가 없다면, 관원은 느헤미야가 권장하는 모범으로부터 분명히 드러남과 같이, 목회가 제대로 수행되는지 지켜보아야 한다."**고 한 것)에서 알 수 있듯이 성경에 근거하여 명시한 것이다. 마찬가지로 제2치리서에서도 3조에서 집사들의 직무에 대해 **"교회에서 직분을 맡은 자로서 아무런 주의나 조심함이 없이 행하지 않고 하나님의 말씀이 정한 것을 따라서 집행"**할 것을 명시하고 있는 것으로 볼 때에, 4조에서도 성경의 근거에 의해 그처럼 세속 관원들의 역할과 그에 대한 교회 재산의 사용을 명시하고 있는 것이라 하겠다.

끝으로 케임브리지 강령이 말씀의 사역자인 목사의 생활을 교회가 부담하는 것에 집중하여 명시하고 있는 것과 달리, 제2치리서에서는 **"불법적인 수단으로 교회 재산을 취하고, 또한 개인의 사적이거나 모독적인 용도로 전용"**하는 가증스런 행위를 금하도록 규정하고 있으며, 마찬가지로 프랑스 개혁교회 치리서에서도 43조에서 **"어떤 목사도, 목사라는 칭호 아래서의 유산Inheritance을 소유해서는 안 된다. 그러나 목사가 받는 사례비 혹은 기타 주택, 임대, 혹은 예산에 관한 부분은 전부 교회에서 안수하고 위임한 집사 혹은 다른 사람에 의해 관리된다. 그러한 수고를 통해 목사는 생활 지원금을 받으며, 탐심에 대한 모든 의심은 제거되고, 그러한 일이 세상의 염려로 인해 목사의 소명이라는 보다 더 중대한 의무를 소홀하게 해서는 안 된다."**고 하여, 목사의 교회 재산에 대한 탐심이나 흐트러짐을 분명하게 경계하고 있음을 볼 수 있다.

The Cambridge Platform

Chap XII:

회원들의 교회 입회admission

1. 지상에 있는 그리스도의 교회의 문은, 하나님의 정하심에 따라by God's appointment 선한 사람이든 악한 사람이든, 모든 부류의 사람들이 마음대로 자유롭게 들어갈 수 있도록, 활짝 열려 있어서는 안 된다. 그러나 회원으로 받아들여지는 자들은, 그들이 교회 모임church-society에 받아들여져 함께 모이기에 적합한지 그렇지 않은지의 여부를, 먼저 시험하고tried 검증해examined 보아야 한다. 에티오피아 내시는 그의 입회 전에, 그가 온 마음으로 그리스도를 믿었는지 아닌지에 관해 빌립

The Discipline of the Reformed Churches of France(1559)

Chap XI:

세례에 관하여

3. 어떠한 연령대의 유대인 혹은 이교도이든 간에, 기독교 신앙 가운데 먼저 교육을 받은 후에 세례를 받으며, 그의 고백으로 명백한 증거를 제시해야 한다.

4. 부모들 모두가 로마 교회의 회원인 자녀들, 그리고 출교된 자들Excommunicated Persons은 비록 그들이 경건한 보증인Sureties에 의해 인도되었다 할지라도, 아버지, 혹은 아버지가 없는 경우 어머니가 그것[세례 받는 것]을 동의를 하고 요청하지 않는 한, 그리고 그들의 권한을 보증인에게

에게 검증을 받았었다. 에베소 교회의 천사는 사도라고 말하지만 [사실은] 아닌 자들을 시험한 일로 말미암아 칭찬을 들었었다. 그들 스스로 믿는 자들이라 고백하는 자들을 시험하는 데에는 다 이유가 있는 것이다. 교회의 직분자들officers은 교회의 문을 지키는 책임이 있으며, 그런즉 들어오는 자들이 적합한지fitness 여부를 시험하기 위한 특별한 방법을 사용한다. 열두 천사가 성전 문 앞에 서 있는데, 이는 의식상ceremonially 부정한 자들이 성전에 들어가지 못하도록 함이다.

▶ 고후 23:19. 마 13:25, 그리고 22:12. 행 8:37. 계 2:2. 행 9:26. 계 21:12.

2. 모든 교회의 회원들church members에게 요구되는 것은, 죄로부터의 회개와 예수 그리스도를 믿는 믿음이다. 그런즉 이러한 것들은 사람들이 교회에 입회할 때에

넘겨주어 그들의 자녀들이 참된 종교 교육을 받게 하겠다는 약속을 하지 않는 한, 그리고 그들에게 교육을 받을 권리를 인정하지 않는 한, 우리의 개혁된 교회들에서는 세례를 받을 수 없다.

5. 집시들과 사라센Sarazins족의 자녀들은, 이전에 언급한 조건들 아래에서 우리의 개혁된 교회들 안에서 세례를 받을 수 있다. 그들이 이미 세례를 받지 않았다는 조건하에, 그리고 보증인은 먼저 신중하게 그들이 스스로 그들의 의무를 이해할 것인지를 고려하고 교회에 약속을 해야 하며, 더구나 그러한 보증인에 대해서는 그 자녀들의 종교적 교육을 맡겠다는 조건을 전제해야 한다.

6. 그 어떠한 세례라도 교회 회집Assemblies 외에 다른 곳에서 행할 수 없으며, 아울러 오직 조직된a formed 공적인 교회 안에서만

검토되어야 하는 것들이며, 또한 그런 다음에 그들은 그러한 것들이 실제로 그들에게 있다는 합리적인 사랑rational charity을 만족시킬 수 있는 그러한 종류로서 고백하며 공표해야hold forth만 한다. 세례 요한은 그들의 죄들을 고백하고 통회하는bewailing 사람들이 세례를 받는 것을 인정했다. 그리고 다른 이들은 그들이 나아와서, 고백하고 그들의 증거들deeds을 나타내 보였었다고 했다.

▶ 행 2:33-42, 그리고 8:37. 마 2:6, 행 19:13.

3. 아무리 연약한 믿음의 분량이라도 교회에 들어오기를 원하는 자들이라면 받아들여져야 하는데, 왜냐하면 연약한 그리스도인이 만일에 신실하다면sincere, 교회의 회원에게 요구되는 믿음, 회개와 거룩함의 본질substance을 가지고 있는 것이기 때문이다. 또한 그들의 확정과 은혜의 성장을 위

가능하다. 그러나 공적인 교회가 없는 경우, 또는 부모들이 병약한 상태여서 그들이 회중 가운데서 공적 세례를 받기 위해 출석하는 것을 두려워하는 경우에, 목사Ministers는 그들에게 얼마나 많은 것들을 양보를 해야 할 것인지를 논의토록 해야 한다. 하지만 그럼에도 불구하고 기도와 권고뿐만 아니라 교회의 어떤 면모는 있어야 할 것이다. 그러나 만일 교회가 없다면, 그리고 회중으로 모일 수가 없다면, 목사가 권고와 기도로, 믿음의 부모의 유아에게 세례를 주는 것까지 곤란하게 여길 수는 없을 것이다.

7. 우리는 주님으로부터 대부God-Fathers, 혹은 대모GodMothers의 명령을 받지 않았기 때문에, 우리의 아이들에게 세례를 베풀 수 있는 특정한 규정을 만들어서 사람들을 얽어맬 수 없다. 하지만 그것은 매우 고대의 관습으로,

한 규정들ordinances이 가장 필요하다. 주 예수께서는 꺼져가는 심지를 끄지 아니하시며, 상한 갈대를 꺾지 아니하시고, 그러나 그의 팔 안에 순한 양들을 모으시고, 품에 부드럽게 안으셨다. 그러한 사랑charity과 부드러움은, 만일 신실하다면sincere, 연약한 그리스도인을 배제되지 않고 낙담하지 않도록 하는 데에 사용되어야 한다. [따라서] 지나치게 엄격한 검증examination은 기피토록 한다.

▶ 롬 14:1. 마 12:20. 사 11:11.

4. 어떠한 사람이 과도한 두려움이나 다른 허약함으로 인해, 그들의 영적인 소유에 대한 개인적 고발 personal relation을 공적으로 발표할 수 없는 경우, 그에 대해 장로들은 은밀히 변제 의무를 받아들인 후에, 교회 앞에서 공적으로 그에 대한 고발을 다루되, 그것에 대한 그들의 동의assents를 입증하는 것으로 족하며, 이것이 가

선한 목적을 위하여 즉 보증인의 믿음을 증명하여 유아들에게 세례를 주기 위해 도입된 것이며, 또한 아이를 교육함으로 돌보는 일로서 죽음에 의해 부모들이 그것을 빼앗기는 경우의 책임을 다 해야 한다. 그리고 우정의 결합으로 신실한 자들 가운데서 행복한 공동체를 유지하며, 그것을 준수하지 않는 자들이 그들 스스로 그들의 자녀를 출석하게 하여 다툼거리가 되지 않도록 진지하게 대하며, 순종적이고 익숙한 질서에 따라 순응하는 것은 매우 선하고 유익하다.

8. 대부와 동행하지 않으며, 우리의 거룩한 기독교 개혁 신앙의 고백을 하지 않는 한, 여자는 자녀들로 세례를 받게 할 수 없다.

9. 다른 교회에서 온 보증인A Surety 은 아이를 출석해서 세례를 받게 할 수 없다. 다만 그가 속한 교회

장 건덕이 되는to edification 방법이다. 그러나 탁월한 재능greater abilities의 사람들이라면, 다윗 자신이 고백하듯이, 그들 자신의 입으로 친히 그들의 고발relations과 고백confessions을 하는 것이 최선이다.

▶ 시 46:16.

5. 개인적이고 공적인 고백과, 영혼에 역사하시는 하나님의 방식에 대해 선언함은 여러 측면들에서, 그리고 여러 가지 근거들 모두에 있어서 합법적이고, 편리하며, 유용하다. 행 2:37, 41절의 삼천의 그들은, 사도들에게 인정을 받기 이전에 베드로의 설교를 듣고 마음에 찔림을 받았음을 드러내었으며, 이제 그들의 양심을 상하게 했었던 그들의 죄로부터 해방되고자 하는 진정한 소망, 그리고 약속과 권면의 말씀을 기꺼이 받아들였다. 우리는 우리에게 있는 소망에 대한 이유를 묻는 모든 사에서 증명서a Certificate를 가지고 오는 경우는 예외로 한다.

10. 현재 세례를 받는 아이들은 충분한 나이 즉 최소한 14세가 되어야 하며, 주의 만찬상the Lord's Table에 참여할 수 있어야 한다. 또한 만일에 그들이 수년 동안 아주 고통을 겪는 경우, 그리고 여전히 복된 성찬the Lords Supper의 성례를 받지 못했다고 한다면, 그들은 성례에 참여해야 함을 신중하게 제기protest할 수 있으며, 또한 이를 위해 그들은 적절한 절차에 따라 문답을Catechised 해야 한다.

11. 수찬정지를 당한 사람은 그들의 수찬정지가 그들에 대하여 효력을 발휘하는 한, 아이를 데리고 나와 세례를 받게 할 수 없다.

12. 목사Pastors는 모든 대부와 대모가 세례예식에서 행한 약속을

람들에게 설명할 준비가 되어 있어야 한다. 그러므로 우리들은 어떠한 근거로라도 우리의 죄에 대한 회개repentance, 거짓 없는 믿음, 효과적인 부르심effectual calling을 선언하고 보여줄 수 있도록 준비되어 있어야 하는데, 왜냐하면 이러한 것들이 희망에 기초를 둔 충분한 이유이기 때문이다. 내가 주의 의를 그 큰 회중들로부터 숨기지 아니하였나이다. [시 40:10]

▶ 벧전 3:15. 히 11:1. 엡 1:13. 시 11:10.

6. 이러한 신앙과 회개의 고백은, 그들이 입회할 때에 반드시 해야만 하는 것으로, 이전에는 교회 공동체church-society 안에서 결코 찾아볼 수 없었던 것이다. 그러므로 이전에 다른 어느 교회의 회원members이었던 자들이라도, 이와 같이 행하는 것 외에는 어떤 다른 것에 의해서도 방해를 받지 않도록 해야 하며, 그들이 지금 회원

성실하게 이행할 것을 권면하고, 부모는 또한 자녀를 위하여 그러한 보증인을 선택하여 종교에 대해 잘 교육하며, 그리고 경건한 삶과 대화를 나누며, 또한 그들이 잘 알고 있는 분야들, 그리고 그들의 방법으로, 만일에 하나님의 섭리의 과정에서 필요하다면 이는 필시 그들의 자녀들에 종교교육a Religious Education을 받게 해야 할 것이다.

13. 그들의 대리인에 의해 로마교회 안에서 세례를 받고자 출석을 한 경우, 그들은 심각한 견책을 받아야 하는데, 왜냐하면 그들이 그 일을 통해 우상숭배Idolatry에 동의한 것이기 때문이다.

14. 목사Ministers는 가능한 경우에 세례를 받을 때 아이들에게 주어지는 이름[세례명]에 관련해서, 아직 옛 이교도로 남아있는 자들에게 어떠한 불편을 초래함 없이 거

으로 가입하는 교회에서도 동일한 것을 합법적으로 요구할 수 있다. 사도행전 2장에서 고백한 삼천 명은, 이전에는 유대인 교회의 회원들이었으며, 요한에게 세례를 받은 사람들도 마찬가지였다. 교회의 입회에는 오류가 있을 수 있으며, 빈번하게regularly 입회하는 사람들은 과오offence를 범할 수도 있다. 그렇지 않고, 만일에 교회가 그들의 회원들을 억지로 이끌거나, 또는 교회의 회원들이 합당한 시험trial이 없이 다른 교회에 억지로 들어갈 수 있다고 한다면, 그들을 검증examine하지 못하도록 함으로써 교회의 자유는 침해될 수밖에 없을 것이며, 그들이 친교communion에 적합한지 여부에 충족하지 못하도록 하는 문제를 야기할 것이다. 또한 그들의 자유를 침해하는 것 이외에도, 교회들이 그들 스스로 불가피하게 부패하고, 규례들ordinances이 더럽혀지더라도, 그러한 것들을 그

부할 수 있으니, 그들은 앞서 말한 아이들에게 성경에서 하나님을 가리키는 이름, 즉 임마누엘과 같은 이름이나 이와 비슷한 성격의 이름을 부여하지 않도록 한다. 더구나 부모들과 보증인은 거룩한 성경에서 인정한 이름을 취하도록 권면을 받아야 할 것이다. 또한 만일에 그들이 다른 것[다른 이름]을 원한다면, 그들의 [원하는 것은] 받아들여질 수 있으며, 다만 항상 앞서 언급한 것들과, 또한 부적절한 것들을 상징하는 이름은 예외로 한다.

15. 목사Ministers는 자신의 양떼들이 세례를 행할 때 스스로 위신을 떨어뜨리지 않도록 권면해야 한다. 또한 세례를 멸시하지 않도록 하며, 이는 심지어 우리의 회중 가운데 아주 많은 구성원들이 회집Assembly을 나감으로써, 또는 스스로 불손하게 굶으로써 너무 많이 표현되었는바, 어쩌면 미래

들이 거부하지 못하고서, 합당하지 않게 받아들여야만 할 것이다. [이는] 모든 교회들은 자매들이며, 따라서 동등하다equal고 가르치는 성경에 어긋나는 것이다.

▶ 마 3:5,6. 갈 2:4. 딤전 5:24. 아 8:8.

7. 같은 교회에서 태어난 회원들, 또한 회원 자격을 부여받았으며 그들의 부모들의 언약의 덕virtue으로 세례를 받은 그들의 유아 혹은 미성년자들이, 여러 해에 걸쳐 분별력을 발휘할 수 있게 자라서, 주의 만찬에 참여자가 되기를 바라면, 동일한 시험trial이 요구되어야 한다. 왜냐하면 합당하지 않은 자에게 거룩한 것이 주어지지 말아야만 하며, 그러므로 이러한 자들과 마찬가지로 다른 사람들이 그들의 시험과 검증에 나아와야 하고, 주의 만찬에 참석하기 전에, 그것에 대해 공개적으로 고백함으로써 그들의 신앙과

에는 피할 수 있을 것이니, 이러한 거룩한 성찬은 끝으로 시편을 부르기 전에 시행해야 할 것으로 판단되며, 또한 적어도 목사의 축도the Pastoral Blessing가 베풀어지기 전에 하도록 한다. 그리고 사람들은 세례의 시행에 있어서 스스로 목사와 같은Reverence 경건을 함께 지니도록 해야 하며, 성찬의 성례에서처럼 신중하게 행하도록 권고해야 한다. 예수 그리스도와 그의 모든 유익은 비슷하므로 두 성례 가운데 우리에게 동일하게 제시되었다.

16. 지교회 치리회Consistories는 그러한 사람들을 예의 주시할 것이며, 그와 함께 아무런 중대하고 긴급한 명분이 없이 그들 자녀의 세례를 오래도록 보류하지 않도록 하라.

17. 비록 믿는 남편의 아내가 반대되는 종교에 속했을 경우에, 만

회개를 명백히 나타내야만 하며, 그렇지 않으면 주의 만찬에는 참여할 수 없다. 그러나 그렇게 태어나거나 어린 시절에 [세례를] 받은 이러한 교회의 회원들은, 그들이 완전한 친교에 참여할 수 있게 되기 전에라도, 교회의 회원이 아닌 자들이 갖지 못한 많은 개인적 특권들을 가지고 있다. 그들은 하나님과 더불어 언약을 맺었으며, 그들은 그것으로부터의 인seal을, 즉 세례baptism를 지니고 있다. 그리고 만일에 중생하지 않았다 하더라도, 여전히 거듭나게 하는 은혜, 그리고 언약covenant과 인seal의 모든 영적 축복을 얻는 더욱 희망적인 방편을 지닌 것이다. 그들은 또한 교회의 지켜봄 아래에 있으며, 결과적으로 징계의 대상이 되며, 필요에 따른 그들의 치유와 교정을 위한, 견책reprehensions, 권계admonitions, 그리고 그에 따른 책망censures을 받을 수 있다.

▶ 마 7:6. 고전 11:2.

일에 그의 자녀가 로마 가톨릭교회에서 세례를 받고자 출석했다면, 그가 용서함을 받는 것은 현명하지 못하다. 그러므로 그[믿는 남편]가 자신이 최선의 힘을 다해서 그것을 막기 위해 애쓰지 않는 한, 그는 주의 만찬으로 나오도록 해서는 안 된다.

18. 모든 세례는, 주의 깊게 교회의 명부the ChurchBooks에 두 부모들의 이름, 보증인Sureties, 그리고 세례 받는 아이의 이름에 관해서 세례를 주는 목사의 손으로 직접 기재하고 등록하여 세례를 주도록 한다. 그리고 만일에 아이들이 세례를 받고자 출석했을 때에는, 부모와 보증인이 그들에 대한 메모를 가져올 의무가 있으며, 거기에는 아이의 이름, 부모와 보증인의 이름을 기재하고, 또한 출생일이 적혀 있어야 한다.

19. 사생아Bastards의 부모나 불법적인 연합Illegitimate Conjunction으로 생긴 자녀들의 이름도 세례 명부에 기록해야 하지만, 근친상간incest으로 태어난 자녀들에 대해서는 예외로 한다. 그러한 엄청난 악의 기억은 망각의 무덤 속으로 영원히 묻어야 할 것이다. 그러한 경우[사생아나 불법적인 연합으로 생긴 자녀들의 경우]에는 단지 어머니의 이름을 지명하는 것만으로, 또한 아이를 데리고 세례에 참석한 보증인이 함께 하는 것만으로 충분하다. 그리고 모든 불법적으로 태어난 아이들은 세례에서 그들이 거룩한 결혼생활로 태어났음을 언급하여 표해야 한다.

해설

앞서 케임브리지 강령 10장의 [교회와 [그 교회의] 장로회의 권세]라는 주제에서는, 5조에 이르기를 **"그리스도께서 교회의 몸과 형제회에 대해 부여하신 권세는, 교회가 행사하는 대권 또는 특권으로서, (1). 장로들이거나 집사들이거나 간에, 그들의 직분자들을 선출함. (2). 그들의 회원들의 입회함이며, 그러므로 그들이 그들의 교제권으로부터 어떠한 사람을 다시 제명할 권한을 가져야 하는 중요한 이유가 있는 것이다."** 라고 했는데, 이를 바탕으로 12장의 [회원들의 교회 입회]라는 주제에서 **"회원으로 받아들여지는 자들은, 그들이 교회 모임에 받아들여져 함께 모이기에 적합한지 그렇지 않은지의 여부를, 먼저 시험하고 검증해 보아야 한다."** 고 한 1조의 문구 또한 기본적으로 **"교회의 몸과 형제회"** 의 권세에 속하는 것이다.[1] 반면에 프랑스 개혁교회 치리서 (1559)에서 볼 수 있는바 장로교회의 교회정치에 있어서는 기본적으로 지교회의 치리회인 당회의 권세에 속하는 것이 바로 교회의 회원으로 받아들임이다. 이는 프랑스 개혁교회 치리서 11장 6조의 **"그 어떠한 세례라도 교회 회집 외에 다른 곳에서 행할 수 없으며, 아울러 오직 조직된 공적인 교회 안에서만 가능하다."** 고 한 문구에도 반영되는 것으로, **"조직된 공적인 교회"** 란 단순히 회중들의 회집을 일컫는 것

---

1 이는 "범과의 경우에 있어서, 어떠한 형제라도 범과한 형제를 설득하고 권계할 권한이 있는 것이다."라고 한 케임브리지 강령 10장 5조의 후반부 문구 가운데서도 확인된다.

이 아니라 지교회의 치리회[2]를 구성한 조직교회의 공적인 회집을 전제하는 말이다.

사실 케임브리지 강령 10장과 12장을 연계하여 볼 때에 회중주의 교회정치에 있어서는 치리의 권한이 철저히 지교회의 회중들로 이뤄진 형제회brotherhood와 교회의 직원들로 이뤄진 장로회 모두에게 있으므로, 완전하게 교회 자체만으로 분리된 형태로서의 치리회를 지향한다. 반면에 장로교회의 교회정치는 제네바 컨시스토리가 보여주는 것과 같이, 교회의 치리권과 더불어서 시 당국의 관원들 혹은 의회에 속한 장로들의 역할이 반드시 수반되어야 한다. 비록 그것이 점차 교회 자체로만 국한된 **'당회'**session로 대체되었을지라도, 스코틀랜드 제2치리서나 웨스트민스터 총회의 장로교회정치와 관련한 신앙고백과 교회정치의 문서에서 확인할 수 있는바와 같이 국가의 관원들이 교회를 위해 담당하여야 하는 치리적 기능을 분명하게 인정하는 것이 여전히 유지되었었던 장로교회정치의 원리인 것이다. 더욱이 웨스트민스터 총회 이후로 신대륙 아메리카로 이주한 회중주의적인 청교도들

---

2 지교회의 치리회는 초기의 '콘시스토리'Consistory와 이를 개선한 '당회'session가 있는데, 컨시스토리는 1541년에 스트라스부르에서 돌아온 장 칼뱅에 의해 시민들의 생활과 교회를 통합하기 위하여 조직된 제네바 컨시스토리Consistoire de Genève를 원형으로 삼는다. 즉 제네바 시의 목사들과 시 의회의 장로들로 구성된 제네바 시 내의 교회를 위한 치리기구를 원형으로 삼는 것이다. 하지만 그럼에도 불구하고 당시에 스위스의 다른 컨시스토리들이 시 당국의 치리권을 인정하여 세속 정부에 의해 지배를 받았던 것과는 다르게, 제네바 컨시스토리는 기본적으로 출교의 권한을 지니지 않고 오히려 그것을 교회에 두는 점에서 근본적인 구별이 있었다. 그러나 볼프강 무스쿨루스Wolfgang Musculus, 1497-1563, 하인리히 불링거Heinrich Bullinger, 1504-1575, 그리고 피터 버미글리Peter Martyr Vermigli, 1499-1562와 같은 개혁자들은 세속관원들이 교회문제를 책임지고 목사를 판결하며 출교권도 가지고 있는 것을 인정했었다. 한편, '당회'는 지교회 내의 목사와 장로들로만 구성된 교회 자체의 치리회라는 점에서 컨시스토리와는 조금 더 구별된 형태이다.

에 의해 미국의 헌법에 정교분리의 원칙이 명확히 제시되었음에도 불구하고, 초창기 미국에 이주한 청교도들[그 가운데서 회중파 청교도들까지] 모두가 세속 관원의 교회에 대한 역할을 상당부분 인정하고 공표하고 있다는 점에서 교회의 치리권에 관한 문제는 교회 자체에 국한해서만이 아니라 행정 당국의 역할이 상당부분 인정되는 선에서의 엄밀한 구별이 요구됨을 생각해야만 하는데, 일반적으로 이러한 사려는 장로교회 정치에서만 고려된다.

한편, 케임브리지 강령에서는 1조에서 **"회원으로 받아들여지는 자들은, 그들이 교회 모임에 받아들여져 함께 모이기에 적합한지 그렇지 않은지의 여부를, 먼저 시험하고 검증해 보아야 한다."**고 하면서, 행 8:26절 이하의 본문에 기록된 에티오피아 내시와 빌립의 경우를 제시한다. 즉 **"에티오피아 내시는 그의 입회 전에, 그가 온 마음으로 그리스도를 믿었는지 아닌지에 관해 빌립에게 검증을 받았었다."**고 명시한 것이다. 반면에 프랑스 개혁교회 치리서에서는 3조에서 명시하기를 **"어떠한 연령대의 유대인 혹은 이교도이든 간에, 기독교 신앙 가운데 먼저 교육을 받은 후에 세례를 받으며, 그의 고백으로 명백한 증거를 제시해야 한다."**고 한 것을 볼 수가 있는데, 특별히 **"먼저 교육을 받은 후에 세례를"** 받아야 한다고 명시함으로써 개혁된 교회의 새로운 회원을 받음에 있어 '세례 교육'의 선행을 제시하고 있는 것을 볼 수가 있다.[3]

---

3 마찬가지로 프랑스 개혁교회 치리서 5조에서도 "그러한 보증인에 대해서는 그 자녀들의 종교적 교육을 맡겠다는 조건을 전제해야 한다."고 명시하고 있다.

이처럼 케임브리지 강령과 프랑스 개혁교회 치리서와 같은 장로교회 정치에 바탕을 두는 교회정치 사이의 차이점에는, 개인의 신앙고백과 시험이라고 하는 케임브리지 강령의 회중주의 입장과 세례 교육을 전제하는 신앙고백으로서의 명백한 증거라는 프랑스 개혁교회 치리서의 관점이 명확히 대조됨을 볼 수가 있다. 이후로 케임브리지 강령은 2조에서 **"모든 교회의 회원들에게 요구되는 것은, 죄로부터의 회개와 예수 그리스도를 믿는 믿음이다. 그런즉 이러한 것들은 사람들이 교회에 입회할 때에 검토되어야 하는 것들이며, 또한 그런 다음에 그들은 그러한 것들이 실제로 그들에게 있다는 합리적인 사랑을 만족시킬 수 있는 그러한 종류로서 고백하며 공표해야만 한다."**고 했으며, 또한 3조에서도 **"연약한 그리스도인이 만일에 신실하다면, 교회의 회원에게 요구되는 믿음, 회개와 거룩함의 본질을 가지고 있는 것"**이라고 했다. 그러므로 회중주의의 케임브리지 강령에서는, 프랑스 개혁교회 치리서에서 언급하는 것과 같은 세례 교육과 그 교육에 바탕을 둔 명백한 신앙고백[즉 교리의 고백]보다는 개인의 회개와 기독론적인 단순한 형태의 믿음을 전제하는 개인적 차원에서의 신앙과 신실함 정도로 완화된 신앙고백의 요구와 시험을 제시하고 있음을 알 수가 있다.[4]

---

4 실제로 케임브리지 강령 3조에서는 말미에 명시하기를 "그러한 사랑과 부드러움은, 만일 신실하다면, 연약한 그리스도인을 배제되지 않고 낙담하지 않도록 하는 데에 사용되어야 한다. [따라서] 지나치게 엄격한 검증은 기피토록 한다."고 했다. 하지만 이와는 별개로 회중주의의 교회사에서는 존 코튼John Cotton, 1585-1652과 같은 인물을 중심으로 그리스도께서 우리에게로 오실 길을 예비해야 한다고 하는 은혜와 회심을 위한 '준비론'을 강조하였으며, 토머스 굿윈Thomas Goodwin, 1600-1680과 예레미야 버로우즈Jeremiah Burroughs, 1599-1646에 의해 웨스트민스터 총회에 초대되었던 존 코튼은 하나님의 이름을 망령되이 일컬었으며, 사람들을 현혹하여 미신을 숭배하도록 한 로마 가톨릭의 이단자들은 반드시 사형에 처해야 한다고 하는 강력한 주장을 제시하기도 했다.

사실 케임브리지 강령에서 보여주는 회중주의 교회정치의 원리에서 교회 입회와 관련한 핵심적인 관심과 장로교회정치의 원리에서 교회 입회의 절차에 있어서의 핵심적인 관점 사이의 차이를 확인할 수 있는 것이 바로 행 8:26절 이하의 빌립과 에티오피아 내시 사이에서 이뤄진 대화와 세례에 관한 해석의 차이일 것이다. 즉 케임브리지 강령 1조에서는 행 8:26절 이하의 본문에 관해서, 에티오피아 내시가 교회로 입회하기 전에 그가 온 마음으로 그리스도를 믿었는지 아닌지에 관하여 빌립에게 검증을 받았었던 것으로 해석하는 것이다. 반면에 칼뱅은 그의 사도행전 주석에서 이 본문에 관해 설명하기를 "누가는 어떻게 해서 복음이 에티오피아인들에게 미치게 되었는가 하는 점을 여기서 기록하고 있다."고 하면서, "그는 오직 한 사람이 그리스도 신앙으로 개종한 사건을 기록하고 있지만, 그러나 이 사람이 그 나라에서 차지하는 큰 권위와 권세를 생각하면 그의 신앙은 그 향기를 곳곳에 내뿜었을 수 있다."고 설명한다. 아울러 그 에티오피아 내시가 빌립을 청한 것에 관해 주석하기를 "내시가 자신을 위한 해설자와 교사를 청했다는 점은 또 다른 그의 겸손의 예이다.……여기에 나오는 내시는 말 없이 빌립을 맞아들여 가르침을 청하고 있다."고 했으니, 한마디로 빌립은 에티오피아 내시를 검증한 것이 아니라 오히려 에티오피아 내시의 청함 가운데서 그에게 성경 본문[사 58:7-8절 본문[5]]의 의미 가르치는

---

5 즉 "그가 도살자에게로 가는 양과 같이 끌려갔고 털 깎는 자 앞에 있는 어린 양이 조용함과 같이 그의 입을 열지 아니하였도다. 그가 굴욕을 당했을 때 공정한 재판도 받지 못하였으니 누가 그의 세대를 말하리요 그의 생명이 땅에서 빼앗김이로다."라는 인용구인데, 사 53:7-8절 본문 자체는 "그가 곤욕을 당하여 괴로울 때에도 그의 입을 열지 아니하였음이여 마치 도수장으로 끌려 가는 어린 양과 털 깎는 자 앞에서 잠잠한 양 같이 그의 입을 열지 아니하였도다. 그는 곤욕과 심문을 당하고 끌려 갔으나 그 세대 중에 누가 생각하기를 그가 살아 있는 자들의 땅에서 끊어짐은 마땅히 형벌 받을 내 백성의 허물 때문이라 하였으리요."라고 기록되어 있다.

해설자와 교사의 역할을 수행했던 것으로 설명한 것이다.[6]

그런가하면 케임브리지 강령 7조에서는 **"같은 교회에서 태어난 회원들, 또한 회원 자격을 부여받았으며 그들의 부모들의 언약의 덕으로 세례를 받은 그들의 유아 혹은 미성년자들"**의 경우를 언급하면서, **"여러 해에 걸쳐 분별력을 발휘할 수 있게 자라서, 주의 만찬에 참여자가 되기를 바라면, 동일한 시험이 요구되어야 한다."**고 했다. 또한 **"그들은 또한 교회의 지켜봄 아래에 있으며, 결과적으로 징계의 대상이 되며, 필요에 따른 그들의 치유와 교정을 위한, 견책, 권계, 그리고 그에 따른 책망을 받을 수 있다."**고도 명시하고 있는데, 한마디로 온 교회 whole church가 **"그들의 부모들의 언약의 덕으로 세례를 받은 그들의 유아 혹은 미성년자들"**을 지켜보며 시험해야 한다고 한 것이다. 반면에 프랑스 개혁교회 치리서에서는 16조에서 명시하기를 **"지교회 치리회는 그러한 사람**[즉 세례를 받은 대상자]**들을 예의 주시할 것이며, 아무런 중대하고 긴급한 명분이 없이 그들 자녀의 세례를 오래도록 함께 보류하지 않도록 하라."**고 했다. 그러므로 세례를 받거나 교회에 입회

---

6 빌립이 주의 사자가 "일어나서 남쪽으로 향하여 예루살렘에서 가사로 내려가는 길까지 가라"고 명하는 대로 길을 나섰을 때에, "그 길은 광야"길이었다. 그리고 에티오피아 내시는 이미 "예배하러 예루살렘에 왔다가 돌아가는" 길이었으니, 주의 사자가 빌립을 보낸 것은 교회로 그를 받아들이도록 하려는 것이 아니라 이방 땅 에티오피아의 모든 국고를 맡은 관리인인 그 내시가 극복하지 못하는 성경에 대한 의문을 풀어주도록 함이었음을 이후 문맥 가운데서 확인할 수 있다. 더구나 그 내시는 이미 외적으로 신앙과 믿음의 증거를 충분히 보여주었는데, 멀리 에티오피아에서 예루살렘까지 예배하러 행차한 것도 그렇고 노정에서 성경을 주변에서 들을 수 있을 만큼 크게 소리 내어 읽었던 것이 그러하다. 하지만 그는 이사야서를 읽으면서 빈번히 등장하는 예수 그리스도에 대한 암시와 예표들을 알지 못했고, 빌립은 사 53:7-8절 본문을 시작으로 "예수를 가르쳐 복음을 전하"였던 것이다. 즉 빌립은 이 때에 세례교육을 시행한 것이었으며, 그 교육은 개인적인 신앙의 고백이 아니라 성경에 담긴 예수와 복음에 관한 이해와 동의의 고백이었던 것이다. 그러므로 에티오피아 내시와 빌립은 그러한 세례교육을 바탕으로 수레를 멈추고서 물에 내려가서 세례를 행했던 것이다.

하게 될 대상자들[그들이 유아세례를 받은 자들이건 성인세례를 받을 자이건 간에]에 대하여 케임브리지 강령에서는 온 교회가 지켜보고 시험해야 하는 것으로 규정하고 있는데 반해, 프랑스 개혁교회 치리서나 여타한 장로교회들의 치리서들에서는 기본적으로 그것이 지교회의 치리회[그것이 컨시스토리이건 당회이건 마찬가지다]가 담당할 일로 규정하고 있다는 차이를 볼 수가 있다.

안타깝게도 오늘날 대부분의 장로교회들에서 교회의 회원으로 받아들이는 입회에 있어서 **"지상에 있는 그리스도의 교회의 문은, 하나님의 정하심에 따라 선한 사람이든 악한 사람이든, 모든 부류의 사람들이 마음대로 자유롭게 들어갈 수 있도록, 활짝 열려 있어서는 안 된다."**고 하는 케임브리지 강령의 조항이 명시하는바 조차도 제대로 이해하고 실천하지 못하는 실정이다. 그런 가운데서 오히려 온 교회가, 그야말로 그 사람이 어떠한 사람인지조차 확인하지 못한 가운데서 무분별하게 교회로 입회시키는 것이 현실이다. 그러므로 **"기독교 신앙 가운데 먼저 교육을 받은 후에 세례를 받으며, 그의 고백으로 명백한 증거를 제시해야 한다."**고 한 프랑스 개혁교회 치리서 3조의 문구와 관련해서는 더더욱 그 이해와 실천이 빈약한 현실이다.

The Cambridge Platform

Chap XIII:

교회 회원의 다른 교회로의 이동, 추천 및 해임

The Form of Presbyterial Church Government(1645):

개별 회중Particular Congregations 에 관하여

1. 교회의 회원들은 교회를 옮기거나 떠날 수 없으며, 또한 그렇게 해야할만한 정당하고 중대한 이유가 없이는 서로 간에 그들 자신이 하고 싶은 대로 행하지 않으며, 다만 함께 머물러dwell together 살아가야 한다. 그들이 함께 모이기를 폐하지 말라는 명령을 받은 만큼 말이다. 그러한 이탈 departure은 건물에서 돌과 목재 조각들을 끄집어내는 것과 같이 몸의 분해dissolution와 파멸ruin을 가져오는 것이며, 또한 자연적인 몸the natural body으로부터 구성원들members을 끌어내어서 전체를

정착한be fixed 회중들이 있는 것은 합법적이고 적절한expedient 것으로, 그것은 공적 예배를 위하여 통상적 회집assembly ordinarily 가운데로 모이는 그리스도인들의 일정한 회합a certain company이다. 신자들의 수가 늘어나서 그들이 한 장소 안에서 편리하게 모일 수가 없다면, 그들에게 주어진 그러한 규례들을 더 잘 수행하고 상호간 의무들을 더욱 잘 이행하기 위해 서로 구별되고 정착한 회중distinct and fixed congregations으로 나누어야 하는 것 역시 합법적이요 적절한 것이다.

파괴하는 것과 같다.

▶ 히 10:25.

2. 그러므로 교회 회원들은 권면
counsel을 받을 수 있는 시간과 장
소에서, 그들 자신이 회원인 교
회와 이동removal에 대해 상의하
여 승인을 받거나, 그에 따라서
격려를 받으며, 다른 방법으로
그만둘 수 있는 의무duty가 있는
것이다. 동의consent와 더불어서
합류한 자들은, 강제로 그들에게
서 제하여지는except 경우를 제외
하고는, 동의 없이 떠나지 말아
야 한다.

▶ 잠 11:16.

3. 만일에 회원의 이탈departure이
명백히 위험하며 죄악 된 경우라
면, 교회는 그것에 대해 허락하
지 않을 수 있다. 그들의 이탈을
허락하는 것은, 그들이 믿음 가
운데서 행하지 않도록 하는 것이
며, 또한 그들과 더불어서 그의

구별된 회중으로 그리스도인들을
나눌 때에, 덕을 세우는 통상적인
방법은 그들의 거주지의 경계를 따
르는 것이다.

[그 이유는] 첫째로, 함께 거주하는 자
들은 모든 종류의 도덕적인 의무들
에 매어 있으니, 서로 가까이 거주
함으로써 그 의무들을 이행할 기회
가 더욱 많아지기 때문이다. 더욱
이 그러한 도덕적 결속moral tie은
항구적perpetual이니, 그리스도께서
는 율법을 폐하러 오신 것이 아니
요 완성하러 오셨기 때문이다.

둘째로, 성도의 교제The communion
of saints는 외모를 고려하지 않고 가
장 편리하게 규례들ordinances을 사
용하며 도덕적 의무들moral duties을
실행하기에 가장 적절하게 조정되
어야만 하기 때문이다.

셋째로, 목사와 교인들은 한 쪽이
다른 한쪽에 행해야 하는 상호간의

죄에 동참하는 것이기 때문이다. 만일에 그 일이 못미더우며, 설득이 되지 않는 사람이라고 한다면, 그 문제를 하나님께 맡기고, 그를 억지로 못가도록 붙들지 않는 것이 최선일 것이다.

▶ 롬 14:23. 딤전 5:22. 행 21:14.

4. 회원이 그 스스로 교회로부터 이탈하는 것removal에 대한 합당한 이유는, (1). 만일에 죄에 참여하지 않고서는 [교회에 속하기를] 계속할 수가 없거나, (2). 개인에 대한 종교적 박해persecution의 경우이다. 그 때문에 바울은 다메섹에서 제자들로부터 떠났던 것이다. 또한 광범위하게general 종교적 핍박을 받는 경우라면, 모든 자들이 뿔뿔이 흩어질 수밖에 없다. (3). 최저생계의 만족을 가장하여 원하는 경우뿐만 아니라 실재의 경우에 있어서도, 영적인 건덕spiritual edification의 수단으로써와 더불어서, 더 나은 [영적]

의무들을 가장 적절히 수행할 수 있도록, 서로 가까이에 살아야 하기 때문이다.

이러한 회합company 가운데서 일부는 직무office를 맡기 위해 구별되어야 한다.

Acta of the Synod of Dordt(1618-1619)

제62조[1]:

회원 증명서

1. 자매교회로 이동하는 수찬 회원에게는 회중에게 광고한 후에 당회를 대표하여 당회원 두 분(통상적으로 의장과 서기)이 서명한 그 회원의 교리와 생활에 관한 증

---

1 이 부분은 허순길,「개혁교회 질서 해설. 도르트 교회 질서」(광주: 셈페르 레포르만다, 2017), 419에서 발췌한 것이다.

공급을 위해 다른 곳으로의 문이 열려 있는 것이다. 이러한 경우, 혹은 이와 유사한 경우에 있어서, 회원은 적법하게 이탈할 수 있으며, 또한 교회는 합법적으로 그를 못가도록 붙들 수 없다.

▶ 엡 5:11. 행 9:25,29,30, 그리고 8:1. 느 13장.

5. 그들의 거룩한 친교를 멸시하거나, 탐심이나 더 큰 확장을 위하여 교회에서 떠나는 것은, 교회에 슬픔만을 안겨주는 것이다. 또는 분열하여 나가는 것이나, 사랑의 부족, 그리고 어떠한 불친절의 이유로 논쟁의 영a spirit of contention에 의해 떨어져 나가거나, 단지 마음가운데서 혹은 교회 안의 어떠한 진정한 악, 혹은 온유의 영a spirit of meekness으로부터 용인되고 고쳐질 수 있으며, 또한 고쳐져야 하는, 그리고 교회가 그러한 악에 대하여 아직 확신을 가지거나(비록 그 자신일

명서[이명서]를 주어야 한다.

2. 비 수찬 회원의 경우에는 이러한 증명서를 관련된 교회의 당회에 직접 보내야 한다.

3. 자매교회가 없는 지역으로 이동하는 분들은 그들의 요구를 따라 이전 주거지 교회의 회원권을 유지하게 하거나, 가장 가까운 자매교회에 회원증을 보낼 수 있다.

지라도) 경고하지도 않은, 이러한 혹은 유사한 이유로 공적인 교제public communion, 말씀word 가운데서, 혹은 인들seals, 혹은 책망censures으로부터 탈퇴하는 것은, 불법이며 죄일 뿐이다.

▶ 딤후 4:10. 롬 16:17. 유 19. 엡 4:2,3. 골 3:13. 갈 6:1,2.

6. 질서에 따라have orderly 그들의 거주지를 옮겨간removed 그 같은 회원들은, 만일 그럴 수 있다면, 그들이 거주하는 곳의 질서 가운데서in order 그 곳의 교회에 스스로를 입회시켜야 한다. 그렇지 않으면 그들은 회원으로서의 권리와 의무를 모두 다 수행할 수가 없게 된다. 어떤 이들에게는 용인됨과 같은 그러한 예는, 다른 이들을 부패시키기가 쉬우며, 만일에 많은 사람들이 따라 행한다면 성경과는 반대로 교회들을 해체시키고 혼란을 초래할 우려가 있을 것이다.

▶ 사 46:8. 행 9:26. 고전 14:33.

7. 이같이 옮겨간 회원은, 그가 아
직 소속되어 있는 교회로부터,
그가 입회하기를 희망하는 교회
로 이명dismission한다는 증명서
letters testimonial를 가지고 있는
질서가 필요하며, 이는 교회가
미혹되지 않도록 하기 위함이다.
이는 교회로 하여금 믿음으로 그
를 영접하고 미혹하는 자들, 그
리고 거짓 형제들을 영접함으로
인해서 부패하게 되지 않게 하려
함이다. 이명한 사람이 다른 교
회로 받아들여지기까지 자신이
속했었던 교회의 회원인 것이,
그의 이명서letters of dismission로
인해 중지되지 않는다. 교회는
회원을 파문excommunication이 아
니고서는 회원이 아닌 것으로 만
들 수 없다.
▶ 행 18:27.

8. 만일에 [어떤] 회원이 교회가 있는 곳에서 한동안 옮겨가도록 요구되는 경우라면, 규례들ordinances 가운데서, 그리고 그들을 살펴 봄 아래, 교회와 더불어 교감하기 위한 충분한 시간들과 추천서 letters of recommendation가 필요하다. 겐그레아에 있는 교회의 종 뵈뵈Phoebe를 위하여 로마에 있는 교회에 편지를 썼던 것이, 그녀가 성도saints로 받아들여지게 하려는 것이었던 것과 같이 말이다.

▶ 롬 16:1,2. 고후 3:1.

9. 그러한 추천서letters of recommendation와 이명서letters of dismission는 아볼로를 위해, 마가Marcus는 골로새사람들에게, 뵈뵈는 로마사람들에게, 다른 교회들의 여러 다른 이들을 위해 작성되었었다. 또한 사도는 우리에게 이르기를, 비록 그에게는 그것이 필요하지 않았지만, 기타의 다른

점들이 충분하게 알려져 있지 않은 일부의 사람들에게는, 그러한 증서letters가 특별히 필요하다고 했다. 그러한 것들[추천서와 이명서]의 사용은 그것에 기록된 당사자들에게 유익과 도움이 되는 것으로, 그가 가는 곳에서 성도들 가운데로 그를 받아들이는 것을 더욱 증진하며, 성도들이 그를 영접함에 있어서 합당한 충족을 얻게 한다.

▶ 행 18:27. 골 4:10. 롬 16:1. 고후 3:1.

해설

케임브리지 강령 13장 1조에 명시하고 있는바 **"교회의 회원들은 교회를 옮기거나 떠날 수 없으며, 또한 그렇게 해야할만한 정당하고 중대한 이유가 없이는 서로 간에 그들 자신이 하고 싶은 대로 행하지 않으며, 다만 함께 머물러**dwell together **살아가야 한다.⋯⋯그러한 이탈** departure**은 건물에서 돌과 목재 조각들을 끄집어내는 것과 같이 몸의 분해**dissolution**와 파멸**ruin**을 가져오는 것이며, 또한 자연적인 몸**the natural body**으로부터 구성원들**members**을 끌어내어서 전체를 파괴하는 것과 같다."**라는 문구는, 그들이 잉글랜드를 떠나는 항해를 시작할 당시에 잘 알려진 두 가지 발언에서 보여준 태도를 이해할 수 있도록 한다.

회중주의 청교도들이 잉글랜드를 떠나면서 한 첫 번째 공식적 발언은 프랜시스 히긴슨Francis Higginson, 1588-1630[1] 목사가 잉글랜드로부터 작별을 고하며 말한 것 가운데서 찾을 수 있는데, 1629년 5월 1일 와이트 섬에서 그가 타고 온 배가 잉글랜드 땅의 끝을 지날 때에 그는 배의 고물에 승객들을 불러 모아놓고서 이렇게 말했다.[2]

---

1 뉴잉글랜드 식민지의 초기 청교도 목회자이자 매사추세츠 세일럼Salem의 첫 목회자였다.

2 여기서 발췌하는 글들은 헨리 와일더 푸트Henry Wilder Foote, 1875-1964가 1948년 3월에 매사추세츠 역사학회Massachusetts Historical Society의 회의에서 발표한 소논문에서 인용한 것을 재인용한 것이다. 참고로 헨리 와일더 푸트는 그리스도의 신성을 부인하는 단일신론주의unitarianism교파의 목사이자 학자, 그리고 교사이자 찬송작곡자였다.

"우리는 분리주의자들이 영국을 떠날 때에 자주 했었던 말처럼 '바빌론이여 안녕! 로마여 안녕!'이라고 말하지 않을 것이다. 우리들은 '사랑하는 잉글랜드, 영국에 있는 하나님의 교회, 거기에 있는 모든 기독교인 친구들과 작별을 고한다.' 말할 것이지만, 우리는 잉글랜드 국교회의 분리주의자로서 뉴잉글랜드로 가는 것이 아니다. 우리는 잉글랜드 교회 안에 있는 부패로부터 분리할 수밖에 없을 뿐이다. 다만 우리들은 교회 개혁의 긍정적인 부분들을 실천하고 미국에 복음을 전파하러 가는 것이다."

잉글랜드를 떠나온 회중주의 청교도들의 입장이 무엇이었는지를 더욱 확실하고 적절하게 파악할 수 있는 진술은, 그들이 잉글랜드를 떠나는 항해 전날인 1630년 4월 7일에 존 윈스럽John Winthrop, 1588-1649[3]과 그의 회사의 다른 6명의 지도자가 서명한 '겸손한 청원'The Humble Request에서 찾아볼 수가 있는데, 이는 그들이 출발한 이후에 런던으로 보내서 인쇄했던 것이다. 이 청원서의 저자는 전통적으로 잉글랜드 도체스터Dorchester의 존 화이트John White 목사에게로 돌리지만 그는 신대륙 뉴잉글랜드에 도착하지 않은 인물이었으므로, 오히려 그보다 더욱 유력한 작성자는, 이 청원서의 서명자 중 한 사람이기도 했었던 조지 필립스George Phillips, 1593-1644.[4]목사로 추정된다. 필립스 목사는 아르벨라Arbella호의 목사로 봉사했으며, 매사추세츠Massachu-

---

3 17세기에 다수의 청교도를 신세계로 이끈 정치인으로, 1629년에 매사추세츠만 식민지로의 이주에 참여하여 1630년 4월 8일에는 신대륙 최초의 주지사로 선출되었다.

4 그는 잉글랜드 정착민 그룹의 리처드 솔튼스톨Richard Saltonstall과 함께 찰스 강을 따라 1630년에 매사추세츠주 워터타운에 정착했다.

setts주 워터타운Watertown의 초대 목사였다. '겸손한 청원'은 이민자들의 동기와 의도를 비판하려는 잉글랜드 사람들에게 보내는 이해와 영적인 교제를 위한 탄원으로서, 그 내용을 보면,

"……우리는 본인의 통지를 당신이 기쁘게 받아 주시기를 바라며, 또한 우리 단체의 대부분은, 우리들이 태어난 때로부터 잉글랜드 교회를 우리의 사랑하는 어머니라 부르는 것을 영광으로 여기는 사람들로서, 교회가 특별히 거하는 곳에서 마음에 수없이 많은 슬픔과 우리 눈의 수많은 눈물이 없이는 우리의 조국과 헤어질 수 없으며, 우리의 공통의 구원에서 얻은 것과 같은 희망과 자질들을 교회의 품에서 받았고, 교회의 가슴으로부터 취했다는 것을 늘 인정합니다. 그러므로 우리는 그곳에서 우리가 양분으로 공급받았던 그 젖을 미워하지 않습니다. 그러나 같은 한 몸의 지체로서 혈통과 가르침에 대하여 하나님께 영광을 돌리며, 교회의 선함 가운데서 항상 기뻐하고, 교회에 닥칠지 모르는 그 어떤 슬픔에 대해서든 거짓 없이 슬퍼하며, 우리가 숨을 쉬는 동안에, 그리스도 예수의 왕국 가운데 있는 교회의 확장과 더불어, 교회의 안녕이 지속되고 풍요로워지기를 진심으로 원하며 진력하는 바입니다.……당신의 은밀한 이웃들의 필요와 곤경을 당신의 회중들의 기도에 맡기는 당신의 자선은, 일반적이며 칭찬할 만한 행실입니다. 당신 자신의 간장에서 솟아나는 교회를 위한 마음으로 이와 같이 하십시오.……하나님의 영이 사도 바울을 감동시키시어, 로마의 식민지였던 빌립보 교회를 계속해서 언급하게 했다는 사실을 당신은 모르지 않습니다. 우리는 당신의 마음 안에 놓인 동일한 영

으로서 당신에게 간청하노니, 주께서 기억하는 자들이며 연약한 식
민지인들인 우리를 위해 쉬지 않는 기도로 계속해서 하나님께 간구
해주시기를 바랍니다.……우리가 광야에 있는 가난한 오두막집에서,
원망의 정신으로 빛을 잃고 있을 때에, 다양한 필요들과 시련으로 인
해, 전혀 예상치 못한 일이 일어나거나, 우리에게 무익하게 되지 않
기를 바랄 수 있을 것입니다.……'우리나라에서 발끝으로 선 종교는,
아메리카의 해안으로 건너갈 준비가 되었다.'"

이러한 인용과 자료들은 잉글랜드 국교회에 대한 초기 청교도 이민자
들의 태도를 보여주는 것으로, 그 가운데서 우리들은 그들이 비록 분
리주의적인 맥락을 따랐으면서도 신앙과 의식 가운데에 교회에 대한
분리에 관한 강한 경계심을 여전히 지니고 있었음을 파악할 수가 있
다. 그러므로 케임브리지 강령 1조에서 **"교회의 회원들은 교회를 옮기
거나 떠날 수 없으며, 또한 그렇게 해야할만한 정당하고 중대한 이유
가 없이는 서로 간에 그들 자신이 하고 싶은 대로 행하지 않으며, 다만
함께 머물러 살아가야 한다."**고 명시한 것이다.[5]

그런데 잉글랜드와 스코틀랜드의 장로교회와 대륙의 개혁교회들의
치리서들을 살펴보면, 케임브리지 강령 13장 1조에 명시하고 있는바
"교회의 회원들은 교회를 옮기거나 떠날 수 없으며, 또한 그렇게 해야

---

5 이러한 케임브리지 강령의 문구와 그들 역사의 실재 배경을 살펴보면, 동시에 그들의 태도와 입장
이 모순적이고 더욱 신중하게 고려되지 않은 것이었음을 짐작케 한다. 그들이 비록 기존 교회, 예
컨대 잉글랜드의 교회로부터의 분리를 추구하지 않았을지라도 실재 그들의 행적은 분리였으며, 4
조에서 언급하는 이탈의 합당한 근거들이 고스란히 그들이 잉글랜드로부터 떠나온 이유와 명분이
었음을 볼 수가 있는 것이다.

할만한 정당하고 중대한 이유가 없이는 서로 간에 그들 자신이 하고 싶은 대로 행하지 않으며, 다만 함께 머물러 살아가야 한다."고 하는 규정과 같은 것을 찾아볼 수가 없으며, 다만 도르트레흐트 교회정치 Acta of the Synod of Dordt 제62조에서 **"1. 자매교회로 이동하는 수찬 회원에게는 회중에게 광고한 후에 당회를 대표하여 당회원 두 분**(통상적으로 의장과 서기)**이 서명한 그 회원의 교리와 생활에 관한 증명서[이명서]를 주어야 한다."**고 하여, 교회 회원의 이동 범위를 동일한 교단에 속한 **"자매교회"**[6] 정도에 국한하고 있는 것을 볼 수가 있다. 아울러 **"3. 자매교회가 없는 지역으로 이동하는 분들은 그들의 요구를 따라 이전 주거지 교회의 회원권을 유지하게 하거나, 가장 가까운 자매교회에 회원증을 보낼 수 있다."**고 하여, 기본적으로 개별 교회가 속한 교단의 범위를 벗어나지 않도록 규정하고 있을 뿐이다.

무엇보다 웨스트민스터 장로교회 정치의 형태(1645)에 관한 문서에서 **"개별 회중"**Particular Congregations으로서의 교회에 관하여 이르기를, **"신자들의 수가 늘어나서 그들이 한 장소 안에서 편리하게 모일 수가 없다면, 그들에게 주어진 그러한 규례들을 더 잘 수행하고 상호간 의무들을 더욱 잘 이행하기 위해 서로 구별되고 정착한 회중으로 나누어야 하는 것 역시 합법적이요 적절한 것이다."**라고 하여, 개별 교회의 규모가 지나치게 확대될 만큼 많은 회원들을 받아들이지 말도록 의도하고 있는 것을 볼 수가 있다. 그러면서 **"구별된 회중으로 그리스도인**

---

6 이러한 단어의 사용은, 기본적으로 화란 개혁교회가 개별 교회의 독립성에 치중하고 있음을 반증한다. 즉 개별 교회들은 노회에 속하는 교회들일지라도 기본적으로 독립적인 교회이며, 다만 형제애에 의한 연합을 이룰 뿐인 것이다.

들을 나눌 때에, 덕을 세우는 통상적인 방법은 그들의 거주지의 경계를 따르는 것"이라고 하여, 전국적으로 혹은 지방의 규모로 충분히 구획된 국가적 교회의 체제7가 수립됨을 반증하고 있다.

한편, 장로교회와 개혁교회가 기본적으로 교회로부터의 이탈이나 분리에 대해 거의 언급하지 않음으로서 반증적으로 **"교회 회원의 다른 교회로의 이동, 추천 및 해임"** 등에 대해 부정적임을 나타냄과 반대로, 케임브리지 강령은 4조에서 **"회원이 그 스스로 교회로부터 이탈하는 것에 대한 합당한 이유"**를 언급하여 다루고 있는데, 이는 그들이 잉글랜드를 떠나 온 비국교회Nonconformist에 속하는 부류들임을 볼 때에 필연적인 언급이라 하겠다. 즉 "(1). **만일에 죄에 참여하지 않고서는** [교회에 속하기를] **계속할 수가 없거나,** (2). **개인에 대한 종교적 박해의 경우이다. 그 때문에 바울은 다메섹에서 제자들로부터 떠났던 것이다. 또한 광범위하게 종교적 핍박을 받는 경우라면, 모든 자들이 뿔뿔이 흩어질 수밖에 없다.** (3). **최저생계의 만족을 가장하여 원하는 경우뿐만 아니라 실재의 경우에 있어서도, 영적인 건덕의 수단으로써와 더불어서, 더 나은** [영적] **공급을 위해 다른 곳으로의 문이 열려 있는 것"**이라고 한 것은, 그들이 잉글랜드를 떠나 신대륙 아메리카에 이주한 타당한 명분을 제시한 것이기도 하다. 그러므로 그들이 처음 신대륙 아메

---

7 흔히 '크리스텐덤'Christendom이라 칭하는 것으로서, 구약과 신약시대의 이스라엘, 그리고 주후 313년에 콘스탄티누스 황제Flavius Valerius Aurelius Constantinus, 274-337에 의해 밀라노 칙령 Edictum Mediolanense이 발표된 시점에서부터 계몽주의Enlightenment와 프랑스 시민 혁명bourgeois revolution 등을 거치면서 이뤄진 봉건주의 타파로 사라지게 된 개념이다. 종교개혁의 결과로 복원된 기독교회는 성경에 근거하는 개혁이라는 점에서 크리스텐덤의 개념을 계승했으며, 교회정치에 있어서도 그 개념이 확고했었다.

리카에 정착하게 되었을 때에는 그곳을 '새로운 잉글랜드'New England 라고 명명했던 것인데, 언뜻 모순적인 그러한 역사는 사실 나중에 그들이 분리와 독립을 지향할 것을 내포하고 있는 것이기도 하기 때문이다. 그런즉 그들이 '겸손한 청원'을 통해 해명한바 "우리는 본인의 통지를 당신이 기쁘게 받아 주시기를 바라며, 또한 우리 단체의 대부분은, 우리들이 태어난 때로부터 잉글랜드 교회를 우리의 사랑하는 어머니라 부르는 것을 영광으로 여기는 사람들로서, 교회가 특별히 거하는 곳에서 마음에 수없이 많은 슬픔과 우리 눈의 수많은 눈물이 없이는 우리의 조국과 헤어질 수 없"다고 한 그들의 청원은 분명 제한적이며 한시적인 성격의 청원이었음이 이후의 역사 가운데서 입증된 것이다.

그런데 이후로 케임브리지 강령 5-9조까지의 내용은, 앞서 1-3조에서 명시하고 있는 바와 마찬가지로 교회로부터의 이탈이나 분리를 강력히 반대하고 있다. 이 가운데서 우리들이 암묵적으로 파악해 볼 수 있는 바는, 회중주의 교회가 신대륙에 이주할 때에 처음부터 이탈이나 분리의 가능성을 이미 다분하게 내포하고 있었을 것이라는 점이다. 마치 앞서 잉글랜드에서 브라운주의자들이 보여주었던 분열과 분리의 역사에서 볼 수 있는 바와 같은 가능성을 기본적으로 내포한 채로 시작된 것이 뉴잉글랜드의 회중주의 교회들의 한계였으며, 그러한 한계에 대한 강한 우려를 담고 있는 것이 케임브리지 강령 제13장의 맥락인 것이다.

안타깝게도 신대륙 아메리카의 이후 역사 가운데서도 그렇고, 유럽 대륙에서의 이후 역사 가운데서도 그렇고, 국가의 관원들의 역할과 교회의 치리자들의 역할이 적정하게 균형을 이루는 국가교회의 형태는 붕괴되고 말았는데, 유럽 대륙에서뿐 아니라 기본적으로 단일한 국교회를 인정하는 잉글랜드 국교회Church of England 내에서조차 관용령 Toleration Act을 통해 감독주의 교회, 장로교회, 회중교회, 침례교회, 그리고 퀘이커파Religious Society of Friends에 이르기까지 다양한 종교들을 포용하고 인정하는 방향으로 전환되었다. 아울러 그러한 진전은 신대륙 아메리카에서 더욱 왕성하게 이뤄졌으니, 이미 초창기부터 다종교적인 대이동rush의 분위기가 형성되었던 것이다. 그러므로 장로교회와 대륙의 개혁교회의 기본적인 일치의 의도와는 별개로, 또한 케임브리지 강령에서의 교회로부터의 이탈이나 분리에 대한 반대에도 불구하고 이후 역사 가운데서 기독교는 그야말로 분리와 분열에 따른 분파의 역사로 점철되었던 것이다.

사실 케임브리지 강령 9조에서 명시하는 바와 같이, '이명서'letters of dismission는 '추천서'letters of recommendation이기도 하다. 그러므로 이명서에 의해 한 개별교회에서 다른 개별교회로 옮겨 가는 것은 결코 교회로부터의 이탈이나 분리가 아니며, 오히려 이를 통해서 하나의 교회로서의 일치된 '공교회'ἐκκλησια καθολικη를 가시적으로 드러내 보이게 되는 것이다. 이러한 공교회적 이해 가운데서 도르트레흐트 교회정치에서는 **"자매교회로의 이동"**으로 표현했고 웨스트민스터 장로교회 정치 형태에서는 **"구별된 회중으로 그리스도인들을 나눔"**으로 표현했는데, 이는 개혁교회보다도 장로교회가 훨씬 국가교회Christendom적인 특성을 깊이 내포하고 실천함을 방증하는 것이기도 하다.

The Cambridge Platform

The Genevan Book of Order(1556):

Chap XIV:

교회적인 권징의 규정

출교 및 다른 견책들

1. 그리스도에 의해 정해진 교회의 견책censures은, 교회의 범죄를 예방하고, 제거하며, 치유하기 위한 것으로, 범죄한 형제를 되찾아 얻으며, 다른 이들이 동일한 범죄를 저지르지 않도록 하기 위함일 뿐 아니라, 덩어리 전체whole lump를 오염시킬 수 있는 누룩을 제거하기 위함이며, 그리스도와 그의 교회의 명예, 그리고 복음의 거룩한 고백을 수호하기 위함이다. 그리고 만일에 악명 높고 완고한 범죄자들에 의해서, 그리스도의 언약his covenant 과 그 인the seals이 더럽혀지는 일을 당하게 된다면, 그로인해 당연히 교회에 내릴 수 있는 하나님

도시, 마을, 집 또는 일족이 그들의 정치형태와 다스림이 없이 재산을 유지하고 번영할 수가 없기 때문에, 어느 일족의 도시보다도 더욱 순전하게 다스려야만 하는 하나님의 교회는, 영적인 정치형태와 교회적인 권징이 없이는 계속 성장하고 융성할 수가 없는 것이다.

하나님의 말씀이 이 교회의 생명과 영혼the life and soul인 것처럼, 그래서 이 신실한 규정과 권징은 몸 안의 힘줄처럼, 회원들을 적절한 질서정연함, 그리고 규정과 더불어서 조직하고 결합하도록 한다. 그것은 그들의 해악으로부터 사악함을 멈추도록 하는 멍에인 것이다. 또한 그것

의 진노를 막기 위함이다.

▶ 딤전 5:10. 신 17:12,13. 유 5:29[1]. 신 13:11. 고전 5:6. 롬 2:24. 계 2:14,15,16,20.

2. 만일에 한 형제가 다른 형제에게 잘못을 범한 것이 사적인 것 be private이라면, 잘못을 범한 자 offender는 그가 기분을 상하게 한 형제offended brother에게 가서 그 잘못에 대한 회개를 자인해야 하며, 그런 후에 그 형제는 회개하는 자를 용서해야 한다. 그러나 만일 잘못을 범한 자가 기분을 상하게 한 형제에게 가기를 게을리하거나 거부하는 경우에는, 그들 사이에서 은밀히privately, 그에 대해 설득convince하고 타일러야admonish 한다. 만일에 그 때에 잘못을 범한 자가 그의 잘못을 회개하게 되면, 그 권고자the admon-

은 게으르고 태만함에 앞서서 찌르는 박차와 같다. 참으로 모든 사람에게 있어서 그것은 저지른 잘못을 점잖게 벌하고, 나중에 그들을 더욱 경건한 두려움과 경외 가운데서 살아가게 하는 아버지의 막대기the Father's rod다. 끝으로, 그것은 사람들이 하나님의 율법에 따라 서로에게 지시하고 타이름으로써, 그리고 모든 완고한 반대자들, 그리고 그와 같은 대적들을 교정하고 처벌함으로써, 그들의 의지와 행실의 기틀을 짜는 법을 배우도록 하나님께서 그의 교회에 맡겨주신 명령과 같다.

하나님의 교회에 권징을 시행토록 하는 데에는 세 가지 주된 이유가 있다. 첫째로, 악한 대화를 나누는 사람들은, 마치 하나님의 교회가 못되고 악한 자들을 위한 성소인 것처럼 하나님의 자녀들과의 사이에서 그들의 아버지께서 하시는 책망을 헤아리지 않는다. 둘째로는, 악이 동반하는 것들에 선이

---

1 영어 원문에 유Jude 5:29절로 명시되어 있으나, 아마도 약 5:20절의 오기Typographical error인 것으로 보인다.

isher는 그의 형제를 얻은 것이며, 그러나 잘못을 범한 자가 그 형제의 말을 듣지 않는다면, 기분이 상한 형제는 한두 사람을 더 데리고 가서, 두세 증인의 입으로 훈계의 말을 받았는지 모든 말들을 확증할 것이다. 또한 그가 불만의 말로, 그것을 거부하는 경우에는, 기분이 상한 형제는 장로들the elders의 입을 통해 교회에 말하도록 한다. 그리고 만일에 그가 교회의 말을 듣고 참회하는 고백으로 그와 같이 선포한다면, 그는 회복되고 또한 설득된 것이다. 또한 만일에 교회가 그에게서 자발적으로 듣고자 하는 것을 분별해 보았으나, 이단의 경우처럼, 그의 잘못에 대해서 완전하게 확신하는 것이 아니라면, 교회는 그에게서 공적인 권계a public admonition를 면제해야to dispense 한다. 잘못을 범한 자가 교회의 공적인 잘못public offence 아래에 있다고 선언하는

물들지 않도록 하기 위함이다. 사도 바울이 고린도인들에게 근친상간을 한 간부들을 추방하라는 명령으로 예언했을 때, 그가 말하기를 적은 누룩이 반죽덩어리 전체를 쉬게 한다고 했다. 셋째 이유로는, 이렇게 교정 또는 출교된 자가 그 자신의 잘못을 수치스러워할 수가 있으며, 회개를 통해 개정이 이뤄진다. 사도는 주님의 날에 그의 영혼을 구원하기 위해 사탄에게 무엇을 전달하여 불렀는가. 그것은 사탄이 출교에 처해질 수도 있었음을 의미하며, 그의 영혼이 영원히 멸망해서는 안 된다는 의도였다.

첫째로, 이러한 견책, 교정, 또는 권징은 사적이거나 공적인 것이라는 점에 유의해야한다. 사적인 태도로, 만일 사람이 당신에게 반대하는 태도나 교리로 이의를 제기한다면, 그와 당신 사이에서 그에게 형제적인 권면을 하도록 한다.

것은, 회개의 고백으로 그의 과오가 제거될 때까지 주의 만찬Lord's supper의 거룩한 교제로부터 그를 보류withhold하거나 정지시키는suspend 것이다. 만일에 그가 계속해서 고집을 부린다면, 교회는 그를 출교excommunication로 쫓아내도록 한다.

▶ 마 5:23,24. 눅 17:3,4. 마 18:15-17. 딛 3:10. 마 18:17.

3. 그러나 만일에 그 과오의 수위가 더욱 공공연하고, 자연의 빛[혹은 본성의 빛, the light of nature]으로 정죄됨과 같이 더욱 가증하고 범죄적인 성격을 띤다면, 그 때에 교회는 앞서 말한 점진적인 절차를 밟음gradual proceeding이 없이 그의 죄를 더욱더 중하게 여기며, 주 예수의 날에 그의 영soul이 고침을 받도록, 잘못을 범한 자를 그들의 거룩한 교제에서 쫓아내야 한다.

▶ 고전 5:4,5,11.

만일에 당신의 공적인 권면에 그가 여전히 완고하게 저항하거나, 아니면 그의 잘못을 수정하지 않고 계속하는 것으로 인정된다면, 그때에 그는 두 세 증인이 있는 가운데서 두 번째 경고를 받으며, 그리고 계속해서 그의 잘못을 완강하게 고집하면, 그는 우리의 구주 그리스도의 명령대로 교회에 공개적으로 발언하도록 해야 한다. 그런 만큼 공적인 권징에 따라, 그는 회개를 통해 받아들여지거나, 그렇지 않으면 자신의 잘못에 요구되는 대로 처벌을 받아야 한다.

그리고 여기에서 사적인 권징을 다룰 때에 다음 세 가지 것들에 유의해야한다. 첫째로, 우리의 권면은 경건한 열심과 양심으로 행하는 것으로, 형제를 중상하려는 것이라기보다는 오히려 형제를 얻으려는 것이다. 다음으로 우리는 그의 잘못이 하나님의 말씀으로 책망할 만한 것임을 확신한다. 그리고 끝으로 우리는 이러한 겸손과 지혜를 사용함

4. 잘못을 범한 자를 대함에 있어, 우리는 지나치게 엄격하거나 strict 혹독하지rigorous 말아야 하며, 너무 관대하거나indulgent 태만하지remiss 말도록 지대한 주의를 기울여야 한다. 우리의 절차를 밟음에 있어서 우리들은 우리자신을 숙고하고, 또한 시험에 들지 않도록 온유함meekness의 정신으로 수행해야 한다. 그리고 우리에게 가장 좋은 것은 주님으로부터 많은 용서를 요구하는 것이다. 하지만 이러한 수고의 목적은, 잘못을 범한 자들의 영혼의 승리함winning과 치유함healing이기에, 우리의 형제들을 건성으로 치유하려고 하거나, 무뚝뚝하게 모르타르를 발라버리듯이 [은폐하려고] 하지 말아야만 한다.

▶ 갈 6:1. 마 18:34,35. 겔 13:10.

5. 잘못을 범한 자가 출교excom-municate의 상태를 유지하는 동안에, 교회는 자연적, 가정적 또

으로, 우리가 그를 훈계하는 문제에 대해서 어떠한 염려를 한다면, 오히려 그는 경건한 권고로서 그의 잘못에 대한 지식을 얻게 될 것이며, 혹은 그의 잘못이 많은 사람들과 관련이 있거나, 다양한 것으로 알려졌다면, 우리의 훈계는 그들의 입회 가운데서 행해야 한다.

간단히 하자면, 만일에 그것이 교회 전체에 관련한 것이라면, 그곳에 숨겨져 있으면[즉, 사적인 권징에만 머물러 있으면] [교회 전체에] 동일한 종류의 위험을 초래할 수 있으므로, 그 후에 목사와 장로들에게 말하도록 하여, 교회정치the policy of the church에 맡겨지도록 해야 한다.

또한 공적인 권징에 있어서, 목회 사역은 항상 어떠한 종류의 처벌이나 다른 것들로 인해 언제든지 아무것도 예단하지 않는 것이 전제되어야 한다. 그들이 회중 가운데서 무엇인가를 인지한다면, 예를 들어 어

는 시민으로서 요구되는 관계 이상의, 영적인 일에 있어서 그와 더불어 모든 회원으로서의member-like 친교를 삼가도록 해야 하며, 또한 시민적인 일에 있어서도 그와의 모든 친숙한familiar 친교를 삼가도록 해야 한다. 또한 그러므로 그와 더불어서 먹고 마시는 것을 금함으로써, 그가 수치를 당하게 해야 할 것이다.

▶ 마 18:17. 고전 5:11. 살후 3:6,14.

6. 출교excommunicate는 영적인 징벌이기 때문에 출교를 당한 사람을 해치는 것이 아니며not prejudice, 그의 시민권civil rights을 박탈하는 것도 아니므로, 군주들princes이나 다른 관원들magistrates의 시민적 권세나 권위를 해치거나 영향을 미치는 것이 아니다. 또한 파문된 자들은 세리publican나 이교도heathen와 같은 자들로서, 이방인들은 교회 회집church assemblies 가운데로 말씀을

떤 사악함이나 경우manners에 어긋남, 혹은 그들의 계통profession을 가리지 말아야 한다. 즉, 탐욕자, 간부adulterer, 또는 간통꾼fornicator, 위증자, 도둑, 뇌물수수자, 허위증인, 신성모독자, 주정뱅이, 모략꾼, 사기꾼, 불순종하는자, 선동꾼, 혹은 방종한자, 이단이나 분파주의자, 교황주의자, 재세례주의적이거나 그와 같은, 간단히 말해서 그리스도인 회중을 발견할 수 있는 곳이라면 어디든지, 정확히 말해서 교육적이지 않은 것이라면 무엇이든지, 훈계의 처벌을 피하려고 하지 말아야 한다.

또한 그것은 때때로 그리스도의 교회에서 일어나는 것들이기 때문에, 다른 구제책들이 아무런 유익이 되지 못할 때에는, 출교와 같은 사도적 책벌rod과 교정으로 향하여야 한다(이것은 가장 크고 최종적인 처벌로서 영적 사역에 속한다). 이것은 모든 교회의 결의가 없이는 그러한 목적으로는 아무것도 시도하도

들으러 오는 것이 합법적으로 허용되었으며, 우리는 그러므로 말씀을 들을 수 있는 자유가 파문[즉, 출교]당한 사람들에게 허용될 수 있음을 인정하는 바이며, 그것은 이교도까지도 허용되는 것이다. 그리고 우리는 그의 회복에 대한 희망을 버리는 것이 아니므로, 그를 적enemy으로 여기지 말고, 다만 그를 형제와 같이 훈계admonish해야 한다.

▶ 고전 14:24,25. 살후 3:14.

7. 만일에 주께서 잘못을 범한 자에 대한 견책censure을 온전하게 하시면, 이는 그리스도의 은혜로서 그가 자신의 회개repentance를 입증함이며, 더불어서 그의 죄를 겸손히 자복하고, 또한 자기 스스로를 심판하여 하나님께 영광을 돌리는 것이다. 그러면 교회는 그를 용서forgive하고, 그를 위로하며, 이전에 그가 성도들과 함께 누렸었던 익숙한 형제적 친교

록 제정하지 않는 것이어야 한다. 아울러 그들은 항상 조심하고 충분한 주의를 기울여야 하며, 그들이 분명하게 회개의 확실한 열매를 맺는 것으로 이해되는 자들로서 다시 받아들이는 것보다는, 회중으로부터 쫓아낼 준비가 더욱 되어있는 것처럼 보이지 않도록 해야 한다. 아직은 그에게 설교를 듣는 것을 금지하지는 않았으나, 그는 성찬으로부터는 제외되었으며, 그리고 교회의 다른 의무들 및 회개할 기회와 자유는 가질 수가 있어야 한다. 끝으로, 모든 처벌, 교정correction, 견책censures, 그리고 책망admonitions은 하나님의 말씀보다 더 이상 넘어서지 않아야 하며, 자비와 더불어서 합법적으로 행해야만 한다.

"사람의 계명으로 교훈을 삼아 가르치니 나를 헛되이 경배하는도다."마 15:9.

"또 내가 들으니 하늘로부터 다른

로 그를 다시 회복시켜야 한다.

▶ 고후 2:7,8.

8. 불경스러운 괴로움이나 수치스러운 생활을 계속하는 자들livers이 교제를 계속하고 성례에 참여하는 것은, 그들의 손에 그것을 고칠 수 있는 권한power이 있는 사람들에게 있어 큰 죄가 되며, 또한 그렇게 행하지 말아야 하는 것은 의심의 여지가 없다. 그럼에도 불구하고 그 시대의 그리스도와 그의 사도들과 그 시대의 선지자들과 다른 경건한 자들은, 유대 교회 가운데서 주님이 명하신 규례the Lord's commanded ordinances에 합당하게 참여했으며, 비록 그 안에 합당하지 않은 사람들이 허용됨에도 불구하고 그것을 가르치거나 실천하지는 않았다. 또한 많은 합당하지 않은 자들과 관행들이 있었던 고린도 교회의 신자들도, 동일한 이유로 성례전으로부터 떠나도록 명음성이 나서 이르되 내 백성아 거기서 나와[1] 그의 죄에 참여하지 말고 그가 받을 재앙들을 받지 말라. 그의 죄는 하늘에 사무쳤으며 하나님은 그의 불의한 일을 기억하신지라."계 18:4-5.

The Form of Presbyterial Church Government(1645):

당회Congregational Assemblies, 즉 그들의 정치를 위해 개별 회중의 다스리는 직원들the ruling Officers의 모임에 관하여

개별 회중의 다스리는 직원들이 갖

---

1 치리서의 원문에는 "Come forth of Babylon my people,"로 수록되어 있으며 제네바 성경(1599)에는 "Go out of her, my people,"로 기록되어 있는데, 이는 제네바 치리서가 기본적으로 킹제임스역(KJV) 성경을 근거로 하되 2절에 언급된 바빌론을 연결하여 이해했음을 알 수 있게 한다. [역자 주]

해졌기 때문이다. 그러므로 같은 경우에 있어 신실한 자들the godly은 현재로서는 분리되지 않는다. ▶ 계 2:14,15,20. 마 23:3. 행 3:1. 고전 4장, 그리고 15:12.

9. 어떤 부분에서 세속적이고 수치스러운 사람들이 용인되는 그러한 교회로부터의 분리separation와 같은 것은 현재로서는 필요하지 않다. 따라서 합당하지 않은 그러한 회원들이 성례에 참여함으로 인해, 앞서 말한 교회와 소통하기를 마다하는to abstain 것은 위법이다. 잘못이 없는 사람이 다른 사람의 잘못에 대해 벌을 받는 것은 조리에 맞지 않는 일이니, 그에 대해서 그는 관여하지 않았으며, 동의하지도 않았기 때문이다. 그러므로 경건한 사람이 의무를 등한히 한다거나, 자기 몫을 위해 나아와서 마땅히 인침의 축복the blessing of the seals을 받지 아니하는 것으로 그 스스로를 벌하

는 권세에 관해서는, 그들 앞의 어떤 회중의 회원이라도 정당한 이유를 그들이 찾아볼 수 있는 경우라면, 권위 있게authoritatively 소환할 수 있다. 회중의 여러 회원들의 지식과 영적 상태를 질의enquire[할 수 있다]. 훈계admonish하고 책망rebuke[할 수 있다]. 이 세 가지 부문들은 히 13:17, 살전 5:12, 겔 34:4절에 의해 입증된다.

교회에서 아직 출교되지 않은 자에게 권위 있게 수찬정지suspension from the Lord's table를 시키는 것은 성경과 일치한다. [그 이유는] 첫째로, 그 규례[혹은 성찬, ordinance]가 모독을 받아서는 안 되기 때문이다. 둘째로, 우리는 무질서하게 행하는 자들에게서 떠나도록 명령을 받았기 때문이다. 셋째로, 합당치 않게 [성찬에] 나아오는 자뿐 아니라 온 교회에도 큰 죄와 위험이기 때문이다. 그리고 구약성경에도 부정한 자에게 거룩한 일을 금할 권한과

는 것은, 더욱 이치에 맞지 않는 일이니, 왜냐하면 이는 다른 사람들에게 이르지 말아야 할 고난을 받는 것이기 때문이다. 특히, 그 스스로 그들의 죄에 대해 조금도 인정하지 않는 것으로 여기고, 그들의 죄악 가운데 있는 규례들에 접근하지도 않으며, 다른 이들의 버려야 할 것들을 등한히 하지도 말아야 한다. 그러나 이러한 것들에 대해서 마음으로 애통하며, 겸손하며 때를 따라 다른 사람들을 격려하여 자기의 의무를 다하도록 해야 한다. 만일에 그 교회가 개혁될 수 없다면, 그들은 13장 4조에 규정된 대로 그들의 자유를 사용할 수 있다. 하지만 이러한 모든 경건한 자들은, 이러한 문제들을 맡은 교회로 하여금, 합당하지 않은 자들을, 각자 자신의 권한power과 위치place에 따라서 마땅히 반대하는 절차를 밟도록 할 수가 있다.

▶ 고후 30:18. 창 18:25. 겔 9:4.

권세power and authority가 있었다.

그 같은 권한과 권세는, 유사의 방식way of analogy에 따라 신약성경 아래서도 계속된다. 개별 회중의 다스리는 직원들ruling officers에게는 아직 출교되지 않은 자에게 수찬 정지를 행할 권한이 권위 있게 부여되어 있다. [그 이유는] 첫째로, 그 성례를 받기에 합당한 자인지 판단하고 승인할 권한이 있는 자들에게는, 합당치 않은 자를 제지할 권한도 있기 때문이다. 둘째로, 그것은 그러한 회중에 속하는 통상적인 상황ordinary practice에서의 교회의 일ecclesiastical business이기 때문이다. 회중이 나뉘어 정착될 때에, 그들의 본질적인 연약뿐 아니라 상호 의존mutual dependence의 관계 때문에, 또한 외부의 대적들 때문에라도 모든 상호 협조mutual help가 요구된다.

해설

　케임브리지 강령은 1조에서 **"그리스도에 의해 정해진 교회의 견책은, 교회의 범죄를 예방하고, 제거하며, 치유하기 위한 것으로, 범죄한 형제를 되찾아 얻으며, 다른 이들이 동일한 범죄를 저지르지 않도록 하기 위함일 뿐 아니라, 덩어리 전체를 오염시킬 수 있는 누룩을 제거하기 위함이며, 그리스도와 그의 교회의 명예, 그리고 복음의 거룩한 고백을 수호하기 위이다."**라고 언급하는 것으로서, 교회의 실질적인 권징인 **"출교 및 다른 견책들"**에 관해 다루고 있다. 즉, 처음부터 회중주의 교회에 있어 권징은 **'무리'**Flock 혹은 **"덩어리 전체"**whole lump를 보호하려는 의도에서 시작하고 있는 것이다. 물론 **"교회의 범죄를 예방하고, 제거하며, 치유하기 위한 것으로, 범죄한 형제를 되찾아 얻으"**려는 것이라는 문구에서 알 수 있듯이 개개인을 보호하고 치유하며, 회복하도록 함으로서 회중 안으로 다시 받아들이려는 **"견책"**censures이 선행되지만, 기본적으로 회중주의 교회에서의 권징은 회중을 보호하려는 의도가 다분한 가운데서 진행되는 것이다. 마찬가지로 잉글랜드를 떠나 신대륙 아메리카로 이주한 회중주의자들과 그 교회들보다도 앞서 로마 가톨릭교회의 의식들을 부분적으로만 개혁한 잉글랜드 국교회[즉, 성공회the Anglican Church]와 메리 튜더Mary Tudor의 피의 통치로 말미암은 박해를 피해 흩어진 피난민들이 제네바에서 교회를 결성하는 가운데서 1554년에 존 녹스John Knox를 청빙하여 시작된 제네바의 피난민 교회에서도 치리서를 작성하여 교회의 설립근거를 삼았었는데, **"교회적인 권징의 규정"**이라는 항목을 통해 규정하기를 **"하나님의 교회에 권징을 시행토록 하는 데에는 세 가지 주된 이유가 있다. 첫째로, 악한 대화를 나누는 사람들은, 마치 하나님의 교회가 못되고 악한 자들을 위한 성소인 것처럼 하나님의 자녀들과의 사이에서 그들의 아버지께서 하시는 책망을 헤아리지 않는다. 둘째로는, 악이 동반하는 것들에 선이 물들지 않도록 하기 위함이다. 사도 바울이 고린도인들에게 근친상간을 한 간부들을 추방하라는 명령으로 예언했을 때, 그가 말하기를 적은 누룩이 반죽덩어리 전체를 쉬게 한다고 했다. 셋째 이유로는, 이렇게 교정 또는 출교된 자가 그 자신의 잘못을 수치스러워할 수가 있으며, 회개를 통해 개정이 이뤄진다. 사도는 주님의 날에 그의 영혼을 구원하기 위해 사탄에게 무엇을 전달하여 불렀는가. 그것은 사탄이 출교에 처해질 수도 있었음을 의미하며, 그의 영혼이 영원히 멸망해서는 안 된다는 의도였다."**고 명시하여, 케임브리지 강령에서의 권징에 관한 명시와 유사하게 언급하고 있는 것을 볼 수가 있다. 그리고 이는 기본적으로 케임브리지 강령에서 첨부한 성경 구절들 즉, 신 17:12,13. 고전 5:6. 계 2:14,15,16,20절 등의 성경 구절들에 동일하게 바탕을 두는 것이라 하겠다. 그러므로 동일하게 웨스트민스터 신앙고백(1647) 제30장은 교회의 치리[혹은 견책 Censures]에 관해 3조에서 명시하기를 **"교회의 치리는 죄를 범한 형제를 교정하여 얻고, 다른 형제들이 그와 같은 죄를 범하는 것을 막으며, 온 회중을 오염시킬 수 있는 그러한 누룩을 제거하고, '그리스도의 영광'과 '복음에 대한 신앙'을 변호하며, 그리고 신자들이 악명 높고 강**

팍한 범죄자들이 하나님의 언약과 그 언약의 인들Seals을 모독하게 내버려 둘 경우에 교회에 정당하게 임할 수 있는 하나님의 진노를 예방하는 데 필요하다.”고 했다. 그러나 제네바 치리서(1559)에서는 “도시, 마을, 집 또는 일족이 그들의 정치형태와 다스림이 없이 재산을 유지하고 번영할 수가 없기 때문에, 어느 일족의 도시보다도 더욱 순전하게 다스려야만 하는 하나님의 교회는, 영적인 정치형태와 교회적인 권징이 없이는 계속 성장하고 융성할 수가 없는 것이다.”라는 문구를 통해, 교회의 치리 혹은 권징의 성격이 단순히 잘못을 시정하고 치우하는 데에만 머무르는 것이 아니라 오히려 교회 자체를 운영함에 있어 필연적인 성격, 곧 교회의 ‘다스림’Govern의 성격임을 밝히고 있다. 그러므로 이어지는 문구에서도 “하나님의 말씀이 이 교회의 생명과 영혼인 것처럼, 그래서 이 신실한 규정과 권징은 몸 안의 힘줄처럼, 회원들을 적절한 질서정연함, 그리고 규정과 더불어서 조직하고 결합하도록 한다.”고 부연amplify한 것이다.

사실 ‘치리’Censures 혹은 ‘견책’과 ‘권징’discipline이란, 국가에 있어 ‘통치자’the Civil Magistrate가 필연적이며 필수적임과 마찬가지로 교회에 있어도 필연적이고 필수적인 ‘교회정치’a Government의 실행에 기초한다. 웨스트민스터 신앙고백 제30장 1조에서는 그러므로, “주 예수께서는 그의 교회의 왕이자 머리로서, 그 안에 세속 통치자와는 다른 교회의 직원들의 손에 교회정치를 맡기셨다.”고 한 것이다. 마찬가지로 프랑스 개혁교회 치리서(1559) 제1장 45조에서도 “목회자들은 치리의 주체여야 한다.”고 했으며, 또한 이어지는 46조에서 “목사들의 의무는 자신은 물론 자신에게 맡겨진 무리들Flocks의 크고 작은 모든 일들을, 그들이 어떠한 자격이나 수준에 있든지 간에 하나님의 말씀과 교회 치리서를 따라 다스려야 한다."고 했다. 따라서 목회자의 목회사역[혹은 목회적 돌봄]은 말씀사역[설교, 가르침]과 더불어서 치리 즉, **"치리서를 따라 다스리"**는 일인 것이다.

한편, 케임브리지 강령은 제네바 치리서와 마찬가지로 교회의 치리나 권징을 각각 '사적인 것'과 '공적인 것'으로 구별하고 있다. 즉 제네바 치리서에서 **"사적인 태도로, 만일 사람이 당신에게 반대하는 태도나 교리로 이의를 제기한다면, 그와 당신 사이에서 그에게 형제적인 권면을 하도록 한다."**고 한 것과 마찬가지로 케임브리지 강령에서도 2조에서 이르기를 **"만일에 한 형제가 다른 형제에게 잘못을 범한 것이 사적인 것이라면, 잘못을 범한 자는 그가 기분을 상하게 한 형제에게 가서 그 잘못에 대한 회개를 자인해야 하며, 그런 후에 그 형제는 회개하는 자를 용서해야 한다."**고 했으며, 또한 제네바 치리서에서 **"만일에 당신의 공적인 권면에 그가 여전히 완고하게 저항하거나, 아니면 그의 잘못을 수정하지 않고 계속하는 것으로 인정된다면, 그때에 그는 두 세 증인이 있는 가운데서 두 번째 경고를 받으며, 그리고 계속해서 그의 잘못을 완강하게 고집하면, 그는 우리의 구주 그리스도의 명령대로 교회에 공개적으로 발언하도록 해야 한다."**고 함과 같이 케임브리지 강령에서도 **"또한 만일에 교회가 그에게서 자발적으로 듣고자 하는 것을 분별해 보았으나, 이단의 경우처럼, 그의 잘못에 대해서 완전하게 확신하는 것이 아니라면, 교회는 그에게서 공적인 권계**a public admonition를 면제해야 한다. 잘못을 범한 자가 교회의 공적인 잘못 아래에 있다고 선언하는 것은, 회개의 고백으로 그의 과오가 제거될 때까지 주의 만찬의 거룩한 교제로부터 그를 보류withhold하거나 정지시키는suspend 것이다. 만일에 그가 계속해서 고집을 부린다면, 교회는 그를 출교excommunication로 쫓아내도록 한다."고 한 것이다.

그런데 치리[혹은 권징]에 있어서 '사적인 것'과 관련해서는 케임브리지 강령이 제네바 치리서의 문구에 비해 훨씬 폭넓게 언급하고 있는 것을 볼 수가 있다. 즉 제네바 치리서가 "사적인 권징을 다룰 때에 다음 세 가지 것들에 유의해야한다. 첫째로, 우리의 권면은 경건한 열심과 양심으로 행하는 것으로, 형제를 중상하려는 것이라기보다는 오히려 형제를 얻으려는 것이다. 다음으로 우리는 그의 잘못이 하나님의 말씀으로 책망할 만한 것임을 확신한다. 그리고 끝으로 우리는 이러한 겸손과 지혜를 사용함으로, 우리가 그를 훈계하는 문제에 대해서 어떠한 염려를 한다면, 오히려 그는 경건한 권고로서 그의 잘못에 대한 지식을 얻게 될 것이며, 혹은 그의 잘못이 많은 사람들과 관련이 있거나 다양한 것으로 알려졌다면, 우리의 훈계는 그들의 입회 가운데서 행해야 한다."고 하여 사적인 치리의 성격을 당사자들 간의 훈계의 성격으로 언급하고 있는 것에 반해, 케임브리지 강령에서는 "그러나 만일 잘못을 범한 자가 기분을 상하게 한 형제에게 가기를 게을리 하거나 거부하는 경우에는, 그들 사이에서 은밀히, 그에 대해 설득하고 타일러야한다.……그러나 잘못을 범한 자가 그 형제의 말을 듣지 않는다면, 기분이 상한 형제는 한두 사람을 더 데리고 가서, 두세 증인의 입으로 훈계의 말을 받았는지 모든 말들을 확증할 것이다. 또한 그가 불만의 말로, 그것을 거부하는 경우에는, 기분이 상한 형제는 장로들의 입을 통해 교회에 말하도록 한다."고 하여, 회중들이 중심이 되는 권징의 성격 가운데서 그 범위를 훨씬 확장하여 공적으로까지 연계하고 있는 것이다.[1] 그러므로 이러한 차이점 가운데서 회중교회가 지니는 회중 중심의 교회정치원리를 가늠해 볼 수가 있을 것이다.

사실 케임브리지 강령이나 제네바 치리서나 간에 공히 치리와 권징에 있어서 사적인 것과 공적인 것 사이의 관계를 언급함에 있어서 특정 성경의 본문 즉, 마 18:15-17절까지의 본문과 딛 3:10-11절 말씀과 같은 본문에서 언급하는 바를 근거로 하는 것이다. 즉, "네 형제가 죄를 범하거든 가서 너와 그 사람과만 상대하여 권고하라 만일 들으면 네가 네 형제를 얻은 것이요, 만일 듣지 않거든 한 두 사람을 데리고 가서 두세 증인의 입으로 말마다 확증하게 하라. 만일 그들의 말도 듣지 않거든 교회에 말하고 교회의 말도 듣지 않거든 이방인과 세리와 같이 여기라."고 한 마태복음 18장의 본문과 "이단에 속한 사람

---

1 이 점에 있어서 제네바 치리서는 "만일에 그것이 교회 전체에 관련한 것이라면, 그곳에 숨겨져 있으면[즉, 사적인 권징에만 머물러 있으면] [교회 전체에] 동일한 종류의 위험을 초래할 수 있으므로, 그 후에 목사와 장로들에게 말하도록 하여, 교회정치에 맡겨지도록 해야 한다."고 하여, 기본적으로 사적인 권면이나 치리적인 수행을 공적으로 행하는 권징과 확연히 구별하고 있다. 즉 사적인 것이라도 그 범위와 해악이 공적으로 적용되어야 할 것이라고 한다면 사적으로 행할 것이 아니라 공적으로 권징을 시행해야 함을 이르고 있는 것이다. 반면에 케임브리지 강령에서는 "그가 불만의 말로, 그것을 거부하는 경우에는, 기분이 상한 형제는 장로들의 입을 통해 교회에 말하도록 한다."는 문구 가운데서, 회중들 사이에서 이뤄지는 권면이 공적인 치리의 영역으로 연계되도록 언급한다. 마찬가지로 이후 문맥에서도 "그리고 만일에 그가 교회의 말을 듣고 참회하는 고백으로 그와 같이 선포한다면, 그는 회복되고 또한 설득된 것이다. 또한 만일에 교회가 그에게서 자발적으로 듣고자 하는 것을 분별해 보았으나, 이단의 경우처럼, 그의 잘못에 대해서 완전하게 확신하는 것이 아니라면, 교회는 그에게서 공적인 권계a public admonition를 면제해야 한다."고 명시하고 있다.

을 한두 번 훈계한 후에 멀리하라. 이러한 사람은 네가 아는 바와 같이 부패하여 스스로 정죄한 자로서 죄를 짓느니라."고 한 디도서 3장 본문에 근거하여 규정한 것이다. 이러한 본문을 케임브리지 강령은 치리와 권징의 사적인 것에서부터 공적인 것으로의 확장이라는 측면으로 이해하는 것으로 보이는데, 마 18:15-17절 본문은 그리스도께서 그의 제자들에게 가르친 것이며 딛 3:10-11절 본문은 또한 디도Titus 에게 이른 것으로서, 공히 교회의 치리자인 사도들과 그들의 동역자들이 행할 치리에 관한 언급들이라는 점에서 교회의 모든 회중들에게 광범위하게 적용되는 본문이기보다는 교회의 직원들[특히 치리자들]에게 적용되는 본문이다. 그러므로 제네바 치리서나 웨스트민스터 장로교회 정치형태(1645)에 관한 문서 등은 기본적으로 교회의 치리자인 직원들에게 치리와 권징을 시행토록 명시하고 있는 것이다.

그러나 제네바 치리서나 케임브리지 강령 모두가 공히 치리와 권징을 제재와 제거의 수단으로 너무 강력하게 시행하는 것을 경계하고 있다. 즉, 제네바 치리서에서 **"이것[출교]은 모든 교회의 결의가 없이는 그러한 목적으로는 아무것도 시도하도록 제정하지 않는 것이어야 한다. 아울러 그들은 항상 조심하고 충분한 주의를 기울여야 하며, 그들이 분명하게 회개의 확실한 열매를 맺는 것으로 이해되는 자들로서 다시 받아들이는 것보다는, 회중으로부터 쫓아낼 준비가 더욱 되어있는 것처럼 보이지 않도록 해야 한다."**고 함과 마찬가지로, 케임브리지 강령 또한 4조에서 **"잘못을 범한 자를 대함에 있어, 우리는 지나치게 엄격하거나 혹독하지 말아야 하며, 너무 관대하거나 태만하지 말도록 지대**

한 주의를 기울여야 한다. 우리의 절차를 밟음에 있어서 우리들은 우리자신을 숙고하고, 또한 시험에 들지 않도록 온유함의 정신으로 수행해야 한다. 그리고 우리에게 가장 좋은 것은 주님으로부터 많은 용서를 요구하는 것이다. 하지만 이러한 수고의 목적은, 잘못을 범한 자들의 영혼의 승리함과 치유함이기에, 우리의 형제들을 건성으로 치유하려고 하거나, 무뚝뚝하게 모르타르를 발라버리듯이 [은폐하려고] 하지 말아야만 한다."고 했다.

무엇보다 '출교'excommunicate는 제네바 치리서에서 언급하는 바와 같이 최종적인 것이되 "영적 사역"[2]에 속하는 것이며, 그러므로 케임브리지 강령에서도 "출교를 당한 사람을 해치는 것이 아니며, 그의 시민권을 박탈하는 것도 아니므로, 군주들princes이나 다른 관원들magistrates의 시민적 권세나 권위를 해치거나 영향을 미치는 것이 아니다. 또한 파문된 자들은 세리나 이교도와 같은 자들로서, 이방인들은 교회 회집 가운데로 말씀을 들으러 오는 것이 합법적으로 허용되었으며, 우리는 그러므로 말씀을 들을 수 있는 자유가 파문당한 사람들에게 허용될 수 있음을 인정하는 바이며, 그것은 이교도까지도 허용되는 것이다. 그리고 우리는 그의 회복에 대한 희망을 버리는 것이 아니므로 그를 적으로 여기지 말고, 다만 그를 형제와 같이 훈계해야 한다."고 했다. 한마디로 교회의 치리와 권징은 사법권을 행사하는 것이 아니라 영적인 것으로서, 특별히 하나님의 말씀과 관련된 것임을 알 수가 있다. 즉 권면이나 책망을 하더라도 하나님의 말씀으로서의 성경에 근거하여 행하

---

2 혹은 케임브리지 강령에서 명시하는바 "영적인 징벌."

는 것이며, 또한 권징을 시행한다 하더라도 **'보이는 말씀'**Verba visibilia 으로서의 성만찬에서 배제되는 **"수찬정지"**suspension from the Lord's table 를 먼저 시행하는 것이다. 이는 케임브리지 강령보다 앞서 작성된 웨스트민스터 장로교회 정치형태에 관한 문서의 말미에 언급하는바, **"아직은 그에게 설교를 듣는 것을 금지하지는 않았으나, 그는 성찬으로부터는 제외되었으며, 그리고 교회의 다른 의무들 및 회개할 기회와 자유는 가질 수가 있어야 한다."**고 한 문구는 바로 이러한 맥락을 내포하는 것이라 하겠다. 아울러서 **"모든 처벌, 교정, 견책, 그리고 책망은 하나님의 말씀보다 더 이상 넘어서지 않아야 하며, 자비와 더불어서 합법적으로 행해야만 한다."**고 웨스트민스터 장로교회 정치형태의 문서는 규정하고 있으니, 한마디로 예배에 있어서의 **'규정적 원리'**regulative principle of worship와 마찬가지로 치리와 권징에 있어서도 **"하나님의 말씀보다 더 이상 넘어서지 않아야"** 하는 것이다.[3]

한편, 케임브리지 강령 6조에서 **"출교는 영적인 징벌이기 때문에 출교를 당한 사람을 해치는 것이 아니며,⋯⋯그러므로 말씀을 들을 수 있는 자유가 파문[즉, 출교]당한 사람들에게 허용될 수 있음을 인정하는 바이며, 그것은 이교도까지도 허용되는 것이다."**라고 한 문구는, **"아직은 그에게 설교를 듣는 것을 금지하지는 않았으나, 그는 성찬으로부터는 제외되었으며, 그리고 교회의 다른 의무들 및 회개할 기회와 자유는 가**

---

3 이는 사실 웨스트민스터 신앙고백(1647) 제1장 2조에서, 앞서 명시한 구약과 신약의 목록을 바탕으로 "이 모두는 신앙과 삶의 규칙이 되도록to be the Rule, 하나님의 영감에 의해 주어진 것"이라고 함에 바탕을 두는 것이다. 그런즉 성경은 우리의 신앙과 삶, 예배와 치리에 있어서도 유일한 규칙을 제공하는 것이다.

질 수가 있어야 한다."고 한 제네바 치리서의 문맥과는 반대되는 것으로 이해해야 할 것이다. 즉 존 녹스는 장로교회의 치리와 권징에 있어서 최종적인 단계인 '출교'에서 "설교를 듣는 것을 금지"했던 것[4]에 반해, 회중교회의 케임브리지 강령에서는 "말씀을 들을 수 있는 자유가 파문당한 사람들에게 허용될 수 있음을 인정하는 바"임을 밝히고 있는 것이다. 그러나 제네바 치리서의 "사도 바울이 고린도인들에게 근친상간을 한 간부들을 추방하라는 명령으로 예언했을 때, 그가 말하기를 적은 누룩이 반죽덩어리 전체를 쉬게 한다고 했다. 셋째 이유로는, 이렇게 교정 또는 출교된 자가 그 자신의 잘못을 수치스러워할 수가 있으며, 회개를 통해 개정이 이뤄진다."고 한 문구로 보건대, 장로교회에서 출교는 설교를 듣는 것[곧 예배에 참여하는 것]에서도 배제됨을 알 수가 있다. 예컨대 고린도전서 5장에서 사도 바울은 그 아버지의 아내를 취하였다고 하는 음행에 대해 이르기를 "어찌하여 통한히 여기지 아니하고 그 일 행한 자를 너희 중에서 쫓아내지 아니하였느냐."(2절)고 했는데, 특별히 고전 1:2절에 명시한바 "고린도에 있는 하나님의 교회"라는 문구로 볼 때에 그러한 자를 고린도 지역에 있는 교회들 전체[즉, 고린도 노회Presbytery]에서 쫓아냈어야 했음을 설파했음을 볼 수가 있다. 그러면서 이르기를 "주 예수의 이름으로 너희가 내 영과 함께 모여서 우리 주 예수의 능력으로, 이런 자를 사탄에게 내주었으니 이는 육신은 멸하고 영은 주 예수의 날에 구원을 받게 하려 함이라."(4-5절)고 했다. 한마디로 "그 아버지의 아내를 취하였"던 음행하는 자를 고린도 지역의

---

4 웨스트민스터 장로교회 정치형태(1945)의 "교회에서 아직 출교되지 않은 자에게 권위 있게 수찬정지를 시키는 것은 성경과 일치한다."는 문구도 마찬가지 문맥으로 보아야 할 것이다.

교회들 가운데서 쫓아낸 것은 "사탄에게 내주었"던 것이었으니, 고린도 교회의 교제에서뿐 아니라 공적인 교회의 모임에서도 쫓아내었음에 분명하다. 마찬가지로 딤전 1:20절에서 "양심[착한 양심]을 버렸고 그 믿음에 관하여는 파선"한 자에 대하여 이르기를, "그 가운데 후메내오와 알렉산더가 있으니 내가 사탄에게 내준 것은 그들로 훈계[징계]를 받아 신성을 모독하지 못하게 하려 함이라."고 했다.

끝으로 케임브리지 강령은 9조에서 **"어떤 부분에서 세속적이고 수치스러운 사람들이 용인되는 그러한 교회로부터의 분리와 같은 것은 현재로서는 필요하지 않다. 따라서 합당하지 않은 그러한 회원들이 성례에 참여함으로 인해, 앞서 말한 교회와 소통하기를 마다하는 것은 위법이다."**라고 하면서도, 또한 말미에 이어지는 문구 가운데서 **"만일에 그 교회가 개혁될 수 없다면, 그들은 13장 4조[5]에 규정된 대로 그들의 자유를 사용할 수 있다."**고 하여, 출교와는 반대되는 **'분리'**separation의 여지를 열어두고 있다. 즉, 회중주의의 분리적인 성격을 온건하게 명시하고 있는 것이다.

---

5 "회원이 그 스스로 교회로부터 이탈하는 것에 대한 합당한 이유는, ⑴. 만일에 죄에 참여하지 않고서는 [교회에 속하기를] 계속할 수가 없거나, ⑵. 개인에 대한 종교적 박해의 경우이다. 그 때문에 바울은 다메섹에서 제자들로부터 떠났던 것이다. 또한 광범위하게 종교적 핍박을 받는 경우라면, 모든 자들이 뿔뿔이 흩어질 수밖에 없다. ⑶. 최저생계의 만족을 가장하여 원하는 경우뿐만 아니라 실재의 경우에 있어서도, 영적인 건덕의 수단으로써와 더불어서, 더 나은 [영적] 공급을 위해 다른 곳으로의 문이 열려 있는 것이다. 이러한 경우, 혹은 이와 유사한 경우에 있어서, 회원은 적법하게 이탈할 수 있으며, 또한 교회는 합법적으로 그를 못가도록 붙들 수 없다."고 했다.

The Cambridge Platform(1648)

Chap XV:

교회들 서로간의 친교

1. 비록 교회들이 [서로] 구별distinct 된다 할지라도, 또한 그에 따라 혼란되어서도confounded 안 된다. 아울러 [서로] 동등equal하며, 서로를 지배dominion해서도 안 된다. 하지만 모든 교회들은 서로간의 교회적 친교church communion를 유지해야 하는데, 왜냐하면 그들 모두는 신비적으로서가 아니라, 그에 따른 적합한 친교a communion를 도출하는 정치적 수장 a political head으로서의 그리스도와 연합되어 있기 때문이다.

▶ 계 1:4. 아 8:9. 롬 16:16. 고전 16:19. 행 15:23. 계 2:1.

The Discipline of the Reformed Churches of France(1559)

Chap VI:

교회의 연합에 관하여

1. 어떠한 교회도 다른 교회에 대해 우월권Primacy 혹은 관할권Jurisdiction을 주장할 수 없으며, 한 지방Province 대회가 다른 지방 대회 위에 있을 수 없다.

2. 만일에 그것[지방대회]이 소집될 수 있다면, 어떠한 교회도 지방 대회의 조언이나 동의가 없이 다른 교회의 이득이나 손해를 줄 수 있는 중대한 결과를 초래하는 일을 수행할 수 있는 능력을 스스로 취하려 하지 말아야 한다. 그리고 사안이 급한 경우라면, 서면을 통해 그 지역Province 안에 있는 교회와 소통할 수 있으며, 또

2. 교회들의 친교communion는 여러 가지 방법들로 시행된다. (1). 다른 이들의 복리를 위하는 고려함으로서의, 상호간 돌봄mutual care의 방법으로. (2). 우리가 다른 교회의 판단judgment과 권고counsel를 요구할 계기가 있을 때에, 우리 자신보다 더 잘 알 수 있는 사람이나 원인cause에 관하여, 서로 협의consultation함으로서. [이는] 안디옥 교회가 예루살렘에 있는 교회의 사도들과 장로들과 더불어서, 이방인의 할례에 관한 문제, 그리고 그러한 교리doctrine를 배척한 거짓 교사들에 대하여 의논했을consulted 때와 같다. 어떤 경우에는, 어느 교회가 그들 사이에 지성light이나 평안peace을 원할 때에, 말씀에 따르면, 대회a synod에 장로들과 다른 사자들이 함께 모여서, 우려스러운 점이나 차이점을 고려하여 논의하는 것이 교회의 친교의 한 방법이다. 그리고 진리와 평화의 방편을 발견한 후

한 이와 관련하여 그들의 조언을 받고 취할 수 있다.

3. 교회들과 개별 회원들은 조언advise을 받되, 어떠한 박해persecution가 일어날지라도, 그들은 개인적인 평화와 자유를 얻기 위하여 우리 교회 전체the whole Body of our Churches의 거룩한 연합으로부터 떠나지 않는다. 그리고 이 규정Canon에 반하는 행동을 하는 사람은 누구든지, 노회Colloquies와 대회[혹은 총회, Synods]가 적절하다고 판단하는 견책Censure이 그에게 가해질 것이다.

4. 신앙에 관한 분쟁은 이렇게 관리되어야 하니, 우리들 가운데 누구도 공격자Aggressors가 되어서는 안 된다. 그리고 만일 그들 가운데에 분쟁이 생길 경우에, 그들은 이러한 기본 규정a Foundation Rule을 위하도록 우선순위를 두지 않고는 결코 그것을 지혜롭게

에, 그들의 서신들과 사자들로 동일한 관심을 가질 수 있는 자들의 교회에 권하도록 했다. 그러나 만일에 교회가 서로 분열하여 분리되거나, 어떤 공개적인 추문 아래 놓여 있거나, 또한 동일한 것의 치유 혹은 제거를 위해 다른 교회들과 더불어서 의논하기를 거절한다면, 그것은 주 예수와 다른 교회들에게 단지 모욕의 문제로서, 긍휼과 충성이 너무나도 부족함을 나타내는 것과 같으며, 교회와 형제들의 틈과 상처를 싸매려고 애쓰지 않음과 같은 것이다. 그러므로 그러한 교회의 상태는 훈계로써 형제적 친교의 더욱 완전한 행위를 행사하도록 다른 교회들에게 큰 소리로 말하여 요구해야 한다. (3). 교회들의 친교에 관한 그 다음 세 번째 방법은 권계admonition의 방편으로서 이다. 즉, 교회에서 공적인 잘못을 범한 것이 발견되었음에도, 그들이 그것을 분별하지 못하거나, 제명하

해결할 수 없을 것이다. 성경은 분쟁의 유일한 심판관Judge이며, 교리의 요점을 판별하고 결정하는 능력을 고대의 글the writings of the Ancients에 양보할 수 없다. 또한 먼저 상호간 혹은 개별적으로 서면으로 서명을 하고 시행하는 것을 조건으로 하지 않는 한, 그들은 어떤 논쟁도 응할 수 없을 것이다. 오직 그들의 치리회의 조언과 더불어, 엄선된 목사 a select number of Pastors, 즉 노회 Colloques 또는 지방 대회Provincial Synods에 의해 이 목적을 위하여 선택된 사람의 조언이 아니고서는, 누구도 공적으로 논쟁을 해서는 안 된다. 목사가 교회의 연합을 깨뜨리는 자 혹은 배교자로 판명된 경우가 아니라면, 고통을 감수하고라도, 전국 대회a National Synod 안에 모인 모든 교회 회집 the Churches assembled의 조언이 없이, 그들은 어떠한 논쟁이나 일반적인 회의general

고 치유하기 위한 수단을 사용하는 데 더디게 진행되는 경우이다. 바울은 베드로 위의 권세가 없었으나 베드로가 바르게 행하지 않는 것을 보았을 때에, 교회 앞에서 그를 공적으로 견책rebuke했다. 비록 교회는 더 이상 다른 교회 위의 권위를 지니지 못하지만, 한 사도가 다른 사도를 다스리는 것이 아니라 한 사도가 다른 사도를 훈계하는 것과 같이, 한 교회가 다른 교회를 훈계하되 그 권리를 침해하지 않도록 해야 한다. 어떤 경우에 있어서, 만일에 잘못을 범한 교회가 그 교회를 훈계하는 교회의 말에 귀를 기울이지 않는다면, 그 교회에 대해 주어진 형제적 훈계를 등한히 하는 것과 더불어서, 그 교회에 여전히 가로놓여 있는 그 잘못에 대해 다른 이웃 교회들에게, 알려야 한다. 그에 더하여, 다른 교회들은 이전에 주어졌던 권계에 대해 재검토 하는 것에 동참해야 한다. 그

Conference를 소집할 수 없다.

5. 교회는 우리의 노회Colloquies와 대회Synod에 속한 교회적 회집Assemblies, 즉 지방Provincial이나 전국National에 있는 일치와 연합의 버팀벽Buttresses이자 결속대Bands로서, 분열Schisms, 이단Heresies, 그 외의 모든 장애요인들을 반대하는 모든 것들을 공지해야 한다. 그러므로 그들이 교회적 회집Ecclesiastical Assemblies을 유지하고 지지하기 위한 수단을 사용하는 경우에 그들의 의무를 면제할 수 있다. 그리고 어떤 교회나 특정 개인이든지 간에, 그들의 회집에 출석하기를 거부할 수가 있지만, 이런 경우에 그들은 극심한 견책censured을 받는다. 즉 거룩한 연합Holy Union을 저버린 자로서, 거룩한 연합은 우리 가운데 상호 연합을 위하여 어떠한 경우든 지켜져야 하기 때문이다. 그러므로 이러한 규칙 준수를 소

리고 여전히 잘못을 범한 교회가 완고하고 회개하지 않는다면, 그들과의 교제를 중단할 수 있으며, 그들의 설득을 위해서 (만약에 잘 설득할 수가 없다면) 질서 있게 행하는 대회a synod 또는 이웃한 교회들의 회의council of neighbor churches의 도움을 계속 진행해 나아가도록 해야 한다. 만일에 그들이 대회의 말을 듣지 않으면, 그 대회는 그들이 완고하다고 공표하고, 개별 교회들은 대회의 판결을 받아들이고 승인하여서, 각기 그들에 대해 교류하지 않음non-communion의 선언을 천명해야 한다. 또한 그에 더하여, 그들 자신의 순전한 친교를 유지하기 위한 종교적 보살핌에서 벗어나서, 그들은 주의 만찬the Lord's table에 참여하는 것과, 교회의 친교가 다른 방법으로 허용되고 요구되는 것과 같은 그러한 다른 거룩한 친교의 행위들에서 그들 자신을 합당하게 탈퇴withdraw할 수 홀히 하는 자는, 전국 총회 혹은 지방 대회에 의해 혹독한 견책을 받는 것이다.

있다. 그럼에도 불구하고, 만일에 공적인 잘못 아래 거하는 그러한 교회의 어떤 회원들이 교회의 잘못에 대해 동의하지 않으며not consent, 오히려 그에 대하여 정당한 종류의 증거를 지니고 있다면, 그들은 여전히 원했었던 친교communion에 수용되어야 할 것이다. [왜냐하면] 잘못이 없는innocent 자가 공격을 당함으로 고통을 받는 것은 공평하지 못하기 때문이다. 그렇다, 만일에 그와 같이 무고한 회원들이 자신들의 교회의 잘못을 치유하기 위해 모든 선한 수단들을 사용하기 위해 충분히 기다린 후에, 마침내 이웃한 교회 협의회의 승인을 받아서, 그들 자신의 교회의 교제fellowship로부터 탈퇴하고, 다른 이들과의 교제에 그들 자신을 제공할 때에는, 우리는 다른 교회가 마치 그들이 자신들의 교회에서 그들에게로 질서 있게 이명을 받은 것처럼 (다른 점에서 적합하다면) 그들을 받아들이는 것이 합법적이라고 판단한다. (4). 교회들이 서로 친교하는 네 번째 방법은 참여에 의한 방법way of participation이다. 한 교회의 회원들이 때때로 다른 교회에 올 때에, 우리는 그들이 주님의 만찬에 우리와 더불어서 참여하는 것을 기꺼이 인정하는 바이며, 그것은 우리의 친교의 인the seal of our communion으로서, 그리스도와 더불어서 뿐 아니라 우리 자신의 교회 회원들, 더욱이 성도들의 모든 교회들과의 인이다. 이와 관련하여 우리들은, 만일에 그들에게 목사minister가 부재하더라도, 그러한 거룩한 교제의 열매로서 우리들과 함께하기를 원한다면, 우리에게 주어진 그들의 자녀들에게 세례를 주는 것을 거부하지 않는다. 한 명 이상의 목사가 있는 교회나 이와 유사한 경우에 있어서는, 필요한 기간 동안에 다른 교회에 결석하거나, 병든 목사의 자리를 대신할 수 있도록,

자신들의 목사 가운데 한 사람을 기꺼이 보내주어야 한다. (5). 교회 친교의 다섯 번째 방법은 추천recommendation에 의한 것으로, 한 교회의 교인이 다른 교회에 출석할 계기가 있을 때에, 만일에 한 계절 동안이 아니라면, 우리는 추천서letters of recommendation에 의해 그들의 조심스러운 교제로 그를 맞이하도록 한다. 하지만 만일 그가 그곳에 거처를 정하도록 부름을 받은 것이라면, 우리들은 그의 뜻에 따라, 이명증서letters of dismission로서 그들의 언약의 교제에 그를 맞아들일 수 있도록 한다. (6). 교회 친교의 여섯 번째 방법은, 필요한 경우에, 목회자의 교체to minister relief와 서로 간의 도움을 제공하며, 자질이 있는 교인들 중 어느 한 사람이 가난한 교회의 필요에 따라 직분자officers나 외적인 지원outward support을 그들에게 제공하는 것으로서, 이방인들의 교회가 예루살렘

에 있는 가난한 성도들에게 아낌
없이 연보한 것과 같은 것이다.

▶ 아 8:8. 행 15:2,6,22,23. 겔 34:4.
갈 2:11-14. 마 18:15,16,17, 비율만
큼. 창 18:20. 고전 12:13. 롬 16:1. 행
18:27, 그리고 11:22,29. 롬 13:26,27.

3. 신자들의 무리a company of believ-
ers가 교회 친교로 모이려 할 때
에는, 그들의 더욱 안전한 진행
을 위해서, 그리고 교회들의 친
교를 유지하기 위해, 이웃 교회
들에게 그들의 열심을 나타내 보
이고, 복음의 질서the order of the
gospel를 따라서 행하며, 또한 그
들의 참여와 도움, 그리고 올바
른 교제의 손길right hand of fellow-
ship을 염원하며, 그들의 진행에
반대할 정당한 이유가 없을 때에
는. 그들에게 제공해야 할 것들
을 기꺼이 제공해야 한다.

▶ 갈 2:1,2, 그리고 9. 비율만큼.

4. 이러한 여러 가지 친교의 방법들

외에도, 교회들의 전도의 방법들 a way of propagation도 있다. 교회가 너무 많은 수로 성장했을 때에는, 한 교회를 다른 곳으로 전도하기 위해, 옮겨갈 의사가 있는 그들의 회원들을 앞서 말한 곳으로 보내고, 또한 그들에게 일부의 직분자들officers을 주선하기 위해서, 그들과 더불어서 그 자신들의 교회 재산church estate을 투입할 수 있도록 하는 것이 적절한 시기이자 방법이다. 꿀벌과 같이, 벌통이 너무 가득 차면 떼를 지어 나와서 다른 벌집으로 모이는 것이다. 그렇게 함으로 그리스도의 교회들은 필요에 따라서 동일한 일을 할 수 있는 것이다. 그리고 그들이 교회로 모일 때와 그들의 직분자들을 안수하는 가운데에, 그들에게 올바른 교제의 손길을 내밀도록 한다.

▶ 사 40:20, 아 8:8,9.

해설

장로제도의 교회이든 회중주의의 교회이든 간에 개신교회들에서 기본적으로 정립하고 있는 것이 바로 개별 교회의 독립성으로서, 장로교회로서의 초기적인 교회정치를 구현하고 있는 프랑스 개혁교회 치리서(1559)에서는 1조에서는 이에 관련하여 **"어떠한 교회도 다른 교회에 대해 우월권 혹은 관할권을 주장할 수 없"**다고 명시하고 있다. 이는 로마 가톨릭교회의 교황제papacy 혹은 감독제superintendent에서 찾아볼 수 있는 바와 같이 위계적인 교회조직과 그에 따른 관할권의 주장을 철저히 부인하는 것으로서, 프랑스 개혁교회 치리서는 연이어 명시하기를 **"한 지방대회가 다른 지방대회 위에 있을 수 없다."**고 명시했다. 마찬가지로 회중교회에 있어서도 케임브리지 강령 1조에서 **"교회들이 구별"**된다는 표현을 통해서 개별 교회의 독립적인 운용의 성격을 명시하고 있다. 즉 기본적으로 개별 교회들 간에는 서로 **"동등하며"** 또한 **"서로 지배해서도 안 된다."**고 명시한 것이다.

하지만 그럼에도 불구하고 모든 개별 교회들은 철저히 독립적이기만 한 것이 아니다. 오히려 웨스트민스터 신앙고백 제25장은 교회에 관해 명시하기를 **"비가시적인 '보편적Catholick 즉, 일반적인Universal 교회'는 그 교회의 머리이신 그리스도 아래 한 몸으로 모였었고, 모여 있으며, 모일 택함을 입은 사람들의 총수the whole number로 이뤄져 있**

다."(1조)고 했으며, 또한 **"가시적 교회 역시 복음시대에는** (이전의 율법 아래에서처럼 한 민족에 제한되지 않고) **'보편적 즉, 일반적인 교회'인즉, 그것은 온 세계에서 참된 신앙을 고백하는 모든 사람들과 그들의 자녀들로 이루어졌다."**고 했다. 마찬가지로 케임브리지 강령에서도 **"모든 교회들은⋯⋯신비적으로서가 아니라, 그에 따른 적합한 친교를 도출하는 정치적 수장으로서의 그리스도와 연합되어 있"**다고 했다. 그런즉 장로제도의 교회이든 회중주의의 교회이든 간에 개신교회들에서 기본적으로 정립하고 있는 교회의 바탕은 매우 유사하며 공통적이다.

그런데 가시적인 교회로서의 개별 교회들이 어떻게 **"택함을 입은 사람들의 총수"**를 이루며 연합하는지와 관련해서 장로교회와 회중교회의 명시는 분명한 차이를 두고 있다. 즉 프랑스 개혁교회 치리서 1조에 명시한바 **"어떠한 교회도 다른 교회에 대해 우월권 혹은 관할권을 주장할 수 없으며, 한 지방 대회가 다른 지방 대회 위에 있을 수 없다."**고 한 문구 가운데서 알 수가 있듯이 교회정치의 방식으로서 교회들 간의 연합을 이루게 되는 것인데 반해, 회중교회의 케임브리지 강령에서는 **"모든 교회들은 서로간의 교회적 친교를 유지해야"** 한다고 한데서 알 수 있듯이 기본적으로 교회들 간의 친교를 통한 연합을 지향하고 있다. 그러므로 프랑스 개혁교회 치리서 3조에서 **"교회들과 개별 회원들은 조언advise을 받되⋯⋯이 규정에 반하는 행동을 하는 사람은 누구든지, 노회와 대회**[혹은 총회, Synods]**가 적절하다고 판단하는 견책이 그에게 가해질 것이다."**라고 하는 교회정치의 문구로서 교회들

간의 긴밀한 연합의 맥락을 언급하고 있는 것과 달리, 케임브리지 강령에서는 **"상호간 돌봄의 방법"**이나 **"서로 협의함"**의 방식을 언급함으로써 그 맥락을 교회정치의 방식보다는 친교적인 맥락으로 완화시키고 있음을 볼 수가 있다.

한편, 케임브리지 강령에서는 2조에서 **"다른 교회의 판단과 권고를 요구할 계기가 있을 때에, 우리 자신보다 더 잘 알 수 있는 사람이나 원인**cause**에 관하여, 서로 협의함"**의 예로써 사도행전 15장에 기록된 바 예루살렘 회의의 예를 언급하고 있다. 즉, **"**[이는]**안디옥 교회가 예루살렘에 있는 교회의 사도들과 장로들과 더불어서, 이방인의 할례에 관한 문제, 그리고 그러한 교리**doctrine**를 배척한 거짓 교사들에 대하여 의논했을 때와 같다."**고 한 것이다. 특히 **"의논했다."**consulted고 한 문구에서 알 수 있듯이, 회중교회의 케임브리지 강령에서는 사도행전 15장의 예루살렘 회의를 사도들과 장로들의 상의[혹은 상담consult]를 위한 회의 정도로 해석하고 있음을 볼 수가 있다. 하지만 웨스트민스터 장로교회 정치형태(1645)의 문서에서는 "노회에 관하여" 규정하는 가운데서 "예루살렘 교회의 경우"에 관해 언급하기를 "예루살렘 교회는 한 개보다 더 많은 지교회로 이루어져 있으며, 이 모든 지교회는 한 장로회 정치 아래 있었다."고 하면서 예루살렘 교회가 **"노회"**[혹은 장로회Presbytery]였다고 명시하고 있다. 즉 사도행전 15장에서 언급하고 있는 예루살렘 회의는 **"사도들과 장로들과 더불어서, 이방인의 할례에 관한 문제, 그리고 그러한 교리를 배척한 거짓 교사들에 대하여 의논**[혹은 상담]**"**하는 정도의 회의였던 것이 아니라 '노회'로서의 회의였다고 보는 것이 웨스트민스터 장로교회 정치형태의 입장이다. 한마디로 신약성경에 언급되어 있는 신약교회는 이미 장로교회 정치형태로서 정립된 교회였다는 것이다. 그러므로 장로교회들의 연합에 있어서는, 지방 대회를 위한 노회정치로서의 장로교회정치가 필연적이며 필수적이다.

케임브리지 강령은 계속해서 교회들의 친교를 위한 방법들로 **"상호간의 돌봄"**과 **"서로간의 협의"** 외에, **"권계의 방편"**을 언급한다. 즉, **"비록 교회는 더 이상 다른 교회 위의 권위를 지니지 못하지만, 한 사도가 다른 사도를 다스리는 것이 아니라 한 사도가 다른 사도를 훈계하는 것과 같이, 한 교회가 다른 교회를 훈계하되 그 권리를 침해하지 않도록 해야 한다."**는 것이다. 이처럼 케임브리지 강령은 교회들의 **'연합'**the Union이 아니라 **'친교'**the communion라는 용어의 제목에서 알 수 있듯이, 기본적으로 개별 교회들이 자발적으로 교제를 형성하는 것에 염두를 두고 있음을 볼 수가 있다. 그러므로 **"어떤 경우에 있어서, 만일에 잘못을 범한 교회가 그 교회를 훈계하는 교회의 말에 귀를 기울이지 않는다면, 그 교회에 대해 주어진 형제적 훈계를 등한히 하는 것과 더불어서, 그 교회에 여전히 가로놓여 있는 그 잘못에 대해 다른 이웃 교회들에게, 알려야 한다. 그에 더하여, 다른 교회들은 이전에 주어졌던 권계에 대해 재검토 하는 것에 동참해야 한다."**고 하여, 개별 교회들의 자발적인 훈계의 방식에 의해 서로간의 친교가 이뤄지는 것을 유도하고 있다. 물론 그렇다고 회중교회의 케임브리지 강령이 철저히 개별 교회들의 자발적인 친교의 활동만을 주장하고 있는 것이 아니다. 예컨대 **"여전히 잘못을 범한 교회가 완고하고 회개하지 않는다면, 그들과의 교제를 중단할 수 있으며, 그들의 설득을 위해서 (만약에 잘 설득할 수가 없다면) 질서 있게 행하는 대회 또는 이웃한 교회들의 회의의 도움을 계속 진행해 나아가도록 해야 한다. 만일에 그들이 대회의 말을 듣지 않으면, 그 대회는 그들이 완고하다고 공표하고, 개별 교회들은 대회의 판결을 받아들이고 승인하여서, 각기 그들에 대해 교류하지 않음의 선언을 천명해야 한다."**고 한 것이다. 그러므로 케임브리지 강령에서 언급하는 친교의 방법들 가운데 **"권계의 방편"**은 교회정치의 권징의 맥락과 유사하되, 여전히 그 기초적인 근거는 개별 교회들의 자발성에 두고 있음을 볼 수가 있다. 하지만 이러한 회중교회의 권징의 맥락과 달리, 장로교회정치의 원리를 잘 정립하고 있는 프랑스 개혁교회 치리서 4조에서는 **"만일 그들 가운데에 분쟁이 생길 경우에, 그들은 이러한 기본 규정을 위하도록 우선순위를 두지 않고는 결코 그것을 지혜롭게 해결할 수 없을 것이다."**라고 하면서, **"성경은 분쟁의 유일한 심판관"**임을 명시하고 있다. 그런즉 장로교회에서는 친교에 바탕을 둔 **'의논'**consult이나 **'상의'**의 방식이 아니라 명백한 **'권징'**discipline의 방식이되, 그 근거를 오직 **'성경'**에 둠으로써 그러한 방식을 더욱 명확하고 확고하게 제시하고 있음을 알 수가 있다. 아울러 케임브리지 강령이 **"이웃한 교회들의 회의의 도움을 계속 진행해 나아가"**는 것으로서의 **'대회'**를 규정하고 있는 것과 다르게, 프랑스 개혁교회 치리서 4조에서는 **"오직 그들의 치리회의 조언과 더불어, 엄선된 목사, 즉 노회 또는 지방 대회에 의해 이 목적을 위하여 선택된 사람의 조언이 아니고서는, 누구도 공적으로 논쟁을 해서는 안 된다."**고 하여, 이웃한 교회들일지라도 치리회로서 모인 노회 혹은 지방 대회에 선택된 총대 representative 이외에는 신앙에 관한 분쟁의 경우일지라도 논쟁에 참여할 수 없도록 하고 있음을 볼 수가 있다. 그런즉 이러한 차이점들이 **'친교'**라는 용어와 **'연합'**이라는 용어상의 차이[1] 가운데서 회중교회의 케임브리지 강령과 장로교회의 프랑스 개혁교회 치리서 간의 차이를 드러내고 있는 것이다.

특별히 케임브리지 강령 2조에서는 교회들이 서로 친교하는 그 외의 방법으로써 **"참여에 의한 방법"**, **"추천에 의한 방법"**, 그리고 **"목회자의 교체와 서로간의 도움을 제공하며, 자질이 있는 교인들 중 어느 한 사람이 가난한 교회의 필요에 따라 직분자나 외적인 지원을 그들에게 제공하는 것"**을 언급하고 있어서, 이를 통해 개별 교회들 간의 교류의 장을 적극적으로 보장하고 있음을 볼 수가 있다. 즉 **"한 교회의 회원들이 때때로 다른 교회에 올 때에, 우리는 그들이 주님의 만찬에 우리와**

---

1 'communion'이라는 단어는 기본적으로 신앙의 교환을 통한 영적인 교섭의 의미를 내포하며, 'union'이라는 단어의 경우에는 2개 또는 그 이상의 것이 결합하여 일체를 이루는 것으로서의 융합의 의미를 내포한다. 그러므로 '친교'보다는 '연합'이라는 단어가 훨씬 강력한 서로간의 일치를 나타내는 것이라 하겠다. 그러므로 프랑스 개혁교회 치리서에서는 4조에서 "목사가 교회의 연합을 깨뜨리는 자 혹은 배교자로 판명된 경우가 아니라면, 고통을 감수하고라도, 전국 대회 안에 모인 모든 교회 회집의 조언이 없이, 그들은 어떠한 논쟁이나 일반적인 회의를 소집할 수 없다."고 하여 분열의 모의를 분명하게 방지하고 있는데 반해, 케임브리지 강령의 경우에는 1조에서 "그에 따른 적합한 친교를 도출하는 정치적 수장으로서의 그리스도와 연합"이라는 언급을 통해 강력한 의미의 일치에 있어서는 그리스도와의 관계에서 이뤄지고, 교회들 간에는 다소 느슨한 형태의 일치인 '친교'라는 말을 사용하고 있다. 더욱이 케임브리지 강령 2조는 "무고한 회원들이 자신들의 교회의 잘못을 치유하기 위해 모든 선한 수단들을 사용하기 위해 충분히 기다린 후에, 마침내 이웃한 교회 협의회의 승인을 받아서, 그들 자신의 교회의 교제로부터 탈퇴하고, 다른 이들과의 교제에 그들 자신을 제공할 때에는, 우리는 다른 교회가 마치 그들이 자신들의 교회에서 그들에게로 질서 있게 이명을 받은 것처럼 (다른 점에서 적합하다면) 그들을 받아들이는 것이 합법적이라고 판단한다."는 명시 가운데서 이탈이나 분리에 해당하는 정당한 사례를 규정함으로써, 그처럼 느슨한 연합의 성격이 어떠한지를 드러내고 있다.

더불어서 참여하는 것을 기꺼이 인정하는 바이며, 그것은 우리의 친교의 인으로서, 그리스도와 더불어서 뿐 아니라 우리 자신의 교회 회원들, 더욱이 성도들의 모든 교회들과의 인이다. 이와 관련하여 우리들은, 만일에 그들에게 목사가 부재하더라도, 그러한 거룩한 교제의 열매로서 우리들과 함께하기를 원한다면, 우리에게 주어진 그들의 자녀들에게 세례를 주는 것을 거부하지 않는다. 한 명 이상의 목사가 있는 교회나 이와 유사한 경우에 있어서는, 필요한 기간 동안에 다른 교회에 결석하거나, 병든 목사의 자리를 대신할 수 있도록, 자신들의 목사 가운데 한 사람을 기꺼이 보내주어야 한다.”는 이후의 문구들 가운데서 개별 교회들 간의 교류로서의 친교의 맥락을 분명하게 확인할 수 있는 것이다. 뿐만 아니라 ‘추천’recommendation이나 ‘이명’dismission, 그리고 “목회자의 교체”relief 등을 통해 개별 교회들 간의 교류와 이동의 가능성을 상당하게 보장하고 있다. 이외에도 케임브리지 강령 3조와 4조는 개별 교회들 간의 교류와 실재적인 이동의 가능성을 넓게 열어두고 있음을 볼 수가 있는데, “교회들 서로간의 친교”라는 제목에서 알 수가 있듯이 그러한 교류들이 각각의 개별 교회들 사이에서 이뤄짐을 볼 수가 있다. 반면에 장로교회의 교회정치를 설명하는 프랑스 개혁교회 치리서에서는 5조에서 “노회와 대회에 속한 교회적 회집”이라는 문장을 통해서 개별 교회 자체로서가 아니라 ‘노회’Colloquies와 ‘대회’Synod와 같은 치리적 회의체로서 연합된 교회의 개념을 규정하고 있다. 한마디로 회중교회에서의 교회의 개념은 개별 교회들을 지칭하는데 반해, 장로교회에서의 교회의 개념은 노회와 대회와 같은 회의체까지 확장하는 연합체로서의 교회의 개념이기 때문에 기본적으로 그러한 연합 안에서 교회에 속하게 되는 것이다. 더구나 **"어떤 교회나 특정 개인이든지 간에, 그들의 회집에 출석하기를 거부할 수가 있지만, 이런 경우에 그들은 극심한 견책을 받는다."**고 하여, 소속한 회집에서 함부로 이동하거나 이탈하는 것을 분명하게 경계하고 있으며, **"거룩한 연합은 우리 가운데 상호 연합을 위하여 어떠한 경우든 지켜져야 하기 때문"**이라고 하여 강력한 연합의 결속을 지향하고 있음을 볼 수가 있다. 따라서 장로교회의 교회 개념이 개별 지교회에 국한되거나 치중하는 것이 아니라 노회와 대회와 같은 치리적 회의체에까지 확장되는 개념이라는 것에는, 한 연합체로서의 회집을 쉽게 벗어날 수 없도록 하는 거룩하고 강력한 연합의 지향을 내포하고 있는 것이라 하겠다. 그러므로 장로교회에 있어서 빈번하게 개별 교회들을 이동하거나, 심지어 노회와 대회와 같은 회집조차 동참하려고 하지 않는 등의 분열 schism과 개교회주의local church liberalism의 양상은 **"전국 총회 혹은 지방 대회에 의해 혹독한 견책을 받"**아야 할 만큼 거룩한 연합을 저해하는 행위임을 프랑스 개혁교회 치리서의 문구들 가운데서 파악할 수가 있다. 한마디로 장로교회는 개별 교회들의 친교로서 노회와 대회에 속하는 것이 아니라 하나의 교회로서의 연합으로 노회와 대회에 속하는 것이다. 그리고 그렇게 하여 교회는 **"거룩한 연합"**Holy Union을 이룬다.

The Cambridge Platform(1648)

Chap XVI:

대회synods

1. 우리는 대회synods로 질서 있게 모여서 사도행전 15장에 따라 올바르게 진행해 나가는 것을 그리스도의 규례로서 인정한다. 또한 교회의 존재함에 절대적으로 필요한 것은 아닐지라도, 여러 시대에 사람들의 죄악과 시대의 패역perverseness of times으로 인하여서, 교회들의 평안과 그 안에서 진리와 평화를 확립하는 데에 필요한 것이다.

   ▶ 행 15:2-15.

2. 대회는 영적이며 교회적인 회집 spiritual and ecclesiastical assemblies 이므로 영적이거나 교회적인 것에 관한 정당한 이유에 따라 구성

The Form of Presbyterial Church Government(1645):

대회Synodical Assemblies에 관하여

성경은 노회classical와 당회congregational 이외에 교회 정치[치리]를 위한 또 다른 종류의 회의assemblies를 제시하고 있는데 이 모든 것을 대회Synodical라고 한다.

목사Pastors와 교사teachers와 또 다른 치리자church-governors들이, (적절하다고 생각될 때는 다른 적당한 자들이) 우리가 대회라 부르는 그러한 회의의 회원들이며, 거기서 그들이 합법적 부르심a lawful calling을 받는다.

여러 종류의 대회Synodical assemblies 가 합법적으로 있을 수 있으니, 지방 provincial 대회, 전국national 대회, 그

된다. 그리스도 아래에서 그것들에 대한 다음의 유효한 동기effi-cient cause는, 그리스도의 이름으로 함께 모인 그들의 장로들과 다른 사자들messengers을 교회의 권한으로 파송하는 대회에 있어서의 문제이다. 또한 그들은 말씀에 따라 종교의 문제들을 논의하고, 토의하며, 판결하여, 관련된 교회에 그것을 배포함publishing으로써, 이단들heresies과 오류들errors에 대한 유죄 판결conviction과 진리의 확립에 대한 합당하고 정식적인formal 대회의 결의들을 제시한 것이었으며, 교회 안에서의 진리와 평화에 관한 확립이, 곧 대회의 목적이다.

▶행 15:2,3,6,7-23,31, 그리고 16:4,15.

3. 관원들Magistrates은 종교의 문제들에 있어서 그들을 조언하고to counsel 원조assist하기 위해, 교회에 그들의 장로들과 다른 사자들

리고 범 세계oecumenical 대회이다.

교회 정치를 위하여 당회congrega-tional, 노회, 지방 대회, 그리고 전국 대회에 종속 관계가 있음은be a subordination 합법적이며, 그리고 하나님의 말씀에도 합치한다.

The Discipline of the Reformed Churches of France(1559)

Chap Ⅷ:

지방 대회Provincial Synods에 관하여

1. 모든 지방의 경우에 모든 교회의 장로와 목사들은 일 년에 한 번 혹은 두 번 다 같이 모이도록 하며, 그렇게 모일 경우에는 사리분별과 신중함을 잃지 않도록 한다.

을 보내도록 부름으로써 대회를 소집할 권한이 있다. 그러나 대회를 구성하는 것은 여전히 교회가 실행할 일a church-act이며, 세속 관원이 교회들과 교회의 회집assemblies에 적대적일지라도, 교회에 의해서by the churches 집행할 일이다.

▶ 고후 29:4,5-11. 행 15.

4. 신앙상의 논쟁이나 양심상의 문제들을 토의하고 결론짓는 것은 대회synods와 종교회의councils에 속하는 것이다. 하나님의 거룩한 예배, 그리고 교회의 선한 다스림government을 위한, 거룩한 지침들을 말씀에 따라 명확하게 밝히며, 개별 교회의 잘못된 교리doctrine나 태도들manners에 있어서의 실정maladministration과 부패에 대하여 증언하는 것을 맡는다. 또한 그것으로부터의 개혁을 위한 지시를 전달하며, 권징discipline의 방법 가운데서 교회의 책

2. 목사Ministers는 지교회의 치리회를 대표하여 선출한 한 명 혹은 두 명의 탁월한 장로들과 함께 동행한다. 그리고 앞서 말한 목사는 그들의 임무Commissions와 더불어서 그들을 이끌어야 한다. 그러나 만일에 목사가 장로 없이 혼자 참석할 경우, 혹은 목사 없이 장로가 혼자 참석할 경우에는, 그들의 약전Memoirs은 고려되지 않을 것이다. 또한 이 규칙은 모든 교회 모임에 그대로 적용된다. 만일 그들이 참석하지 못한다면, 그들은 스스로 서신Letters을 통해(이를 근거로 형제들과 그 곳에 참석한 사람들은 [그에 대한] 판단을 할 것이며), 그리고 그 곳에서 목사와 장로가 작성한 회의록을 보내야 한다. 그러한 경우 노회나 총회에 출석을 못하는 것과 관련하여 그 어떤 경우라도 불법적으로 행하면 안 되며, 만일 불법적으로 행했다면 견책을 받고, 앞서 말한 노회와

망을 시행하거나, 그처럼 주제하는 대회가 지양하는did forbear, 다른 어떤 교회의 권위나 사법권jurisdiction도 행사하지 않는다.

▶ 행 15:1,2,6,7. 고전 15:13. 고후 29:6,7. 행 15:24,28,29.

5. 대회의 방향과 결정이 하나님의 말씀에 일치하는 한, 존중과 복종으로 받아들여야 한다. 이와 더불어서 (그것의 주된 근거이며, 그러한 근거가 없이는 그들이 전혀 구속되지 않는,) 그들과의 합의agreement를 위해서 뿐만 아니라, 또한 이차적으로 그것들을 만드는 권한power에 대한 것으로서, 이는 더욱이 하나님의 말씀에서 정한 하나님의 규례ordinance이기 때문이다.

▶ 행 15장.

6. 왜냐하면, 불가능한 것은 아닐지라도 많은 교회들이 한 장소에 함께, 모든 그들의 회원들이 보

지방 대회는 그들의 사실을 명확하게 판결하며 해당하는 사람을 면직dispose 할 수 있다.

3. 많은 목사를 지닌 교회는 교대로 노회와 대회Synods에 위임을 해야 한다.

4. 목사와 장로들, 즉 노회와 지방 대회에 위임을 받은 [목사와 장로들의] 경우에, 그들의 모든 소요경비는 그들의 교회의 공동 재정the common stock에서 지출하도록 한다.

5. 그들의 목사가 노회와 대회에 참석하기 위한 방편means을 [제공하는 것을] 거부하는 교회들에 대해서는, 그들이 행해야 할 이 의무에 대해 타이르고, 그것을 그들에게 제시하도록 한다. 그리고 그것이 실패했을 경우에는, 목사가 그 자신의 경비로 그들에게 오도록 강제되고, 이후로 두 번 혹은

편적으로 모이는 것은 어렵기 때문이다. 그러므로 그들은 안디옥Antioch의 교회가 전부 예루살렘Jerusalem으로 가지는 않고, 다만 그러한 목적을 위해서 몇몇 사람들을 택했던 것처럼, 그들의 대리자들delegates 또는 사자들messengers을 통해서 모일 수가 있는 것이다. 왜냐하면 교회들의 상태를 알거나, 그에 대한 유익을 위하는 방법들의 조언을 하는 데에, 장로들보다 더 적합한 사람은 없으며, 또한 적합해야 하기 때문이다. 그러므로 그러한 회집을 위한 사자들을 선택할 때에, 다음과 같은 사람들을 특별히 존중하는 것이 마땅하다. 게다가 바울과 바나바뿐 아니라 어떠한 다른 사람들도 안디옥으로부터 예루살렘으로 보냄을 받았으며, 또한 그들이 예루살렘에 이르렀을 때에, 사도들과 장로들뿐 아니라 다른 형제들 또한 그 문제에 직면하여 모였었다. 그러

세 번 권면을 한 후에 그들의 사역을 박탈당할 것이며, 그러한 목사의 경비는 목사를 파송한 교회, 즉 현재 사역 중인 교회가 담당한다. 그는 항상 감사할 줄을 모르는 교회를 기소할prosecuting 권리를 가지며, 이러한 기소는 지방대회Provincial Synod의 판단과 방향을 따라 판결한다.

6. 만약 교회 간에 이견이 발생했을 경우에, 목사가 이 문제의 해결을 위하여 앞서 말한 교회가 노회와 총회로 만나는 장소와 그 날에 대해 두 번의 조언을 받은 후에, 그럼에도 불구하고 당사자가 출석하지 않을 경우일지라도, 노회와 총회는 심판을 행할 권한을 가진다.

7. 모든 지방 대회와 전국 대회[혹은 총회]에서, 목사 중 한 사람은 합의로서, 그리고 낮은 목소리로, 회장President 및 서기Scribes 한 명

므로 대회synods는 장로들과 다른 교회 회원들church members로 구성되어야 하며, 은사gifts가 부여되어 교회에 의해 보내지며, 교회 안의 어떠한 형제의 출석이라도 배제해서는 안 된다.

▶ 행 15:2, 22, 23.

혹은 두 명을 선출한다. 그의 직무는 모든 일action을 인도하고 guide 중재하는moderate 역할을 하며, 총회 회기를 시작하기 위하여 회집assemblies이 모이는 장소, 날짜와 시간을 공지하고, 고려해야 할 문제들을 제안 및 제시하고, 모든 회원들의 개별 투표권Suffrages을 모으며, 다득표수 the greatest number를 선포하며, 결론을 포고하는 역할을 한다.

내용Item: 그는 혼란을 피하기 위해 정해진 질서를 따라 모든 사람들에게 발언할 수 있게 한다. 그는 불만을 잠재우며, 또한 불순종의 경우에 그는 그들을 대회Synod에서 퇴장하도록 명령하며, 그들의 견책에 대해 상의consultation를 할 수 있다. 그는 모든 항의Re-monstrances가 있는 경우에, 그리고 누군가 요청하는 상의Counsel에 답변을 하여, 서면으로 대회에 보낸다. 더욱이 그는 전체 행사가 마무리 될 때 이루어질 견책에 대

287

하여 주관하며, 그렇지 않을 경우에 그의 직무는 대회와 함께 기한을 다하며, 그 다음 대회는 전적으로 자유롭게 그를 택하거나 다른 이를 선택할 수 있다. 그리고 노회의 모든 조정자Moderators는 이같이 동일한 규정self-same Canon에 따라 [회의를] 주관한다.

8. 교회의 위임을 받은 장로들은 목사와 함께 동일한 투표의 권한power of Voting을 가지며, 또한 그 지역 즉 노회가 열릴 지역의 장로들이 참석할 수 있으며, 그들의 순번 가운데서 문제를 제기하도록 한다. [하지만] 그럼에도 불구하고 모든 혼란을 피하기 위해, 그들 중 오직 두 명만이 투표의 권한을 가질 수 있다.[1]

9. 지방 대회에 의해 교회의 다스림

---

1 이는 아마도 한 교회에서 다수의 총대가 참여한다 할지라도, 한 교회당 두 명(목사와 치리장로)에게만 투표권을 부여한다는 언급으로 보인다.

을 위해 그들의 지방 안에서 선포되는 것은 무엇이든지, 전국 총회에 알려야 한다.

10. 몇몇 사람들이 교회의 견책Censures의 결과를 지연시키거나 고사할 경우에, 그러한 자들의 죄과에 대해서는 그들[교회 회의]에게 넘기되, 한 교회 회의Ecclesiastical Assembly에서 다른 회의에 호소하고, 전국 대회에도 알리며, 다른 것보다도 이러한 수단으로 그들의 문제의 결정에 관해 영향을 미치도록 한다. 이제 명하는 바, 앞으로 지방 대회의 원칙 안에서 이견이 생길 경우에, [더 이상의] 호소Appeal 없이 명확하게 판단을 할 것이다. 그 지방의 대회에 의해, [수찬 혹은 직무]정지Suspension의 경우, 또는 목사Pastors, 장로, 그리고 집사의 직분을 면직할 경우, 또는 한 지방[혹은 지역]에서 다른 곳에 이르기까지 목사를 해임할 경우가 여기에 해당한다.

내용Item: 한 노회 안에서 교회를 바꾸거나, 다른 교회와의 합병, 또한 성찬의 교리the Doctrine of the Sacraments 또는 우리의 치리의 전체the whole Body of our Disciplinie에 관해 우려되는 무엇이든. 모든 경우에 있어서 그것들은 노회에서 지방 대회에까지, 그리고 지방 대회에서 전국 대회[혹은 총회]에 이르기까지 기록된 점진적 절차에 따르며, 그 후에 최종 결정을 내린다.

11. 만일 두 개의 지방 대회 간에 이견이 발생했을 경우, 그들은 이 문제를 제 삼의 대회Synods에[2] 넘겨서 화해토록 한다.

12. 모든 지방 대회는 그들의 교회에서 봉사하다 죽은 목사Ministers의 자녀들과 미망인을 등록하여,

---

2 상위의 대회, 즉 전국 대회나 총회가 아니라 제삼자의 역할을 수행할 다른 대회Synods를 일컫는다.

필요에 따라 모든 지방 대회의 공동 자산the common stock 그리고 연합 경비joint charges로 돕고 후원할 수 있다. 그리고 지방 대회가 은혜를 모르는 경우[3] 이 일은 전국 대회[혹은 총회]에 위임을 하되, 그것의 조건은 그들을 위하여 전국 대회의 권위로 결정한다.

13. 교회의 대리자들the Deputies은 허락 없이 대회를 떠나지 아니하며, 또한 그들은 대회[혹은 총회]령 the Synodical Decrees과 함께 집으로 돌아간다.

14. 지방 대회의 권위는 전국 대회[혹은 총회]에 종속subordinate한다. 교회정치에 따라 노회와 지방 대회에 따른 모든 질서들은 서로에 대한 차별 없이 규정된다be regulated.

---

3 이를 시행하지 않을 경우.

15. 현재 지방 대회는 다음과 같이 분포한다. ※ 총 16개 지역의 대회들을 언급하는데, 이는 임의로 생략한다.

16. 만일 그것이 실패하면, 교회의 편리를 위해 둘 혹은 그 이상으로 나누며, 혹은 더 많은 교회는 하나로 합병하며, 이 일은 지방 대회가 주관하되, 항상 전국 대회의 조언이 있어야 한다.

17. 만일 지방 대회의 위임을 받아 또 다른 지방의 노회 혹은 대회로 가서 몇몇 공공의 일들common affairs에 관해 처리할 때, 그는 이와 관련한 투표 자문권Consultive Vote을 가지며, 그는 특정한 업무 particular business를 위해서 뿐 아니라, 또한 자신의 개인적인 관심사를 제외하고 그 회기Sessions 에 처리해야 할 모든 문제들을 처리하고자 오는 것이다.

해설

　'**대회**'synods는 일반적으로 교리, 교회정치 또는 그 실천 등의 문제를 논의하고 결정하기 위해 소집되는 교회적인 회의체를 지칭하며, 로마 가톨릭교회와 같이 '주교'bishops들로 구성되는 회의가 아니라 "**목사**Pastors**와 교사**teachers**와 또 다른 교회 치리자들**governors"[1]을 그 회원으로 하는 회의체이다. 아울러 그러한 회의체의 성격은 회원들 간의 연합과 친교를 위한 '**연합회**'federation 혹은 association가 아니라 '**치리회**'the governing body로서의 특성을 지닌다. 아울러 대회는 노회the local presbytery와 전국 총회the national general assembly 사이의 교회정치 기구로서 자리한다. 그러나 일부 지역들에서는 대회를 갖추지 않는데, 대표적으로 현대의 스코틀랜드 교회나 한국의 경우에 대회를 운영하지 않는 장로회 제도로서 자리하고 있다.

　'**대회**'로 번역되는 영어 단어 '**synod**'는 헬라어 '**σύνοδος**'에서 유래하며, 이는 '**assembly**' 혹은 '**meeting**'의 의미로서 라틴어로는 '**concilium**'으로 번역될 수 있다. 물론 컨실리움은 앞서 언급한 것처럼 주교bishops들로 구성되는 회의체라는 점에서 목사와 교사, 그리고 그 외의 교회 치리자인 장로ruling elders들로 구성되는 시노드와는 그 구성

1　웨스트민스터 장로교회 정치 형태(1645)의 대회에 관한 문구.

에 있어서 차이를 지니고 있기도 하다. 아울러서 지역적으로도 대회의 운용과 개념에 있어서는 약간의 차이를 두고 있는 것을 볼 수가 있는데, 특히 스위스나 남부 독일 지역 등지의 개혁교회들은 독립교회independent churches로서 다양한 집단들classes의 대표들로 이뤄지는 지역 대회regional synod 또는 지역 대회의 대표들의 총회general or national synod로 자리한다. 마찬가지로 회중주의 교회정치의 강령인 케임브리지 강령에서 다루는 대회의 개념도 스위스 등지의 개혁교회들이 지니는 독립교회적인 특성을 내포하고 있는데, 기본적으로 그러한 대회의 기능과 역할은 '협의회'council의 성격이라 하겠다. 그러므로 케임브리지 강령 1조에서는 대회의 필요에 관하여 이르기를 **"교회의 존재함에 절대적으로 필요한 것은 아닐지라도, 여러 시대에 사람들의 죄악과 시대의 패역으로 인하여서, 교회들의 평안과 그 안에서 진리와 평화를 확립하는 데에 필요한 것"**이라고 했다. 즉 대회로 모이는 것은 개별 교회들의 독립성에 근거해서 볼 때에 절대적으로 필요한 것은 아닐지라도, 다만 **"교회들의 평안과 그 안에서 진리와 평화를 확립하는 데에 필요한 것"**이라는 말이다.

한편, 케임브리지 강령 1조에서는 사도행전 15장에 기록하고 있는바 예루살렘 회의의 성격이 대회로서의 성격이었음을 전제로 하여, **"우리는 대회로 질서 있게 모여서 사도행전 15장에 따라 올바르게 진행해 나가는 것을 그리스도의 규례로서 인정한다."**고 했다. 앞서 케임브리지 강령 15장 2조에서 사도행전 15장에 기록한바 예루살렘 회의를 사도들과 장로들의 논의consult를 위한 회의 정도로 해석함을 바탕으로 그것을 대회로서의 성격으로 파악하고 있는 것인데, 앞서 **"교회의 존재함에 절대적으로 필요한 것은 아닐지라도"**라는 언급에서 알 수 있듯이 그러한 대회의 소집은 필연적이거나 그 관계에 있어서 종속적인 것도 아니다. 오히려 그러한 대회의 성격은 개별 교회들의 자발적인 훈계의 방식에 의해 서로간의 친교가 이뤄지는 것을 유도하는 맥락의 협의체의 성격인 것이다. 그에 반해 웨스트민스터 장로교회 정치 형태 (1645)의 경우에는 대회에 관하여 규정하는 가운데 명시하기를, **"교회 정치[치리]를 위하여 당회, 노회, 지방 대회, 그리고 전국 대회에 종속 관계가 있음은 합법적이며, 그리고 하나님의 말씀에도 합치한다."**[2] 고 했다. 즉 개별 교회의 당회와 노회, 그리고 지방 대회와 전국 대회 [혹은 총회]는 각각 별도의 회의체가 아니라 긴밀하게 연계되어 있는 '치리회'의 성격인 것이다. 그러므로 장로회 정치에 있어서 당회보다는 노회가, 노회보다는 지방 대회, 그리고 지방 대회보다는 전국 대회가 더욱 상위의 치리회인 것이다.[3]

---

2 "It is lawful, and agreeable to the word of God, that there be a subordination of congregational, classical, provincial, and national assemblies, for the government of the church."

3 허순길은 그의 책 『개혁교회 질서 해설』(광주: 셈페르 레포르만다, 2017)에서 "개혁주의 교회 정체에서는 지역교회의 당회가 기본적인 치리회이다. 그런데 치리회로서의 당회의 위치에 관하여 개혁교회와 장로교회 사이에는 상당한 견해의 차이가 있다. 장로교회는 당회뿐 아니라 노회를 상설 치리회로 간주하는 반면에, 개혁교회는 당회만을 상설 치리회로 보며, 노회와 총회는 대표자들로 구성이 되는 임시회로 간주한다."53-54.고 설명한다. 특히 "개혁주의 교회들은 교회의 가시적 일치성을 매우 중요하게 생각한다."고 하면서, "이는 교회의 치리회를 통해 잘 나타나고 있다. 장로회는 하회, 상회의 관계를 통해서, 개혁교회는 약속에 의한 연대관계를 통해서 이를 잘 보여주고 있다."고 했다. 그런즉 "장로교회는 상회upper body, 개혁교회는 광역회의broader Assembly의 결정이 하나님의 말씀과 교회의 질서에 일치하는 한 받아들임으로 교회의 일치를 더욱 분명하게 드러내고 있다."고 설명했다.

그런데 웨스트민스터 장로교회 정치 형태(1645)에서 대회에 관하여 **"성경은 노회와 당회 이외에 교회 정치를 위한 또 다른 종류의 회의를 제시하고 있는데 이 모든 것을 대회라고 한다."**고 명시한 것을 통해, 장로교회의 치리회들 사이에 **"종속 관계가 있음"**이 교회의 가시적 일치성뿐만 아니라 성경에 규정하고 있는 교회정치의 맥락에 따른 것임을 볼 수가 있다. 그러므로 이러한 맥락에서 교회정치의 체제를 살펴보자면, 회중주의의 교회들이나 개혁교회들의 경우처럼 독립교회적인 특성을 반영할 수 없는 것이다. 그리고 이는 웨스트민스터 장로교회 정치 형태에 관한 문서와 케임브리지 강령이 공히 대회제도의 근거로 삼는 사도행전 15장에 대한 상세한 고찰 가운데서 입증할 수 있는 결론이 될 것인데, 행 15:22-41절에서 누가는 예루살렘 회의를 통해 만장일치로 결정한 바를 공적인 문서[서신]을 통해 안디옥을 포함한 이방인 신자들에게 전달하고, 또한 각처를 방문하여 시찰하여 **"교회들을 견고하게"** 했음을 기록하고 있다. 특히 **"우리의 지시도 없이 나가서"**(24절), 혹은 **"만장일치로 결정하였노라."**(26절), 그리고 **"무리를 모은 후에 편지를 전하니"**(30절), **"우리가 주의 말씀을 전한 각 성으로 다시 가서 형제들이 어떠한가 방문하자 하고"**(36절) 등의 문구들 가운데서 이미 신약 교회 가운데에 개별 교회들과 각 지역의 노회, 그리고 예루살렘 회의와 같은 지방 대회의가 **"종속 관계가 있음"** 가운데 있었음을 알 수가 있다.[4]

---

4 그런데 23절에 명시한바 "사도와 장로 된 형제들, οἱ ἀπόστολοι καὶ οἱ πρεσβύτεροι ἀδελφοί"이라는 문구는 "사도와 장로와 형제들, the apostles and elders and brethren"(AV), 혹은 "사도와 맏형들, the apostles and the elder brethren"(RV)로 번역되기도 한다. 회중주의 교회에서는 흠정역(Authorized Version)을 바탕으로 형제회적인 의미로서 대회의 모임을 이해하고 있는 것을 볼 수 있는바, 친교와 연합의 협의체로서 대회를 이해하는 것이다. 물론 아직 케임브리지 강령에서는 이

무엇보다 사도행전 15장에 기록된바 **'예루살렘 회의**[대회]**'**의 소집은 온 교회의 회원들이 모였던 것이 아니라 **"사도와 장로들"**(6절)이 모여 의논했음을 볼 수가 있는데, 비록 바울과 바나바를 영접한 것이 **"교회와 사도와 장로들"**(4절)이었고, 나중에 **"사람들을 택하여 바울과 바나바와 함께 안디옥으로 보내기로 결정"**했을지라도 유대로부터 내려온 어떤 사람들로 인해 일어난 다툼과 변론에 대한 의논은 사도와 장로들로 이뤄진 대표자들에 의해 이뤄진 것을 볼 수가 있다. 그러므로 프랑스 개혁교회 치리서(1559)에서는 2조에서 명시하기를 **"목사는 지교회의 치리회를 대표하여 선출한 한 명 혹은 두 명의 탁월한 장로들과 함께 동행한다. 그리고 앞서 말한 목사는 그들의 임무와 더불어서 그들을 이끌어야 한다."**고 한 것이다. 반면에 케임브리지 강령에서는 2조에서 **"그리스도의 이름으로 함께 모인 그들의 장로들과 다른 사자들을 교회의 권한으로 파송"**함을 명시하고 있으며, 더욱이 6조에서 **"그러한 회집을 위한 전령들을 선택할 때에, 다음과 같은 사람들을 특별히 존중하는 것이 마땅하다. 게다가 바울과 바나바뿐 아니라 어떠한 다른 사람들도 안디옥으로부터 예루살렘으로 보냄을 받았으며, 또한 그들이 예루살렘에 이르렀을 때에, 사도들과 장로들뿐 아니라 다른 형제들 또한 그 문제에 직면하여 모였었다. 그러므로 대회는 장로들과 다른 교회 회원들로 구성되어야 하며, 은사가 부여되어 교회에 의해 보내지며, 교회 안의 어떠한 형제의 출석이라도 배제해서는 안 된다."**고 한 것을 볼 수가 있다. 그리고 이러한 문구들의 배경은 사도행전 15장에서 언급한 **"사도와 장로 된 형제들"**을 흠정역을 따라서

러한 성격이 뚜렷하게 드러나 있지는 않다.

"사도와 장로와 형제들"로 번역하여 이해하기 때문이니, 바로 그러한 이해를 바탕으로 대회의 논의를 **"교회의 존재함에 절대적으로 필요한 것은 아닐지라도……교회들의 평안과 그 안에서 진리와 평화를 확립하는 데에 필요한 것"**(1조)이라고 규정할 수가 있는 것이다. 이는 6조의 말미에서 언급하는바 **"바울과 바나바뿐 아니라 어떤 다른 사람들도 안디옥으로부터 예루살렘으로 보냄을 받았으며, 또한 그들이 예루살렘에 이르렀을 때에, 사도들과 장로들뿐 아니라 다른 형제들 또한 그 문제에 직면하여 모였었다."**고 한 문구와 **"그러므로 대회는 장로들과 다른 교회 회원들로 구성되어야 하며, 은사가 부여되어 교회에 의해 보내지며, 교회 안의 어떠한 형제의 출석이라도 배제해서는 안 된다."**고 한 문구에서 더욱 분명하게 드러난다. 한마디로 케임브리지 강령에서는 교회의 직원들인 목사와 [치리]장로들뿐 아니라 교회의 회원들 중 어떤 이들도 대회에 참석할 수 있다고 보는 것이다. 그러나 행 15:2절에서 **"형제들이 이 문제에 대하여 바울과 바나바와 및 그중의 몇 사람⁵을 예루살렘에 있는 사도와 장로들에게로 보내기로 작정하니라."**고 했을지라도, 이어지는 6절에서는 그 일에 관한 논의가 **"사도와 장로들"**에 의해 수행된 것으로 기록하고 있음을 볼 수가 있다. 그러므로 행 15:2절에서 언급하는 "그 중의 몇 사람"은, 안디옥 교회의 회원들을 지칭하는 것이 아니라 바울과 바나바, 그리고 교회의 [치리]장로들을 지칭하는 것임을 알 수가 있는 것이다.

또한 독특하게도 케임브리지 강령에서는 3조에서 **"관원들**Magistrates

---

5 "καί τινας ἄλλους ἐξ αὐτῶν" 즉, "and some others of them"

은 종교의 문제들에 있어서 그들을 조언하고 원조하기 위해, 교회에 그들의 장로들과 다른 사자들messengers을 보내도록 부름으로써 대회synod를 소집할 권한이 있다."고 명시한 것을 볼 수가 있는데, 이는 웨스트민스터 신앙고백(1647) 23장의 국가와 관원에 대한 주제에서도 동일한 맥락으로 기록하고 있는 것이다. 즉 3조에서 **"관원은 교회에 일치와 평화가 유지되도록, 하나님의 진리가 순결하고 온전한 상태로 간직되도록, 모든 신성모독과 이단들의 활동을 금지하도록, 예배와 권징에서 생기는 모든 부패와 악습을 예방하거나 개혁하도록, 그리고 하나님의 모든 규례가 정당하게 확립되고 시행되고 준수되도록 적절한 수단을 강구할 권한을 가지고 있으며, 그렇게 하는 것이 관원의 의무"** 라고 했으며, 아울러 **"관원은 자신의 의무를 더욱 효과적으로 수행하기 위해 대회들synods을 소집할 권한, 그 대회에 참석할 권한[6], 그리고 그 회의에서 처리되는 것이 모두 하나님의 뜻과 일치하도록 규정할 권한을 지니고 있다."**고 한 것이다. 그러므로 교회와 국가와의 명확한 분리의 관계를 정립한 회중주의의 입장은 처음부터 확고했던 것이 아니었음을 알 수가 있다.

6　웨스트민스터 신앙고백에서 이처럼 관원이 대회에 참석할 권한이 있음을 명시한 것과 다르게, 케임브리지 강령에서는 3조에서 관원들이 대회를 소집할 권한이 있음을 명시할지라도 "교회에 그들의 장로들과 다른 사자들을 보내도록 부름으로써 대회를 소집할 권한이 있다."고 명시함으로써 관원의 회의 참석에 대해서는 언급하지 않는 것을 볼 수가 있다. 마찬가지로 이후 문맥에서 "그러나 대회를 구성하는 것은 여전히 교회가 실행할 일"이라고 명시한 것이다.

The Cambridge Platform(1648)

Chap XVII:

교회의 문제에 있어서의 관원의 권한

1. 비록 관원magistrate의 동의를 얻을 수 없을지라도, 그리스도인들이 교회의 소유지church estate에 스스로 모이며, 그 곳에서 말씀에 따라 그리스도의 모든 규례들ordinances을 실행하는 것은, 합법적이고 유익하며, 필연적인 것이다. 왜냐하면 사도들과 그리스도인들은 그들의 시대에 유대인 또는 이교도로서 가장 박해하는 원수인 관원들 모두가 그러한 문제들에 대해 전혀 용납countenance하지를 않거나 동의consent하지 않았을 때에도, 빈번히 그처럼 행했기 때문이다.

▶ 행 2:41,47, 그리고 4:1-3.

The Second Book of Discipline(1578) Chap I:

교회와 정치의 일반적인 의미, 그리고 세속정치와의 차이점

4. 교회의 권세와 정치는 세상 권세civil power 혹은 연방the commonwealth의 시민 정부에 속한 권세와 정치와는 속성상 다르다. 그럼에도 불구하고 이 두 권세는 모두 하나님께 속한 것이며 그 목적은 하나로서, 바르게 사용한다면 이는 하나님의 영광을 더 높이는 것이 되고 경건하고 선한 백성들을 증대시키는 결과를 낳는다.

(중략)

9. 그럼에도 불구하고, 교회에 속한 사역자와 그 외 모든 사람은 세속 관원civil magistrate에게 순종해

2. 교회 정치church government는 연방들의 시민 정치civil government에 대적하지 않는 가운데 세워져 있으며, 그들의 사법권juris-diction 안에 있는 세속 관원들의 권위를 어떠한 방편으로든 방어하지 않는다. 오히려 그리스도의 길에 대해 어떠한 나쁜 영향을 끼치는 사람들이 제안하는 것과, 왕과 방백들의 애정을 그리스도의 규례들ordinances of Christ로부터 멀어지도록 이간하는 것이라면 무엇이든지, 관원들의 손에 의해 다스려지는 것을 조금도 약화시키지 않으며, 그들을 강화시키고, 또한 사람들이 그들에게 더욱 고분고분한 마음 가운데서 양심적으로 순종하도록 격려하려는 것이다. 이는 마치 그리스도의 교회 안에 있는 그리스도의 왕국the kingdom of Christ이 또한 그리스도께 속한 그들의 정치가 무너지고 약해져서는 일어서고 세워질 수 없는 것과 같다. 하야 하고, 세상 관원도 영적으로는 교회에 순종해야 하며, 교회 통치ecclesiastical government에 순종해야 한다. 이 두 재판관들의 권세jurisdictions는 일반적으로 한 사람one person에게 있지 않다. 세상의 권세는 칼의 권세이고, 또 하나는 열쇠의 권세이다.

10. 세상 권세The civil power도 하나님의 말씀을 따라서 그들의 직분을 영적으로 행사하고 감당하도록 해야 한다. 영적인 치리자들 The spiritual rulers은 그리스도인 관원the Christian magistrate에게 공의를 행하고 악을 벌하며, 그들에게 허락된 범위 안에서, 교회의 자유와 안정을 유지하도록 해줄 것을 요구해야 한다.

11. 관원The magistrate은 백성들 사이에서 외적인 평화와 안정을 위하여 외적인 것들external things을 명하며, 목회자the minister는 오직

지만 그와는 반대인 것이 분명한 사실이지만, 그 둘 가운데 한 쪽은 다른 한 쪽을 도우며, 그들 가운데서 구별되며 정당히 수행due administrations하여, 그 둘이 모두 함께 세워져서 번성할 수 있도록 해야 한다.

▶ 요 18:36. 행 25:8. 사 49:23.

3. 관원들의 권한power과 권위authority는 교회나 다른 선한 일들을 저지하기 위한 것이 아니라, 그것을 증진하는 가운데 돕기 위한 것이다. 그러므로 그에 대한 관원들의 동의consent나 원조 countenance가 있을 때에는, 이를 등한히 하거나 가벼운 것으로 여기지 말아야 한다. 하지만 그와 반대로 그 가운데서 그들의 동의와 승인을 열망하고 간청하는 것은 기독교 관원들Christian magistrates의 정당한 영예의 한 부분이다. 그러한 목적이 달성된다면, 그 때에 교회들은 더욱 많은 격

양심의 동기conscience cause를 위해서 외적인 것들을 다룬다.

12. 관원은 사람 앞에서 오직 외적인 것만을 처리하고 행하며, 반면에 영적인 치리자spiritual ruler는 하나님의 말씀을 따라 내적인 성향inward affections과 외적인 행위external actions 둘 다를 양심과 관련하여 판단한다.

13. 관원은 칼과 다른 외적인 수단들에 의해 순종을 요구하지만, 목회자는 영적인 칼과 영적인 수단들로서 순종을 요구한다.

14. 관원은 설교preach를 하거나, 성례the sacraments를 주관해서는 안 되며, 또한 교회를 감독censures하거나. 그것이 어떻게 행해져야 하는지에 대한 규정rule을 정해서도 안 된다. 그러나 목회자는 말씀을 따라 법을 준행하라고 명할 수 있고 공적 수단을 사용해서 악인을

려encouragement와 위로comfort를 받으며 그들의 길을 나아갈 수 있을 것이다.

▶ 롬 13:4. 딤전 2:2.

4. 그들의 신하들subjects로 하여금 억지로 교회 회원이 되게 하고, 주의 만찬에 참여하게 하는 것은 관원의 권한 가운데에 있지 않으니, 합당하지 않은 자들을 성전sanctuary에 데려온 제사장들priests은 책망을 받았다. 그렇다면 제사장에게 대해 불법인 것은, 세속 관원들civil magistrates이 행하는 것에 있어서도 마찬가지로 불법이다. 만일에 그들이 안에 있으면 쫓겨날 교회의 어떤 자들을, 관원이 교회 안에 억지로 끼워 넣거나 붙잡아 두어서는 안 된다.

▶ 겔 44:7,9. 고전 5:11.

5. 교회의 직분자들이 관원의 공권력the sword에 관여하는 것은 불처벌할 수 있다. 목회자는 세상 관할권civil jurisdiction을 행사할 수는 없지만 세상 관원이 말씀을 따라 자신이 맡은 일을 행할 수 있도록 가르칠 수가 있다.

15. 관원은 교회의 관할권jurisdiction of the kirk을 돕고, 유지하고 강화해야 한다. 목회자는 자신이 속한 군주들princes이 말씀에 부합한 정치를 할 수 있도록 도와야 하며, 다만 시정에서의 업무에in civil affairs 개입하여 자신들의 책임을 소홀히 하지 않는 범위 내에서 세상일을 돕도록 한다.

마지막으로, 목회자가 외적인 것들에 있어 범법행위를 했다면 관원의 판결과 처벌judgment and punishment을 따라야 하는 것처럼, 관원도 양심과 종교의 일에 있어서 범법행위를 했다고 한다면, 교회의 치리 혹은 권징discipline에 스스로 순종해야 한다.

법이므로, 그처럼 관원이 교회의 직분자들의 정당한 사역에 관여하는 것도 불법이다. 군주일 뿐 아니라 선지자이기도 했었던 모세와 다윗의 행동들은, 비상적인extraordinary 것이었으며, 따라서 모방할 수 없는 것이었다. 이러한 권한 침해에 반대하여, 주님께서는 웃시야Uzziah가 주제넘게 향을 바치는offer incense 것에 대하여 문둥병leprosy으로 치심으로 증거하셨다.

▶ 마 2:25,26. 고후 26:16,17.

6. 관원the magistrate은 종교의 문제들을 처리하고 첫 번째 상정에서 명령했던 의무들을 준수할 뿐만 아니라, 마찬가지로 두 번째 상정에서 명령했던 의무들을 잘 준수하기 위한 공권력civil authority을 향상시킬 의무가 있다. 그들은 상좌gods라 불렸다. 관원들의 사무magistrate's office의 목적은, 단지 정의와 정직에 관한 문제들

Westminster Confession of Faith(1647)

Chap XXⅢ :

국가의 관원

1. 온 세상 최고의 주님이시자 왕이신 하나님께서는 자신의 영광, 그리고 공공의 선을 위하여 하나님 아래에 있으면서 백성들을 다스릴 공적 통치자들Civil Magistrates을 임명하셨다. 그리고 이러한 목적을 위해 그들에게 칼의 권세the power of the Sword와 더불어 그들을 무장시키시어 선한 이들을 보호하고 격려하며, 또한 악을 행하는 자들의 심판을 시행하도록 하셨다.

2. 그리스도인들이 통치자의 직무the Office of a Magistrate에 부름을 받았을 때에 그것을 맡아서 수

가운데서 뿐 아니라, 또한 경건의 문제들matters of godliness, 참으로 모든 경건에 관한 것들 가운데 조용하고 평화로운 복종subject의 삶을 살아가는 것이다. 모세, 여호수아, 다윗, 솔로몬, 아사, 여호사밧, 히스기야, 요시야는 종교의 문제들 가운데 그들의 권위를 밖으로 표명하기 위하여서 성령the Holy Ghost의 권고함을 많이 받았다. 반대로 이러한 길에서 실패했었던 왕들은, 주님께로부터 빈번하게 비난과 책망을 받았다. 그리고 유다의 왕들뿐 아니라 욥, 느헤미야, 니느웨의 왕, 다리우스, 아닥사스다, 느부갓네살 등은 누구도 그리스도의 예표들을 보지 못한 자들(그렇다고 하더라도, 어떠한 타당한 이의가 있을 곳도 없었다)이었지만, 이러한 방식으로 그들의 권위를 행사한 것에 대해, 하나님의 책에서 권고함commended을 받았다.

▶ 시 132:2. 딤전 2:1,2. 왕상 15:14,

행하는 것은 적법한 것이니, 그 시행에 있어 그들은 각 연방each Common-wealth의 건전한 법을 따라서, 특별히 경건, 정의, 그리고 평화를 유지해야 할 뿐 아니라, 또한 그러한 목적을 위해 지금 신약 아래에서now under the New Testament 그들은 정당하고 필요한 경우에 적법한 전쟁wage War을 수행할 수 있다.

3. 국가 통치자는 말씀과 성례의 집례, 또는 천국의 열쇠권the power of the Keys of the Kingdom of Heaven을 그 스스로 취해서는 안 되나, 그럼에도 불구하고 그는 교회 안에 일치와 평화를 유지하고, 하나님의 진리가 순수하고 완전하게 유지되도록 모든 신성모독blasphemies과 이단들을 억압하며, 예배와 권징에 있어 발생하는 모든 부패와 오용들을 예방하거나 개혁해야 한다. 또한 하나님의 모든 규례들이 바르게 제정

그리고 22:43. 왕하 12:3, 그리고 14:4, 그리고 15:35. 왕상 20:42. 욥 29:25, 그리고 31:26,28. 느 13. 욘 3:7. 스 7. 단 3:29.

7. 관원의 권세의 대상object은 단지 내적인 것에 불과한 것이 아니며, 또한 그의 인식의 범위와 견해에 종속되지 않으며not subject, 불신앙, 마음의 완악함, 그릇된 견해가 드러나지 아니함과 같이, 다만 겉 사람outward man으로 행하는 것과 같을 뿐이다. 그들의 권세는 인간의 단순한 발명품inventions과 창안물devices에 지나지 않으므로, 그것으로 태만을 처벌하고 겉 사람의 그러한 행위를 통솔하는 데에 행사될 수 없다. 그러나 말씀the word 안에서 명해지고 금해진 그러한 행위에 관해서는, 실로 그 말씀이 분명하게 결정하는 것과 같이, 관원이나 다른 이들의 판단에 항상 명확하게 적용되는 것은 아니지

되고 시행되도록 적절한 수단을 강구할 권한authority을 지니고 있으며, 또한 이것이 그에게 명해진 의무duty to take order다. 그리고 그에 있어 더 나은 결과를 위해 대회들Synods을 소집하고, 그것들에 참석하며, 또한 그 가운데서 처리되는 모든 것들이 하나님의 마음을 따르도록 규정할 권한을 지니고 있다.

4. 통치자들을 위하여 기도하고 그들의 인격을 존중하며, 그들에게 공물과 다른 세금들을 지불하고, 그들의 적법한 명령들에 복종하며, 또한 양심을 위하여 그들에 지닌 권위에 복종하는 것이 백성들의 의무다. 통치자들에게 종교에 있어 불신앙이나 견해 차이가 있을지라도 그것이 통치자들의 정당하고 합법적인 권한을 무효화하지 못하며, 백성들을 그들에 대한 합당한 복종에서 자유롭게 하지도 못하므로, 교인들ecclesi-

만 그 자체로서는 명확하다. 정당한 자라면 이러한 것들 가운데서 그의 권위를 나타내야 할 것이지만, 실제로는 그렇게 하지 않는 경우가 빈번하다.

▶ 왕상 20:28,42.

8. 우상숭배Idolatry, 신성모독blasphemy, 이단heresy, 신앙의 기초를 무너뜨리는 부패하고 악독한 견해를 퍼뜨리는 것, 설교된 말씀을 노골적으로 멸시하는 것, 주의 날을 모독하는 것, 하나님의 예배와 거룩한 것들의 평화로운 시행administration과 행사exercise를 방해함과 같은 것들은, 공권력civil authority에 의해 제지되고 처벌될 것이다.

▶ 신 13. 왕상 20:28,42. 단 3:29. 슥 13:3. 느 13:31. 딤전 2:2. 롬 13:4.

9. 만일에 어떤 교회가, 하나 또는 그 이상으로 분열적으로 성장한다면, 다른 교회들과의 교제에서

astical persons도 그로부터 면제되지 않는다. 더욱이 교황은 그들[통치자들]의 영토Dominions, 혹은 그들의 백성들의 어떠한 자 위에 무슨 권한power이나 사법권jurisdiction도 없다. 그리고 무엇보다도 그[교황]는 그들[통치자들]을 이단으로나 다른 어떠한 구실로 그같이 판결한다 할지라도, 그들[통치자들]의 영토나 목숨을 빼앗을 만한 일체의 권한이 없다.

스스로 찢어지거나rending, 혹은 말씀의 규칙에 반하여contrary, 그들 자신의 어떤 부패의 방식 가운데서 고쳐지지 않으며 완고한 걸음을 걸을 것이다. 그러한 경우 가운데서 관원the magistrate은, 그러한 문제가 요구하는바 대로, 그의 강제적인 권한coercive power을 행사해야 할 것이다. 요단 이편의 지파들은 다른 지파들이 주님을 따르는 것으로부터 그들을 돌아서게 한 것으로 의심하여, 증거의 제단을 건설한 것에 대한 전쟁을 벌이려고 했었다.

▶ 수 22장.

해설

    케임브리지 강령은 1633년에 메사추세츠 만에 정착했었던 존 코튼 (John Cotton, 1585-1652)과 1635년에 신대륙 아메리카로 이주했던 리처드 매더(Richard Mather, 1596-1669)의 주도 가운데서 작성한 회중주의 교회정치 강령인 만큼, 17세기 중반에 이르기까지 잉글랜드의 장로교회와 북아메리카의 회중교회 사이에 조금은 덜 분명하게 구별되는 측면이 상당부분 존재하는데, 그 가운데 한 주제가 바로 교회와 국가 사이의 관계에 관한 설정이다. 특히 리처드 매더가 잉글랜드 국교회인 성공회의 사제로 임직되었던 전례로 볼 때에 그에게는 이미 국가의 통치자에 대한 복종의 이해가 정립되어 있었을 것임을 짐작할 수 있으니, 잉글랜드에서 웨스트민스터 총회에 이르기까지 견지되었던 교회와 국가의 권세 사이의 관계에 대한 이해가 이미 상당부분 전제되었을 것이다. 그러므로 케임브리지 강령에서 다루는 **"교회의 문제에 있어서의 관원[혹은 국가 통치자the civil magistrate]의 권한"**에 대해서 이해하기에 앞서, 잉글랜드와 스코틀랜드에서의 교회정치에 대한 이해가 요구된다 하겠다.

    일반적으로 영국의 지역들에서는 웨스트민스터 총회를 통해 네 왕국[1]

---

1 잉글랜드, 스코틀랜드, 북아일랜드, 웨일스로서, 1707년에 잉글랜드와 스코틀랜드는 '그레이트 브리튼 왕국(Kingdom of Great Britain)'으로 통합되었으며, '유나이티드 킹덤(United Kingdom 즉,

의 신앙과 교회정치를 일치시키려 하기 이전까지 잉글랜드를 중심으로 로마 가톨릭교회와 분리하는 성공회 교회가 정치적으로 주도했었으나, 웨스트민스터 총회를 통해서 스코틀랜드에 이미 형성되어 있었던 장로교회의 교회정치 형태가 일치된 교회정치로서 표명되었었다. 한마디로 1648년에 작성한 케임브리지 강령이나 1658년에 작성한 사보이 선언(Savoy Declaration)은 공히 웨스트민스터 신앙고백을 기초로 하고 있는 것인데, 초기 회중주의 교회들의 신앙고백과 교회정치가 웨스트민스터 총회가 산출한 결과를 바탕으로 약간의, 혹은 상당부분 수정하여 그들의 신앙과 교회정치 노선을 지향했던 것이다. 그러므로 기본적으로 웨스트민스터 신앙고백(1647)에서 규정하는 **"국가의 관원**the civil magistrate**"**에 관한 내용들을 먼저 이해해야만 한다.

먼저 웨스트민스터 신앙고백(1647)은 1조에서 **"온 세상 최고의 주님이시자 왕이신 하나님께서는 자신의 영광, 그리고 공공의 선을 위하여 하나님 아래에 있으면서 백성들을 다스릴 공적 통치자들**Civil Magistrates**을 임명하셨다. 그리고 이러한 목적을 위해 그들에게 칼의 권세** the power of the Sword**와 더불어 그들을 무장시키시어 선한 이들을 보호하고 격려하며, 또한 악을 행하는 자들의 심판을 시행하도록 하셨다."** 고 하여, 공적인 통치자들[2]이 하나님의 권위 아래에서 다스리는 자로

UK'이라는 호칭은 원래 그레이트브리튼 왕국을 부를 때 사용했던 국명이었다. 1801년에는 북아일랜드와 그레이트브리튼 왕국이 통합되어 '그레이트브리튼과 아일랜드 연합왕국(United Kingdom of Great Britain and Northern Ireland)'을 구성했다. 현재 영국은 단일한 국가명을 사용하면서도 잉글랜드, 스코틀랜드, 웨일스, 북아일랜드가 상당한 자치권을 가지고서 연합하는 연방국의 형태를 이루고 있는데, 이러한 국가 형성의 역사 가운데에도 교회의 문제가 관여되어 있었다.

2 오늘날에는 '통치자' 혹은 '관원'이라는 용어의 사용조차도 회피되며, 오히려 '대리자' 혹은 '일꾼'

서 세워짐을 명백히 밝히고 있다. 그러므로 공적인 그들의 소명과 역할로서 **"선한 이들을 보호하고 격려하며, 또한 악을 행하는 자들의 심판을 시행"**하도록 하나님께서 친히 임명하셨다고 한 것이다. 이러한 웨스트민스터 신앙고백의 국가의 관원에 대한 정의에 대해, 흔히 기독교 신앙이 사회 전반에 지배적인 세계관을 형성하고 있는 시대나 국가에서나 가능한 크리스텐덤(Christendom)의 개념이라고 이해하는 경우를 볼 수가 있다. 그러나 웨스트민스터 신앙고백의 작성은 그 기준이자 근거에 있어 오직 성경에만 근거하는 것이라는 점에서, 그러한 정의를 크리스텐덤의 특수성으로 한정하여 이해해서는 안 된다는 것을 알아야 한다. 즉 웨스트민스터 신앙고백 제23장 1조의 국가의 관원에 관한 정의는, 롬 13:1-4절의 **"각 사람은 위에 있는 권세들에게 복종하라 권세는 하나님으로부터 나지 않음이 없나니 모든 권세는 다 하나님께서 정하신 바라. 그러므로 권세를 거스르는 자는 하나님의 명을 거스름이니 거스르는 자들은 심판을 자취하리라. 다스리는 자들은 선한 일에 대하여 두려움이 되지 않고 악한 일에 대하여 되나니 네가 권세를 두려워하지 아니하려느냐 선을 행하라 그리하면 그에게 칭찬을 받으리라."**는 말씀과 벧전 2:13-14절의 **"인간의 모든 제도를 주를 위하여 순종하되 혹은 위에 있는 왕이나, 혹은 그가 악행하는 자를 징벌하고 선행하는 자를 포상하기 위하여 보낸 총독에게 하라."**는 말씀에 근거하여 그처럼 규정한 것이다.

이라는 용어가 선호되는 실정이다. 마찬가지로 교회의 다스림 혹은 치리에 있어서도 섬김의 의미가 지나치게 부각되어서 실질적인 치리와 권징이 회피되는 실정이다.

그러나 또한 웨스트민스터 신앙고백은 3조에서 **"국가 통치자는 말씀과 성례의 집례, 또는 천국의 열쇠권**the power of the Keys of the Kingdom of Heaven**을 그 스스로 취해서는 안 되나, 그럼에도 불구하고 그는 교회 안에 일치와 평화를 유지하고, 하나님의 진리가 순수하고 완전하게 유지되도록 모든 신성모독**blasphemies**과 이단들을 억압하며, 예배와 권징에 있어 발생하는 모든 부패와 오용들을 예방하거나 개혁해야 한다."**고 하여, 영적인 대상인 교회에 있어서의 명확한 한계와 더불어서 적극적인 역할을 규정하고 있다. 즉 1578년에 스코틀랜드 교회에서 앞서 작성하여 공표한 제2치리서 1장의 "교회와 정치의 일반적인 의미, 그리고 세속정치와의 차이점"이라는 주제의 4조에서 명시한바 **"교회의 권세와 정치는 세상 권세**civil power **혹은 연방**the commonwealth**의 시민 정부에 속한 권세와 정치와는 속성상 다르다. 그럼에도 불구하고 이 두 권세는 모두 하나님께 속한 것이며 그 목적은 하나로서, 바르게 사용한다면 이는 하나님의 영광을 더 높이는 것이 되고 경건하고 선한 백성들을 증대시키는 결과를 낳는다."**는 맥락을 그대로 따르고 있는 것이다.

이처럼 17세기의 잉글랜드와 스코틀랜드에서는 공히 교회와 국가 통치자 사이의 관계가 상호 구별되며, 또한 유기적으로 긴밀히 연관된 가운데 정의되고 있음을 볼 수가 있는데, 이후로 케임브리지 강령과 같은 회중주의 교회의 신앙과 교회정치제도에 있어서도 이는 마찬가지로 전제되는 것이었음을 볼 수가 있다. 예컨대 1620년에 메이플라워호에 승선하여 아메리카로 이주한 다수의 회중주의 청교도들[즉 순례자들Pilgrims]의 신앙과 교회정치 강령 가운데서도 교회에 대한 국가 관원들의 권한이 결코 분리적으로 양립하는 성격이 아니었음을 볼 수가 있다.

우선 1617년에 버지니아 지역에 먼저 도착하여 정착한 순례자들은 '레이든 교회의 7개 조항들'THE SEVEN ARTICLES OF THE LEYDEN CHURCH, 1617, LEYDEN이라고 하는 것을 작성하여 공표했는데, 그 서문에서 명시하기를 **"레이든의 순례자들**THE LEYDEN PILGRIMS**은 1617년 당시에 버지니아라는 이름으로 알려졌던 광활한 미국 연안에 정착할 수 있는 허가를 받기 위해, 런던-버지니아 상사**the London-Virginia Company**와 교회 자치주 대표**the agents of the church**를 신청했다. 존 카버**John Carver **집사와 로버트 쿠시먼**Robert Cushman **집사는 여기에 제시된 7개의 조항들을 런던으로 가지고 가서,** [런던-버지니아] **상사에 대한 보증 역할을 하도록 계획했으니, 그렇게 하지 않으면 왕은 그들의 정통성이나 충성심을 의심했을 것이다."**라고 하여, 그들이 스코틀랜드와 잉글랜드를 다스리는 왕의 통치 하에서 벗어나 독립하는 것이 아님을 천명하고 있음을 볼 수가 있다. 더욱이 7개의 구체적인 조항들을 보면,

"1. 잉글랜드 국교회의 이름으로 출판된 신앙고백서와 그 모든 조항들에 대하여, 우리는 우리의 생명이자 또한 전적으로 동의하는 개혁 교회들과 함께 한다. 2. 우리가 그곳에서 가르친바 된 믿음의 교리the doctrine of faith를 인정함과 같이, 우리들도 동일한 교리the same doctrine의 열매와 효력들이 그들(순응주의자들conformists과 개혁주

의자들reformists)이 부름을 받은 땅에서 구원하는 믿음을 낳도록 할 것이며, 누구와 더불어서도 우리의 형제들과 같이 화평 가운데 영적인 교제spiritual communion를 갈망하는 바이며, 또한 우리의 모든 부분들이 합법적이도록 행할 것입니다. 3. 국왕 폐하, 우리는 당신의 영토 안에 있는 모든 백성들 위에와 일어나는 모든 일들에 대한 최고 통치자Supreme Governor에 대해 인정하는 바이며, 또한 어떠한 경우에도 그의 권위와 판결에 대해 거부하거나 항소할 수 없고, 다만 모든 일들에 있어 복종해야 하며, 그 명령하는 것이 하나님의 말씀에 위배되지 않는다면 적극적으로active, 혹은 만일에 용인될 수 없는 것이라면 수동적으로passive 복종함이 마땅함을 인정하는 바입니다. 4. 우리는 폐하께서 여러 지방provinces, 관구dioceses, 회중들congregations 또는 교구들parishes에서 주교Bishops, 공적 감독자civil overseers 또는 권위 있는 관리들officers을 임명하시어, 그 땅의 법에 따라 공적으로 다스리고 교회를 감독하며to oversee, 백성들이 범사에 그들에게 보고하고, 경건하게 그들의 명령을 받들도록 하는 것이 합법적이라 판단합니다. 5. 우리는 현재 이 땅에 있는 주교들Bishops의 권위가 진실로 폐하로부터 그들에게 부여된 것임을 인정하는 바이며, 또한 그들이 폐하의 이름으로 수행하는 바와 같이 우리들도 모든 일들에 있어 그들을 존경할 것입니다. 6. 우리는 어떠한 대회Synod, 노회Classes, 교회 직원들의 회의Convocation 혹은 총회Assembly에도 통치자가 그들에게 부여한 것과 같은 권한이나 권위가 없다고 믿습니다. 7. 끝으로 우리는 모든 상관들Superiors에게 합당한 명예를 제공하고, 하나님을 경외하는 모든 자들과 더불어서 성령의 일치the unity of the spirit를 보존하며, 우리가 무엇을 믿고, 어디에서 잘못 가르침을 받든지, 모든 사람들과 화평하기를 원합니다. 존 로빈슨John Robinson, 윌리엄 브러스터 William Bruster(Brewster) 서명함"

이라고 명시하고 있어서, 회중주의 청교도들의 교회에서도 1617년 어간의 초기 시기에는 교회의 문제에 있어서의 관원의 권한을 명백하게 인정하고 있음을 볼 수가 있다.

그러나 1648년의 케임브리지 강령에서는 1조에서 명시하기를 "**비록 관원의 동의를 얻을 수 없을지라도, 그리스도인들이 교회의 소유지에 스스로 모이며, 그 곳에서 말씀에 따라 그리스도의 모든 규례들을 실행하는 것은, 합법적이고 유익하며, 필연적인 것이다.**"라고 하여, 세속[혹은 시민] 관원들의 교회 문제에 대한 권한의 인정과 적극적인 권한의 행사보다는 교회 자체의 독립적인 설립과 운영을 염두에 두고 있는 것을 볼 수가 있다. 그리고 그러한 입장에 대한 근거로 "**사도들과 그리스도인들은 그들의 시대에 유대인 또는 이교도로서 가장 박해하는 원수인 관원들 모두가 그러한 문제들에 대해 전혀 용납하지를 않거나 동의하지 않았을 때에도, 빈번히 그처럼 행했기 때문**"이라고 언급하면서 행 2:41절의 "**그 말을 받은 사람들은 세례를 받으매 이 날에 신도의 수가 삼천이나 더하더라.**"는 말씀과 47절의 "**하나님을 찬미하며 또 온 백성에게 칭송을 받으니 주께서 구원 받는 사람을 날마다 더하게 하시니라.**"는 말씀, 그리고 4:1-3절의 "**사도들이 백성에게 말할 때에 제사장들과 성전 맡은 자와 사두개인들이 이르러, 예수 안에 죽**

은 자의 부활이 있다고 백성을 가르치고 전함을 싫어하여, 그들을 잡으매 날이 이미 저물었으므로 이튿날까지 가두었"다고 하는 신약성경 본문들을 증거구절로 첨부하고 있다. 그런즉 케임브리지 강령에서는 교회의 문제에 있어서의 관원의 권한을 처음부터 제한적으로 바라보고 있으며, 또한 교회 문제에 있어서 부닥침이 있다고 하더라도 교회 자체에 독립적인 권위와 권한이 있음을 전제하고 있는 것이다. 이는 2조에서 "교회 정치는 연방들의 시민 정치에 대적하지 않는 가운데 세워져 있으며, 그들의 사법권 안에 있는 세속 관원들의 권위를 어떠한 방편으로든 방어하지 않는다."고 했을지라도, 3조에서 곧장 언급하는 바 "관원들의 권한과 권위는 교회나 다른 선한 일들을 저지하기 위한 것이 아니라, 그것을 증진하는 가운데 돕기 위한 것이다. 그러므로 그에 대한 관원들의 동의나 원조가 있을 때에는, 이를 등한히 하거나 가벼운 것으로 여기지 말아야 한다."고 한 문구 가운데서, 세속 관원들의 권한과 권위가 교회를 증진시키고 보존하는 의도여야 함을 명시함으로써 세속 관원들이 교회의 활동을 제안하거나 핍박하지 않는 방향으로 유도하고 있음을 볼 수가 있다.

이러한 케임브리지 강령의 문맥은 1788년에 미국의 장로교회들이 웨스트민스터 신앙고백(1647) 제23장 3조에서 "국가 통치자는 말씀과 성례의 집례, 또는 천국의 열쇠권을 그 스스로 취해서는 안 되나, 그럼에도 불구하고 그는 교회 안에 일치와 평화를 유지하고, 하나님의 진리가 순수하고 완전하게 유지되도록 모든 신성모독과 이단들을 억압하며, 예배와 권징에 있어 발생하는 모든 부패와 오용들을 예방하거나 개혁해야 한다. 또한 하나님의 모든 규례들이 바르게 제정되고 시행되도록 적절한 수단을 강구할 권한을 지니고 있으며, 또한 이것이 그에게 명해진 의무다. 그리고 그에 있어 더 나은 결과를 위해 대회들을 소집하고, 그것들에 참석하며, 또한 그 가운데서 처리되는 모든 것들이 하나님의 마음을 따르도록 규정할 권한을 지니고 있다."고 한 것을, "국가 통치자들은 말씀을 전하며 성례전을 집행하는 일에 직접 손을 대거나, 천국 열쇠의 권한을 잡거나, 적어도 신앙문제에 간섭하는 것은 합당하지 못하다. 그러나 그들은 자녀를 부양하는 아버지와 같이, 우리의 공적인 주님의 교회를 보호할 의무가 있으며, 그러한 때에 기독교의 어느 한 교파를 다른 교파들보다 우대하지 말며, 모든 교직자들이 그 신성한 직책을 완전히 자유롭게 수행하게 하며, 폭력이나 위험을 당하지 않게 해야 한다.……어떠한 교파든지 자발적인 교회 회원들이 그들의 신앙의 고백과 신념에 따라 교회 규정을 제정할 때에, 국가의 법률이 간섭하거나 허락 또는 방해하지 말아야 한다. 관원들의 의무는……모든 종교적인 집회와 교회 회집에 아무런 방해를 받지 않으며 소란이 없이 개최하도록, 질서를 확립하는 것이다."라고 수정하는 바탕을 형성했다.[3] 마찬가지로 웨스트민스터 신앙고백(1647) 제31장의 **"대회와 회의"**에 관해서도 2조에 명시한바 **"국가 통치자들이 종교의 문제들에 관하여 조언을 구하고 논의하기 위해 목사들과 다른 적절**

---

3 이는 미국에서 최초의 장로교회 노회와 총회가 설립될 때에 여러 회중주의 지도자들과 교회가 함께 참여했던 역사 가운데서, 그리고 특정한 종교를 국가의 종교로 정하거나, 자유로운 종교 활동을 방해하고, 언론의 자유를 가로막으며, 출판 자유의 침해, 집회의 자유를 방해하고, 정부에 대한 탄원을 차단하는 어떠한 법률도 제정할 수 없도록 한 수정헌법 1조(The First Amendment)가 1791년에 채택되는 데에 다수의 회중주의 청교도들의 역할과 개입이 있었던 가운데서 자연스럽게 반영된 것이다.

한 자들로 구성된 대회를 적법하게 소집할 수 있음과 같이, 마찬가지로 만일 통치자들이 공공연한 교회의 대적자들인 경우에, 그리스도의 사역자들은 그들의 직무의 권한에 따라 그들 스스로, 혹은 그들과 다른 적절한 자들과 더불어서 그러한 회의로서 모일 수가 있다.”고 한 것을 아예 삭제하여 버렸다. 그리고 그렇게 함으로써 교회는 세속 통치자와 관원들의 지원을 받되, 교회정치에 있어서 세속 통치자의 권한이 적극적으로 인정되는 부분을 최대한 배제하는 **‘정교분리’**(Separation of church and state)의 맥락을 확고히 하게 된 것이다. 이는 특히 케임브리지 강령 5조에서 명시하기를 **“교회의 직분자들이 관원의 공권력**[칼의 권세]**에 관여하는 것은 불법이므로, 그처럼 관원이 교회의 직분자들의 정당한 사역에 관여하는 것도 불법이다.”**라고 규정한 것에서 확연히 그 바탕을 찾아볼 수 있다.

끝으로 케임브리지 강령에서 한 가지 독특한 조항을 찾아볼 수 있는데, 즉 9조에 명시한바 **“만일에 어떤 교회가, 하나 또는 그 이상으로 분열적으로 성장한다면, 다른 교회들과의 교제에서 스스로 찢어지거나, 혹은 말씀의 규칙에 반하여, 그들 자신의 어떤 부패의 방식 가운데서 고쳐지지 않으며 완고한 걸음을 걸을 것이다. 그러한 경우 가운데서 관원은, 그러한 문제가 요구하는바 대로, 그의 강제적인 권한을 행사해야 할 것이다.”**라고 한 것이다. 이는 장로교회정치에 있어서 **‘장로회’**Presbytery로서의 노회[혹은 지방대회]가 담당할 권한으로 규정하는 것과 전혀 다른 맥락이라고 볼 것이다. 이러한 경우에 있어서 장로교회정치가 프랑스 개혁교회 치리서(1559) 제7장 4조에서 **“치리회**[지교회의 치리회]는 노회에 복종과 예속의 관계에 있으며, 따라서 노회는 지방대회[혹은 총회]에서 그 권위를 부여받는다."고 한 것, 마찬가지로 스코틀랜드 제2치리서 제7장 23조에서 "교회가 세워지지 않은 곳에는 교회가 세워지도록 세심한 주의를 기울여야 한다. 그 외 두 종류의 회의가 일을 처리할 때에 있어서의 방법을 거론한 규칙을 제정해야 한다."고 하여, 노회 및 대회[혹은 총회]의 관할 가운데서 지교회의 분립이나 새로운 교회의 개척 등이 이뤄지도록 한 것과는 사뭇 다른 맥락으로 언급하고 있는 것이다.[4]

---

4 한편, 케임브리지 강령의 마지막 9조의 문구는, 독립교회로서의 회중교회정치가 야기할 수 있는 개교회주의의 폐단과 그로 인한 분열의 문제를 해결하기 어려움을 구조적으로 인정하는 맥락이 내포되어 있는 것으로 볼 수가 있을 것이다. 즉 회중주의 교회정치로서 해결하기 어려운 개교회주의적인 분열의 문제를 관원[혹은 세속 통치자]의 강제적인 권한coercive power에 맡기고 있는 것이다. 그러나 이는 케임브리지 강령이 전체적으로 견지하고 있는 '정교분리'의 맥락과도 상치되는 맥락이라 하겠다.

해설을 마무리 하는 글:
장로교회와 회중교회의 교회정치 형태에 관한 간략한 대조

일반적인 의미에서의 '정치'politics라는 말은, 국가의 활동이라는 데에 주안점을 두고서 규정할 수 있다. 예컨대 독일의 법률가이자 사회학자인 막스 베버Maximilian Carl Emil Weber, 1864-1920는 1919년에 뮌헨대학에서 강의한 것을 정리한 책 '직업으로서의 정치'Politik als Beruf에서 이르기를 "국가의 운영 또는 이 운영에 영향을 미치는 활동"이 바로 정치라고 정의했다. 그러므로 인간의 집단적 사회에 있어서 정치란, 일종의 사회현상으로서 필연적인 것이라 말할 수 있다. 심지어 국가로서의 정치뿐 아니라 개인적인 인간관계에 있어서도 정치는 필연적이라 할 수가 있는 것이니, 신자들의 공동체인 교회에 있어서도 정치는 필연적으로 성립해 있는 것을 볼 수가 있다.

하지만 교회에 있어서의 정치란, 더욱 구체적으로 머리와 지체로서의 유기적인 한 몸과 관련한 것이다. 예컨대 이는 고전 12:12에서 "몸은 하나인데 많은 지체가 있고 몸의 지체가 많으나 한 몸"이라고 했고, 27

절에서는 이르기를 "너희는 그리스도의 몸이요 지체의 각 부분이라."고 하면서, 이어지는 28절에서 더욱 분명하게 "하나님이 교회 중에 몇을 세우셨으니 첫째는 사도요 둘째는 선지자요 셋째는 교사요 그 다음은 능력을 행하는 자…."라고 한 것에서 단적으로 확인할 수가 있다. 그리고 더욱, 골 1:18에서 사도가 언급한바 "그[그리스도]는 교회의 머리"시니라는 말씀과 같이, 그리스도의 몸을 이루는 여러 지체들을 다스리는 머리이자 유일한 왕이신 그리스도에 의한 정치가 교회 안에 있는 것이다. 그런즉 이러한 교회정치는 교회의 머리이자 유일한 왕이신 그리스도를 섬기는 것으로서의 정치임에 분명하다. 아울러 교회정치는 성도들의 집단적이며 자발적인 섬김이 아니라 머리이자 유일한 입법자로서의 왕이신 그리스도께서 제정하신 질서를 따라 이뤄지는 섬김이라는 점에서, 일반적인 섬김의 정치와는 그 구별이 분명하게 존재한다.

그렇다면 하나님께서 그리스도를 통해 재정하신 합당한 교회의 운영인 '교회정치제도'는 어떠한 것인가? 이와 관련해서 기본적으로 4가지 교회정치형태를 역사 가운데서 찾아볼 수가 있는데, 그것은 첫째로 순수한 초기 기독교회가 교황과 감독들에 의해 통치되는 교회정치형태인 로마 가톨릭교회정치체제로 변질되어 발생된 '군주제 정치'Monarchical Government, 그리고 종교개혁의 시대 이후로 브라운주의자들과 분리주의자들의 교회정치 방식으로서 동일한 권위를 가진 모든 신자들에 의한 교회정치체제인 '회중 정치'Democratical Government, 또한 노회와 같은 상위의 치리회에 종속되지 않을 뿐 아니라 항소의 도움도 받지 않는 자체적이고 단일한 회중 안에서의 장로들과 성도들에 의한 교회정치체제인 독립 교회의 '혼합적 민주정치'mixid Democratical Government, 끝으로 상위의 치리회에 종속하지만 상회에 대한 항소권이 있으며 성도를 제외한 노회나 개별 교회들의 치리자들에 의한 교회정치체제인 '순수한 귀족정치'pure Aristocratical Government인 장로교회정치 등이다. 이러한 교회정치체제들 가운데서 일찍이 신약 교회가 어떠한 교회정치체제를 바탕으로 성립해 있었는지, 그리고 그러한 성립의 근거가 어떠한 방식이었는지 등을 먼저 이해할 필요가 있다. 즉 그리스도를 머리[통치권자]로 하는 교회는 성경에 규정된 교회정치체제에 근거해서야 비로소 그 성립의 근거를 찾을 수가 있는 것인데, 이와 관련하여 이해할 것이 바로 신적 권위Divine Right로서의 '하나님의 법'Jus Divinum이라는 개념이다. 구약의 광야 교회를 외형적으로 드러내는 성막과 성전에 관한 규정들과 양식들을 하나님께서 친히 제정하셨던 것과 마찬가지로, 신약의 교회들을 성립하게 하는 규정과 원리로서의 교회정치체제 또한 하나님께서 어떠한 것으로 제정하셨는가를 알아야만 하는 것이다. 바빙크Herman Bavinck, 1854-1921는 이와 관련하여 그의 교의학 책 4권에서 "교회에 통치가 없었던 적은 없다. 그리고 교회는 이 통치를 스스로 만들어 낸 것이 아니라, 하나님에게서 받았다. 교회라는 제도적 기관과 유기체는 하나님에 의해 반복적으로 함께 발생하고 서로 연관되었다." 고 했다. 아울러서 바빙크는 "교회의 기초를 놓기 위해 일시적으로 세워진 비상한 직분들인 사도들, 복음 전도자들, 선지자들과 사도적 인도 아래 교회들 자체에서 등장한 일반적인 직분들인 장로들과 집사들 사이에는 큰 차이가" 있는데, "후자의 직분들은 정부가 백성들을 전제하는 것과 동일한 방식으로 교회들을 전제한다. 따라서 이 직분들은 사도의 직분처럼 그리스도에 의해 직접 그리고 즉각적으로 세워지지 않았으나, 교회들이 설립되고 정규적인 지도가 필요할 때 비로소 등장했다."고 하여, 사도 시대의 임시적인 비상직원들과 통상적이고 항존적인 직원들(장로[가리치는 장로로서의 목사와 다스리는 장로로서의 치리장로], 집사)을 구별하여서 사도 시대 이후로 통상적으로 장로들과 집사들에 의해 교회가 다스려지는 것을 언급했다. 그리고 그러한 방식의 교회정치체제를 가리켜서 '귀족적 장로교회 조직'이라고 했으며, "이러한 장로교회 조직은 오래 지속되지 못하고, 곧 군주적, 감독적 교회 조직으로 바뀌었다."[1]고 했는데, 그것이 바로 교황주의의 로마 가톨릭교회의 교회정치체제다. 그러므로 이러한 초기 기독교회의 역사 가운데서 보자면, 교회정치체제에 있어서 유일하게 보장할 수 있는 교회정치체제는 장로교회정치체제이며, 그것의 변질로서 군주적이고 감독주의(혹은 교황주의)적인 로마 가톨릭교회가 오래도록 공교히 유지되었던 것임을 알 수가 있다.

그러나 로마 가톨릭교회로서의 군주적인 교회정치체제는 16세기에 이르러 종교개혁의 발흥 가운데서 여러모로 일신되었으니, 그러한 배경 가운데서 장로교회정치체제가 다시 재정립되고 명백하게 세워질 수 있었다.[2] 그러므로 이러한 역사적인 큰 틀에서 볼 때에 비로소 하

---

1 바빙크는 또한 그의 교의학 4권에서 "헤르마스의 목자Postor van Hermas가 쓰여진 시기, 즉 어쨌든 2세기 전반에는 로마에 군주제 감독직이 아직 존재하지 않았다."고 했다. 그러므로 그리스도께서 그의 사도들을 통해 세운 순수한 형태의 교회는 가르치는 직분으로서의 목사직과 다스리는 직분으로서의 치리장로들이 함께 교회의 치리를 담당하고, 또한 재정을 담당하며 섬기는 직분으로서의 집사 직분들에 의해 운영되는 귀족적 장로교회 정치체제였음이 명백하다. 이에 관해서는 헤르만 바빙크의 개혁교의학 4권 제55장의 설명들을 참조하라.

2 물론 그와 동시에 독립 교회의 '혼합적 민주정치'나 회중 교회의 '회중 정치' 또한 도출되었다.

나님의 법으로서의 신적인 권위에 따라 세워진 유일하며 확정적인 종교 개혁적 맥락의 교회정치체제는 장로교회정치체제라 말할 수가 있는 것이다.

그런가 하면, 감독주의적인 로마 가톨릭교회에 대한 개혁의 발흥과 더불어서 지교회의 치리회 이외의 상위의 치리기구를 인정하지 않는 회중주의 교회정치의 형태가 등장했는데, 그러한 회중주의 교회정치 원리의 출처는 바로 로버트 브라운Robert Browne, 1550-1633으로부터 시작하는 브라운 주의이다. 물론 그러한 브라운 주의의 더욱 깊은 뿌리는 독일에서 시작된 재세례파(독: Täufer, Anabaptism)에 기원하는데, 지교회 자체로 절대적으로 독립된 교회 자치권만을 고수하는 발상이 바로 재세례파의 분리주의 노선에까지 소급되는 것이다. 이에 따라 회중주의 교회정치에서는 지교회의 권위가 직접적으로 그리스도에게서 발원하며, 그런즉 지교회의 범위를 넘어서는 모든 교회정치는 다만 충언과 자문advice & counsel 이상의 권위를 갖지 못한다. 바로 이러한 기본적 원리에서 웨스트민스터 총회에 참석하여 논쟁했던 독립교회Independent Church의 온건 노선이나 이후에 사보이 선언A Declaration of the Faith and Order owned and practiced in the Congregational Churches in England, 1568을 통해 본격적으로 탄생한 회중교회Congregational Church 사이에 공통점이 있는 것이다. 반면에 브라운 주의자들은 재세례파와 마찬가지로 급진적이어서 후대까지 제대로 계승되지는 못했으며, 다만 산발적이고 독립적으로 그 명맥이 유지되다가 메노나이트Mennonites에 연계되기에 이르렀다.

한편, 회중주의 교회정치는 케임브리지 강령의 작성에 관여된 존 코튼 John Cotton, 1585-1652뿐 아니라 더욱 토마스 후커Thomas Hooker, 1586-1647에 의해 세워졌으니, '교회 권징의 총아에 대한 개요'a survey of the summe of church discipline, 1648라는 책의 서문에서 그러한 회중주의 교회정치의 포괄적인 원리를 찾아볼 수가 있다.

후커의 회중주의 교회정치의 원리를 보면, 첫째로 가시적인 교회로 모이는 회중의 참되고 적절하며 유일한 근거는 '연합'confederation이다. 그리고 그러한 연합은 또한 회중들 자체에 의한 완곡한 형태의 '언약'covenant에 근거한다. 이에 따라서 둘째 원리가 도출되는데, 그것은 바로 본질로서의 전체 교회가 교회 직원들의 권위보다 우선적이라는 원리이다. 즉 교회의 열쇠권이나 치리권이 교회의 직원들에게 있는 것이 아니라 회중에게 두며, 바로 그러한 회중으로서의 지교회 자체로 완전한 본질적 교회인 것이다. 후커가 제기한 원리 가운데 세 번째 원리는 바로 신약 성경에는 장로교회의 교회정치 원리가 제시되어 있지 않다는 것으로서, 모든 회중들을 다스리기 위하여 계급적인 지위로 임명된 여러 회중의 장로들로 구성되는 교회정치[즉 노회 정치]를 찾아볼 수 없다는 것이다. 그런즉 이러한 후커의 회중주의 교회정치 원리는 장로교회정치의 원리와 형태를 전면 부정하는 것이다. 이에 따라 자연히 따라오는 네 번째 원리로서, 후커는 교회의 회중들이 열쇠권의 첫 주체라고 규정한다.[3] 마찬가지로 네 번째 원리에 바탕을 두고

---

3 이에 반해 의회의 정치적인 이유에 의해 승인을 거치지 못하고 익명으로 발간된 '유스 디비눔'Jus Divinum, 1647에서는, 두 번째 파트 제10장에서 "신자들의 공동체, 즉 신자들의 몸은 교회정치의 권세를 직접적으로 받을만한 그릇이나 주체가 아니다."라고 분명하게 반대하고 있다.

서 약간의 확대 가운데서 제시되는 다섯 번째 원리는, 모든 직원들로 완전하게 구성된 각 회중들이 그 자체로 독립적인 열쇠의 능력과 그에 관한 모든 치리에 있어서의 모든 권징을 행사할 충분한 권한을 지니고 있다는 것이다. 그러므로 이러한 후커의 회중주의 원리 가운데서 지교회의 치리회는 그 자체로 독립적이며 완전한 최종적 치리회로서의 성격을 기본적으로 지니는 것이다. 그런가하면 여섯 번째 원리로서 엄격한 회중주의의 원리에 따라 회중 가운데 속한 회원의 자녀들 외에는 세례를 시행할 수 없다는 것이 후커가 규정하는 회중주의 교회정치의 원리이다. 그런즉 자녀들의 세례는 오직 부모들이 속한 회중 가운데서의 회원권을 전제로 해서만 이뤄질 수가 있는 것이다. 마찬가지로 일곱 번째 원리는 출교를 최종적으로 선고함에 있어서 회중의 동의가 인과적인 효력을 발휘한다는 것이다.[4] 아울러 여덟 번째 원리로서 그 교회가 그리스도의 참된 교회로 있는 한 그 교회 자체의 치리권이 상실되지 않으며, 합법적으로 이를 제거할 수 없다. 아홉째로 여러 교회들의 협의회consociation가 있으나, 그것은 상시적으로 모이지 않고 경우에 따라 산발적으로 모일 뿐이다. 그리고 열 번째 원리로서, 그러한 협의회와 대회Synods들은 경우에 따라 종종 다른 교회들에 대한 자문과 권고가 가능하다. 열한 번째로 그러한 권고와 자문에도 불구하고 그 교회가 잘못이나 악행을 고집한다면, 그들에 대해 권고하고 자문한 다른 교회들이 그들에 대해 교제하는 것을 멈춰야 하며, 다만 그처럼 완고한 교회라 할지라도 다른 교회들이 그 교회를 출교시킬 수 없다.

---

4 이와 달리 장로교회정치에서는 출교의 선고가 지교회의 치리회의 선고나 회중의 동의가 아니라 노회 혹은 그 이상의 상회의 판결에 의해서 최종적으로 시행된다. 그러므로 지교회 자체적인 출교의 실행은 장로교회에서는 불법이다.

왜냐하면 그들을 형식으로든 법적으로든 구속할 법령이 있을 수 없기 때문이다. 바로 이러한 원리에서 개별적인 지교회들은 그 자체로 완전하며 독립적으로 있는 것이 후커가 제시하는 회중주의의 원리이다.

물론 그렇다고 해서 후커가 제시하는 회중주의의 원리가 장로교회정치의 원리와 전적으로 다른 것만은 아니다. 예컨대 회중의 선거를 거치지 않은 임직은 있을 수 없으며, 마찬가지로 회중이 맡겨지지 않은 목사를 세우는 규정도 있을 수 없다는 원리는 장로교회정치에서의 원리들과 다르지 않다. 하지만 이러한 임직의 규정에 있어서 회중주의의 원리에서는 전에 부름을 받았던 그 회중에 한정하는 취임으로서만 인정된다는 점, 즉 그 지교회의 회중을 벗어나서는 다른 교회에서는 그 직책을 유지할 수 없다는 점에서는 장로교회정치의 원리와 분명한 차이를 보이는데, 바로 이러한 원리를 전제로 한 지교회의 직원인 목사는 그 지교회의 회중들에게만 목사의 직임을 인정받는다고 하는 원리가 성립하는 것이다. 그러므로 이러한 회중주의 교회정치의 가장 기본적인 원리는 바로 지교회 이외의 다른 여하한 치리의 기능을 발휘하는 회의체를 인정하지 않는다는 점이다. 그것들은 치리회가 아니라 협의체consociation body일 뿐이다.

하지만 이러한 회중주의 교회정치의 등장 이전에 이미 사도들에 의해 세워진 교회정치체제로서의 장로교회정치는 기본적으로 지교회 자체로서 완전하고 독립적인 교회로 인정되지 않으며, 반드시 상위의 노회Classis나 대회Synods와 같은 상급 치리기구와 회의체를 전제하는 가운데서 지교회가 존립할 수 있다는 점에 의지하고 있다. 물론 신약 성경에서 지교회는 독립적이고 완전한 교회였지만, 이후로 사도들의 시대에서부터 신속하게 장로회로서의 조직과 그 기능을 수행하는 지교회들의 대표회의가 기능했음을 바빙크는 그의 개혁교의학 4권에서 서술하고 있다. 즉 "바울 시대(행 14:23, 20:17; 빌 1:1; 딛 1:5), 그리고 그 후에도 여전히 소아시아의 교회들 안에는 감독 한 사람이 아니라 다수의 감독들이 지도자로 존재했다. 딤 4:14에 의하면, 그들은 이미 하나의 회, 즉 장로회Presbyterium를 구성했다. 계 1:20 이하에 의하면, 그들 가운데 한 사람이 전면에 등장했기에 그는 '앙겔로스'ἀγγελος, 사자로 지칭되고 온 교회의 대표자로 여겨질 수 있었다."고 한 것이다. 그러나 이러한 대표자의 등장이 점차 동일한 직분 가운데서 더욱 우월한 직분으로서의 '군주적 감독직'의 발전으로 이어졌고, 로마 가톨릭교회는 감독 체제에 머무르지 않고 이 체제를 교황 체제로 발전시켰다고 바빙크는 광범위한 자료와 근거 가운데서 설명한다. 그러므로 종교개혁을 통해서 그러한 교황제 및 군주적 감독직으로의 변질 이전의 순수한 교회정치형태로서의 장로회 제도의 복원reformed이 시도되었던 것이다.

한편, 바빙크는 종교개혁 시기에 장로회 제도의 복원이 프랑스 개혁교회 안에서 비로소 이뤄졌다고 언급한다.[5] 그러면서 또한 루터파 교회가 대회적인 회집을 이뤘지만, 그것은 단지 목사들만으로 이뤄진 회집이었다는 점에서 온전한 장로회는 아니었다고 한다. 복원된 장로회 정치는 프랑스에서 처음으로 [다시] 생겨났는데, 교회들이 급속히 확대되

---

5 개혁교의학 4권 56장을 보라.

고 일치의 필요성에 따라 1559년 5월 26일에 파리에서 첫 번째 총회 (Synod)가 소집되었고 공동의 신앙고백서[프랑스 신앙고백서]와 교회법[프랑스 개혁교회 치리서]을 채택하여 연합했다는 것이다.[6] 이러한 장로회 정치는 나중에 폴란드, 보헤미아, 헝가리, 독일, 네덜란드, 스코틀랜드, 잉글랜드, 미국 등의 다른 개혁주의 교회들에도 도입되었다고 한다.

사실 회중주의 교회정치는 1658년에 사보이 선언이 채택되기 이전에 이미 뉴잉글랜드의 케임브리지 강령(1648)에서 그 교회정치 원리를 분명히 드러내고 있었으나, 초기에는 급진적인 분리주의자들인 브라운주의로서, 그리고 이후에 웨스트민스터 총회(1643-1649) 때에 이르기까지 독립교회정치로 잉글랜드에 자리하고 있었으며, 그러한 독립교회정치와 장로교회정치 사이에도 이미 분명한 구별이 있었다. 이는 유스디비눔Jus Divinum, 1647의 서문에서 분명하게 대조하고 있는 것으로서,

---

6 국가적인 규모에서의 전국적인 장로교회정치는 이미 1559년 프랑스의 개혁교회에서 그 위용을 드러냈던 실제적인 역사를 볼 수가 있다. 예컨대 그 규모에 대해, 프랑스 개혁교회 치리서 8장 15조에서는 "현재 지방 대회는 다음과 같이 분포한다. 1. 모리셔스 섬Isle of France, 샤르트르the Land of Chartres, 피카르디Picardy, 샴파뉴와 브리Champagne and Brie, 2. 노르망디Normandy, 3. 브리튼 Brittaine, 4. 오를레앙Orleans, 블뢰아Blesos, 둔누아Dunois, 니베르뉴어Nivernois, 베리Berry, 바우르바누아Baurbonnois, 라 마르슈la Marche, 5. 뚜헨느Touraine, 앙주Anjou, 루뒤니아Loudunois, 르 멘느Le Maine, 반디네Vandine, 그리고 페르쉐Perche, 6. 포익톤Poicton의 고지대와 저지대. 7. 산토네Xaintonge, 아니스Aunis, 로쉘Rochel의 도시와 자치 정부. 8. 낮은 기옌Guenne, 피에르가드 perigard, 가쉬코니Gascony, 그리고 리무쉰Limousin. 9. 비바르체Vivaretz의 고지대와 저지대, 그리고 벨레이Vellay, 그리고 포르쉣Forest. 10. 랑구에독Languedoc 아랫 지방, 니스메스Nismes, 베세즈Vsez, 몽펠러Montpellier, 베지에스Beziers를 포함. 11. 랑구엑Languedoc의 나머지 부분, 구에네Guienne 윗 지역, 토로세Tholouse, 카케쇼네Carcassonne, 쿠얼시Quercy, 버건디Burgunday, 로워구Rouergue, 알마그넥Armagnac, 그리고 에버그네Avergne 윗 지방. 12. 브런디Burundy, 리오네 Lyonnois, 보졸레Beaujolois, 브헤쓰Bresse. 13. 프로방스Provence 14. 돌피니Dophiny, 그리고 오랑쥬의 프린시펄티Principality, 15. 베런Bearn 통치의 교회들. 16. 세프넷Sevennes과 구버단Guevandan."이라고 명시하고 있어서, 이미 상당히 방대한 대회의 규모인 것을 확인할 수가 있다. 지교회의 치리회를 넘어서는 대회 규모의 치리를 골격으로 하는 장로교회정치의 형태는 이미 1559년 어간의 프랑스에서 광범위하게 꽃피우고 있었던 것이다.

독립교회정치가 "그리스도의 가시적인 교회의 다른 어떠한 형태도 인정하지 않으면서, 오직 모든 규례에 참예하기 위하여 한 장소에 모이는 단일 회중만을 인정"하는데 반해 장로교회정치는 "지상에 그리스도의 한 가시적인 보편교회[공교회]가 있음을 인정하고, 모든 개별 교회들과 단일 회중을 단지 그러한 보편교회에 속한 것으로 본다."는 점에서 큰 차이를 보인다. 둘째로 독립교회가 "가시적인 교회의 회원들은 (그들의 가장 분별력 있는 판단에 따르면) 참된 은혜를 소유한 자, 즉 진정한 성도들이어야 한다."고 정의하는데 반해 장로교회는 "비가시적 교회의 회원들은 오직 참된 신자들이지만, 가시적인 교회에는 그리스도에 대한 참된 믿음과 그리스도께 복음의 규정들을 따라서 순종할 것을 고백하는 자들"이라고 정의하는 점에서 확연히 대비된다. 셋째로 독립교회가 "교회는 목사나 양 무리의 어떠한 허가나 동의 없이, 참으로 그들의 뜻에 반하는 다른 그리스도의 참으로 가시적인 교회 밖에서의 모임으로서, 또한 그러한 교회들은 스스로 참된 신자임을 자처하는 자들을 받아들이고, 그들 자신이나 다른 사람들에 의해 자주 스스로 연약한 사람을 받아들여서 직간접적으로 제자를 유혹하곤 한다."고 규정하는데 반해 장로교회에서는 그러한 회중주의적 교회에 대해 비판하여 이르기를 "지역의 교회들은 그리스도의 참된 가시적 교회들로서 받아들여지고, 교회를 서로 세우는데 가장 용이하다. 교회 밖에서 모이는 회중교회들은 성경을 따르지 않으며 사도의 관습에 반하여 교회들을 흩어지게 한다. 즉 회중교회들은 분열의 딸이요 혼돈의 어머니로서 교회를 세우는 일에 위해를 끼친다."고 했다. 넷째로 독립교회정치에서는 "말씀을 전하는 장로들은 단지 선출되는 것이지 임명되는 것이 아니"라고 보는데 반해, 장로교회정치에서는 "말씀 전하는 장로들이 선출될 뿐 아니라 임명된다."고 규정한다. 다섯째로 독립교회정치에 따르면 "치리장로들도 말씀을 설교"하나, 장로교회정치에 따르면 "치리장로들은 치리만 할뿐 말씀을 설교할 수 없다(딤전 5:17)."고 했다. 여섯째로는 독립교회정치가 "교회정치를 하는 자를 신자들의 공동체coetus fidelium"라고 보는데 반해, 장로교회정치에서 "교회정치를 하는 자는 오직 그리스도께 속한 교회의 직원들"이라고 본다. 또한 일곱째로 독립교회정치가 "교회의 직원들이 교회에 의해 위임되어 즉시 교회의 종으로서의 역할을 한다."고 보는데 비해, 장로교회정치에서는 "교회를 다스리는 자들이 그리스도에 의해 임명되어 그 즉시로 그리스도의 종의 역할을 한다."고 본다. 이외에도 독립교회정치에서는 "교회정치의 치리를 비롯한 모든 행위들이 최종적이고 독립적으로 개별 교회 안에서 시행되며, 교회 회의Church-Assembly에 대한 상소의 자유가 없고, 따라서 고통을 당하는 자들이 치유될 방법이 없"는데 반해, 장로교회정치에 있어서는 "교회정치의 치리를 비롯한 모든 행위들이 종속적이고 의존적으로 당회 안에서 시행되며, 모든 재판에서 노회나 대회에 상소할 자유가 있으니, 따라서 고통을 당하는 자들이 치유될 방법들이 충분하다."고 했다. 끝으로 독립교회정치는 "일반적이며 크고 어려운 재판이나 상소 사건에서 어떤 권위 있는 종교법원이나 대회도 인정하지 않으며, 오직 설득과 협의만 할 뿐이므로, 만일에 권고가 안 될 시에는 다만 친교를 중지"하는데 비해, 장로교회정치에서는 "매우 중요하고 어려운 일반적 재판이나 상소에 있어서 설득과 협의를 할 뿐만 아니라 권위 있는 종교법원과 대회를 인정하고 그것들을 성공적으로 잘 활용할 수 있으니, 이들 종교법원과 대회는 필요할 경우에 교회의 모든 치리를 행사할 권세를 지닌다."고 본다는 데에 따른 차이가 분명하다.

이처럼 장로교회정치의 방식과 회중주의로서의 독립교회정치의 방식이 확연히 구별되며, 또한 구체적인 방식들에 있어서 장로교회정치의 원리와 방식이 더욱 성경적이며 효과적일 수 있음을 확인할 수가 있다. 그리고 무엇보다 회중주의 교회정치의 유례가 브라운주의와 더욱 최초로는 재세례파에까지 소급되는 것이지만, 장로교회정치는 종교개혁 이전 로마 가톨릭교회의 군주제 정치를 넘어서 주후 2세기 이전의 순수한 그리스도의 교회에 세워졌었던 장로회정치의 원리와 방식에까지 소급되는 것이라는 점, 뿐만 아니라 그러한 원리와 방식은 신약 성경뿐 아니라 구약 성경에 이르기까지 성경 전체에 걸쳐서 소개되어 있는 교회의 운영원리를 전제하는 것이라는 점에서 차별적이며 유일한 교회정치의 맥락을 유지하는 것임을 알 수가 있는 것이다. 그러므로 지금 우리 시대의 교회들, 최소한 장로교회들이라고 한다면, 이러한 대조와 구별에 기초하여 원래의 순수하고 참된 그리스도께서 재정하신 교회정치로서의 장로교회정치원리가 무엇인지를 더욱 깨닫고 회복하고자 할 뿐만 아니라, 이를 위해 실재로도 개혁하는 일에 힘써야 마땅한 것이다.

부록 1:

회중주의의 원리Principles of Congregationalism에 대하여[1]

앞서 언급한 바와 같이 살렘에 있는 제1교회the First Church in Salem 즉, 순전히 성경적인 [교회의] 구성을 입증하는 세 가지의 증거가 있다. [이는] 그 교회의 설립에 있어서의 진정한 역사, 고대의 교회 기록, 설립자들이 스스로 인정한 원칙들로서, 전자의 두 증거는 이미 충분할 만큼 풍부하게 제시되어 있다. 여기에서 우리가 목적하는 것은 회중주의의 진정한 원리였던 설립자들의 원칙the principles of the founders을 설명하는 일부 구절들과 역사적 권위(간략한 스케치에는 포함되지 않음)를 추가하는 것이다.

고인인 존 퀸시 애덤스John Quincy Adams, 1767-1848[2]는 뉴잉글랜드 연

---

1 Daniel Appleton White, 'New England Congregationalism' (Salem: 1861), 275-282. 이 소논문은 회중주의의 입장에서 뉴잉글랜드의 회중주의 역사를 바탕으로 회중주의의 원리들을 간략히 서술한 것이다. [역자 주]

2 미합중국의 제6대 대통령(1825~29)이었던 인물. [역자 주]

방에 대한 연설에서 에드먼드 버크Edmund Burke, 1729-1797[3]의 "개신교 신앙의 개신교정신인 청교도 정신"the Puritan spirit the Protestantism of the Protestant religion이라는 말을 인용한바 있다. 이것을 회중주의적인 정신the Congregational spirit이라고 하는 것이 훨씬 더 적절할 것이다. 원시 회중주의자들the primitive Congregationalists, 혹은 독립교회주의자들Independents은 가장 순수한 정도로 개신교 신앙의 기본 원칙에 따라 행동했으며, 그것들을 명확하고 일관되게 재주장했다. 제임스 매킨토시 경Sir James Mackintosh은 로크(John Locke, 1632-1704)에 대해 이렇게 말했다.

"우리의 철학자[즉, 로크]는 그의 스승이었던 독립교회의 성직자들the Independent divines에 의해, 그들이 세상에 처음으로 공개한 종교적 자유의 원칙들을 배웠다."[4]

벨크냅Belknap 박사는 회중주의의 아버지들 가운데 한 사람인 존 로빈슨John Robinson의 전기에서 그의 교회의 신도들이 로빈슨교도Robinsonians, 그리고 독립교회주의자Independents들로 불렸으나, 그들이 자신들을 구별하는 이름이 "회중주의 교회"Congregational Church였음을 보

---

3 아일랜드 더블린 출신의 영국의 정치 철학자이자 연설가였던 인물. 1775년 3월 22일에 그는 혁명 전야의 미국 의회에서 연설을 했다. 그는 '자유에 대한 사랑'과 '자유에 대한 강렬한 정신'이야말로 식민지 거주자들의 독립에 있어서의 강력한 동기라고 주장했으며, 또한 당시에 미국인들이 '개신교인'들이라고 했다. [역자 주]

4 로크는 "만일에 자신이 원한다면 그의 믿음을 다른 사람의 명령에 맞추지 않아도 된다"고 했으며, "참되고 구원하는 종교는 그것 없이는 어떤 것도 하나님께 받아들여질 수 없는 마음의 내적인 확신 the inward persuasion으로 이루어져 있다"고 했다. 2 Works, fol. 234.

여준 후에, 그는 다음과 같이 그들에 대한 설명하기 시작했다.

"그들의 대원칙은 영감에 의해 주어진 성경이 참된 종교를 담고 있다는 것으로서, 나중에 칠링워스Chillingworth와 호들레이Hoadley에 의해 고수되고 옹호되었던 것과 같았다. 그것은 모든 사람은 성경의 의미를 스스로 판단하고, 모든 교리를 그것에 의해 시험하고, 그 자신이 깨달은바 계몽된 양심enlightened conscience의 지시에 따라 하나님을 예배할 권리가 있다는 것이다."

그리고 그는 다음과 같은 문장으로 설명을 종료한다.

"그리고 마침내 그들은 인간이 창안한 모든 권리right, 또는 종교적인 문제들에 있어서의 부담imposition을 포기해버렸다."[5]

프린스REV. JOHN PRINCE, LL.D. 1779-1836.는 그의 "뉴잉글랜드 연대기"New England Chronology에서 윈슬로우 총독governor Winslow에 대해 다음과 같이 언급했다.

"그리스도의 교회는 부르심으로 말미암아 모두가 성도가 되었으므로, 우리는 적어도 겉보기에는 (하나님께 은밀한 것을 맡기는) 하나

---

5 스프래그 박사Dr. Sprague는 그의 대작인 "미국 설교단의 연대기"Annals of the American Pulpit 1 권의 "역사적 소개"에서, 존 로빈슨John Robinson에 대해서 이르기를 "특히 플리머스 교회와 지속된 관계로 볼 때에 적어도 그는 뉴잉글랜드 회중주의의 아버지로 여겨질 수 있다"했다. 그들에게 독특한 특성을 부여한 요점들" 가운데 하나에 대해, 스프래그 박사는 다음과 같이 말했다. "종교에 있어서 인간의 모든 창안물들이나 의무들은 폐기되어야 한다."

님의 은혜를 보기를 원하며, 그들이 지은 죄의 수렁에 공공연하게 뒹구는 것과 같은 일을 피하고자 한다. 이는 하나님의 거룩한 것들the holy things of God과 성도들의 교제the communion of the saints가 누룩을 넣음으로 말미암아 더럽혀지지 않게 하려 함이다. 그리고 만일에 우리가 [네덜란드의] 레이든Leyden에 살았을 때나 [미국의] 뉴잉글랜드New England에 온 이후로, 그들의 경건의 공표와 신앙의 표명과 더불어서 잉글랜드 교회로부터의 분리를 표명했다면, 나는 한 곳에서는 우리의 목사인 로빈슨 씨Mr. Robinson의 말씀을 들었을 것이며, 다른 곳에서는 우리의 장로인 브루스터 씨Mr. Brewster가 그들을 즉시 멈추게 하여 우리가 그들의 땅에서 그런 것을 요구하지 않는다는 것을 그들에게 알려주었을 것이다. 그러나 다만 예수 그리스도께 대한 믿음을 붙잡음, 하나님을 두려워하는 거룩함, 모든 신성한 임명에 대한 복종을 주장하는 것뿐이다. 잉글랜드 교회를 주님과 그들 자신에게 남기고, 그들에 대해 우리는 그들 가운데 있는 잘못된 것들을 고쳐주시기를 기도해야 한다."

프린스는 다음과 같이 이어간다.

"아마도 호니어스Hornius[6]는 이 사람들에게 로빈슨교도Robinsonians라는 칭호를 부여한 유일한 사람이었을 것이다. 그러나 그가 사람들과 그들의 유명한 목사들 모두의 관대한 원칙들principles에 대해 제

---

6 독일의 역사가이자 지리학자였던 인물로서, 1653년부터 1670년까지 라이덴 대학의 역사학 교수였던 Georgius Hornius(Georg Horn, 1620-1670)를 지칭하는 것으로 보인다. [역자 주]

대로 알고 있었다면, 그는 단지 어떤 사람의 이름[즉, 로빈슨의 이름]으로 불리는 것보다도 그들에게 더욱 불쾌한 것은 없다는 것을 알 수 있었을 것이다. 왜냐하면 그들은 단순한 인간 체계human systems나 성경의 설명에 대한 모든 집착을 버리고, 영감을 받은 기록들the inspired records을 탐색하되 다른 이들에게 강요하지는 않으며, 그들이 그 안에서 찾아야 할 발견으로부터의 원리와 실천들을 형성하는, 완전하고 항구적인 자유를 유지했었기 때문이다. 이는 1602년 그들의 최초 언약original covenant 가운데에 나타나 있다. 그리고 이에 동의하여, 총독 윈슬로우governor Winslow는 폴리머스Plymouth 사람들이 그들과 항상 애정을 가지고 살았었던 매우 유명한 목사와 헤어지던 때에 하나님과 그의 축복받은 천사들 앞에서 사람들에게 명하기를, 그가 그리스도를 따르는 것 이상으로 따르지 말라고 했다. 그리고 만일에 하나님께서 그분의 다른 어떤 도구로라도 우리에게 계시하신다면, 우리는 그분의 사역을 통해 진리를 받아들여야 하는 것과 같이, 그 진리를 받을 준비가 되어 있어야 한다고 했다. 왜냐하면 주님께서는 그의 거룩한 말씀에서 아직 밝혀지지 않은 더 많은 진리와 빛을 가지고 계시다는 것을 그는 매우 확신했기 때문이다. 그는 또한 종교의 종점a period in religion에 접어든 개혁 교회들의 상태와 그들의 개혁의 기구들instruments이 그 이상으로 더욱 진전되지 않는 것을 불쌍해하며 비탄해 마지않았다……또한 이에 있어서 그는 우리가 하나님의 기록된 말씀 안에서 우리에게 알려져야 하는 빛이나 진리라면 무엇이든 받아들이기 위하여, 하나님과 서로 언약한 우리의 교회 언약을 마음에 새겼다. 그러나 우리가 진리로 받은 것에 주의하고, 그것을 받기 이전에 다른 성경 본문들과 더불어서 그것을 검토하며, 비교하고, 저울질하라고 단호히 권고했다. 왜냐하면 기독교 세계가 그렇게 최근에 그러한 반기독교적인 어둠antichristian darkness에서 빠져나와 지식의 완전한 완성이 한 번에 터져 나오는 것은 불가능하기 때문이라고 그는 말했다."

동일한 맥락으로 웨스트민스터 총회의 회원이자 그 회의에 참석한 회중교도들 가운데서 으뜸가는 인물the master spirit로 여겨지던 토마스 굿윈 박사Dr. Thomas Goodwin는, 회중 교회에 대해 평가할 때에 그들의 언약에 관해 평하기를 "그들의 영spirits은 반짝이는 그 빛의 환대에 자유롭거나, 혹은 말씀 밖으로 빛을 발할 것"[7]이라고 했다.

그리고 이 굿윈 박사가 1643년[8]에 웨스트민스터 총회the Westminster Assembly의 4명의 다른 저명한 회중주의 회원들과 함께 의회에 제출했던 유명한 "변론의 이야기"Apologetical Narration에서 우리는 그들이 공언한 위대한 원칙들 중에서 다음을 발견한다.

"첫째로, 우리에게 없는 최고의 규칙the supreme rule은 사도들이 세운 교회의 원형the primitive pattern과 본보기example였다. 우리가 모든 결심을 할 때에 함께한 두 번째 원칙은, 현재의 판단을 내리지 않

---

7 "leaving their spirits free to the entertainment of the light that shines, or shall shine out of the word." Cong. Diet., 129.

8 "Thomas Goodwin, Philip Nye, Sidrach Simpsjn, Jeremiah Burroughs, William Bridge 가 겸손히 의회에 제출한 변론의 이야기."

고 미래를 위해 우리 자신에게 구속력 있는 법을 실행하는 것이었으니, 우리는 이와 같은 방식으로 모든 경우에 대해 그것을 계속하여 공언했다. 우리가 바라는 어떠한 원칙(다음으로 가장 지고한 것, 즉 모든 일에 있어서 하나님의 완전한 뜻에 인도되는 것)이 전 세계에 있는 기독교 국가들과 교회들 안에서 교회의 다른 모든 법들과 규범들 가운데서 가장 신성한 법the most sacred law으로 제정되기를 바라는 것이다."[9]

보스턴 교회의 초대 목사 가운데 한 사람이었던 저명한 존 코튼John Cotton은 그의 "교회 교리"Doctrine of the Church에서 다음과 같이 말했다.

"교회가 부패하고 불건전한 교리와 더불어서 의심을 받으며 비방을 당할 때, 그들은 하나님께로부터 그들의 신앙에 대한 공적인 고백public confession을 하도록 부름을 받았지만, 그 교회의 신앙 고백the confession of the faith과 같은 것을 후손들에게 규정하도록 하거나, 한 교회의 고백이 다른 교회에 대한 형식form과 유형pattern이 되도록 규정했는데, 그러한 아픈 경험은 그것이 그 둘 모두에게 얼마나 올무가 되었는지를 보여주었다."

그는 다시 한 번 이르기를,

---

9 W. M. Hetherington, History of the Westminster Assembly of Divines, p. 160.

"우리 믿음의 휴식은 오직 주님의 말씀과 그 안에 숨 쉬는 그의 영his spirit에 달려 있으므로, 또한 말씀은 적그리스도가 완전히 혼란에 빠지고 폐기될 때까지 이들 가운데서 점점 더 많은 빛이 비칠 것이라고 약속했으므로, 만일에 우리들이 우리의 진리를 현재나 이전 시대의 신학자들에게 한정한다면, 우리는 은혜와 진리의 말씀에 대적하여 죄를 범하고 말 것"[10]이라고 했다.

리처드 솔튼스톨 경Sir Richard Saltonstall의 편지에 대한 코튼 씨Mr. Cotton의 답변은 그가 뉴잉글랜드에 대해 보고한 슬픈 소식에 대해 애도를 표하는 것으로, 인간의 신조들을 형성하는 것이 불평을 야기하는 "폭정과 박해"tyranny and persecution의 일부가 아님을 충분히 보여준다.

"당신은 모른다"며, 코튼 씨는 말하기를, "당신은 우리가 잉글랜드로부터 도망쳐 온 그 방침들을 여기에서 실행하기 위해 황야로 왔다고 생각한다. [그러나] 우리는 인간의 창안물들men's inventions과 하나님의 제도들God's institutions 사이에는 엄청난 차이가 있다고 믿는다. 우리는 다른 이들에게 강요했어야 할 인간의 창안물들men's inventions에서 도망친 것으로서, 우리는 인간의 창안물들을 강요하지 않는다."……"우리는 우리 자신에 대한 판단의 무오성infallibility을 주장하거나, 획일적으로 영향을 미치는 것과는 거리가 멀다. 오히려 하나님께서 요구하지 않으신 획일성uniformity을 요구하지 않으시며, 그는 결코 무오성을 우리에게 허락하신 적이 없다. 우리는 종교와 교회 질

___

10 Hanbury's Hist. Mem., ii, 162.

서의 기초에 있어서 일치unity에 만족한다."[11]

뉴잉글랜드의 아버지들The fathers of New England은 양심의 권리the rights of conscience에 대한 존중을 표명했지만, 양심의 가책pleas of conscience 아래서 저지른 범죄를 처벌할 의무가 있다고 생각했는데, 그러한 범죄는 그들에게 있어 모든 종교와 마찬가지로 질서를 파괴하는 것처럼 보였다. 1646년에 통과된 그러한 위법 행위에 대한 법령은 다음과 같이 가정하는 진정한 양심에 대한 존중의 증거를 표면적으로 지니고 있었다.

"어떠한 인간의 능력도 인간의 믿음과 양심을 지배할 수 없으므로, 그들의 양심에 반하여 믿거나 고백하도록 강요할 수 없다."

이는 최초의 뉴잉글랜드 교회들의 성경적 제정the scriptural constitution 을 이끌었으며, 믿음에 대한 인간의 시험을 금지한 바로 그 정신이었다. 신앙 고백을 구술하거나 그러한 구술을 제출한다는 생각은, 그들의 원리들에 관한 견해였을 것이다. 그들의 기억에 따르면, 우리는 그들이 양심의 권리rights of the conscience와 의지의 잘못wrongs of the will 사이에 만든 본질적 구별-또한 그들이 맞서 싸워야 했던 완고한 유형의 후자[즉, 의지의 잘못]도 아니었으며, 또한 그것은 그들의 인내뿐만 아니라 그들 자신의 양심을 그렇게 가혹하게 시험했다-을 결코 잊지 말

---

11 Hutch. Coll., 401,

아야 한다.

원로 존 히긴슨John Higginson 이후로 미국의 모든 신학자들 가운데서 예일 대학의 총장이었던 고 스타일스 박사Dr. Styles가 뉴잉글랜드의 회중주의적인 교회들에 대한 주제에 대해서 가장 잘 알고 있는 것으로 보인다. 그는 당대의 어떤 사람들이 "의회와 학식이 있는 사람들의 권위에 의해 주어진 인간적인 해석human interpretations을 대체하기를 좋아하고, 인간의 시험human tests에 적합하며 정의된 감각에 따라 성경을 이해하도록 강요"했다고 한탄했으며, 또한 반대로 "계시를 정직하고 냉철하게 믿는 자의 양심에는 아무런 제약이 없어야 한다."고 단언했으니, 그는 우리의 초대 교회early churches의 진정한 성경적 기초를 분명하게 증언했다. "나는 인지했다"고 그는 말하면서, "거의 모든 프로테스탄트 세계the protestant world와 구별되는 의미에서, 우리의 교회들은 성경에 기초한다. 우리의 훌륭하고 오래된 조상들(후세에게 그들은 소중한 추억이 될 것이다)은 다른 개신교 후원자들을 좋아하지 않았으며, 그들이 생각하고 판단한 계시의 진정한 의미가 무엇인지에 관한 체계a system를 형성하고, 또한 진리를 위하여 이를 확립했다-그들에게는 성경이 영감 된 규칙the inspired rule이라는 것만으로 충분했으며, 또한 이것이 그들이 만든 유일한 규칙이었다."[12]

우리는 이미 1658년에 런던에 있는 사보이에서 열린 회의 가운데서 잉글랜드의 회중 교회the Congregational Churches of England에 의해 표

---

12 Christian Union, 119.

명된 기독교인의 자유의 정신the spirit of Christian freedom을 되풀이하여 언급한바 있다. [그리고] 다음의 발췌문에서는 영국의 회중주의자들the English Congregationalists이 그들의 첫 번째 원칙을 얼마나 충실히 고수했었는지 알 수 있다. 1833년 5월 런던에서 열린 회중주의 연합 총회”에서 채택된 잉글랜드와 웨일스의 회중교회 선언The Declaration of the Congregational Churches of England and Wales에는 다음과 같은 내용들이 포함되어 있다.

> “연합의 결속a bond of union으로서 신조들creeds과 신앙의 조항들articles of religion[13]의 효용을 인정하지 않고, 또한 친교의 용어로서 어떠한 인간의 예식서들formularies에 대해서도 반대하여 항의하면서, 회중주의자들은 일반적인 정보general information로서 여전히 공적으로 믿어지는 것이 무엇인지를 선언하려 하며, 각 사람에게 가장 완전한 양심의 자유the most perfect liberty of conscience를 부여하는 바이다.”[14]

우리들은 우리의 나라 안에 있는 근원적 회중주의의 부패와 그것의 진정한 원칙들true principles로의 회복에 대한 희망적인 전망과 관련해서, 더욱 최근의 문서들, 가장 먼저 레스터 A. 소이어Leicester A. Sawyer의 “유기적 기독교교파Organic Christianity” 12월 31일자 제목의 가치 있고

---

13 1562년 런던에서 개최한 홀든 총회holden Convocation에서 대주교Archbishops와 주교들Bishops, 그리고 모든 성직자들clergy의 각각의 다양한 견해들을 지양하고, 진정한 종교에 대한 동의를 확립하기로 합의하여 공표된 조항들로서, 찰스 1세의 명령에 따라 그의 왕실 선언royal declaration 앞에 재판Reprint되었다. 항목은 총 39개의 조항으로 되어 있다. [역자 주]

14 Hanbury의 Hist. Mem.에 대한 부록 iii, 398페이지를 참조하라.

철저한 작업 가운데서 약간을 추가하고자 한다.

"웨스트민스터의 신앙고백과 치리서discipline는 영미 장로교회와 스코틀랜드 장로교회의 토대로서, 이를 채택하는 교회들의 최고의 유기적인 법규organic law이다. 회중주의는 다른 어떠한 체계들보다도 인간의 법령들human constitutions과 신앙고백confessions보다는 [오히려] 성경에 더욱 기초한다. 최초의 신앙고백[회중주의 신앙고백]은 존 로빈슨John Robinson이 작성하고 1619년에 레이든Leyden에서 출판한 것이다. 다음으로는 1658년 10월 12일에 런던 사보이Savoy에서 열린 회중주의자들의 모임에서 100명이 넘는 영국 회중 교회의 목사와 대표자들이 채택한 사보이 신앙고백the Savoy confession이다.……이는 1680년 보스턴에서 열린 뉴잉글랜드 대회the New England Synod에서 약간의 수정을 가하여 채택했으며, 뉴잉글랜드 신학의 표준 중 하나로 간주되어 왔다. 그러나 그것은 권위에 의해 강요되는 것이 아니며, 회중주의 원리들을 완전히 포기하지 않고는 그렇게 될 수가 없는 것이다……성경은 회중주의적 신앙고백the Congregationalist confession of faith이자 헌법constitution이다. 그것은 회중주의의 최고이자 유일한 절대적이며 유기적인 교회법이다. 또한 자매 교회들의 논의counsel와 권고advice, 그리고 하나님의 섭리에 의해 유발되는 것 외에 다른 강제는 없다."[15]

"회중주의는 교회 민주주의의 체계a system of church democracy로서

15 P. 403.

어떠한 외부적 요인foreign element이 유입되었을 때에는 타락했었다. 그러한 부패에 대한 주요한 골칫거리는 장로회제도Presbyterianism에서 비롯되었다. 많은 이들은 두 체계가 본질적으로 동일하며, 다만 그것들 사이의 중요하지 않은 차이들이 있을 뿐이라고 생각한다. 그러나 이는 큰 오판a great mistake이다. [오히려] 두 체계는 근본적으로 다르다. 장로회제도는 수정된 주교제도Episcopacy일 뿐이다."[16]

"교회연합주의Consociationalism는 회중주의의 타락이다. 그것은 교회들 위에 그리고 너머에 상설적인 법정permanent courts을 구성하는 것이다. 연합한 교회들은 연합에 그들의 관할권jurisdiction을 위임하는 만큼 그들이 지닌 독립성을 포기해버리는 것이다."[17]

베이컨 박사Dr. Bacon는 "역사적 논설Historical Discourses"에서 세이브룩 강령the Saybrook Platform[18]을 "장로교도의 이득과 회중주의 사이의

---

16 Ib 414.

17 Ib 416.

18 '세이브룩 강령'은 1708년에 코네티컷 주의 회중 교회들을 위해 새로이 재정했던 교회법령이다. 1700년경 코네티컷의 종교 및 시민사회의 지도자들은 개인의 종교적 경건과 교회 규율이 식민지 전체에서 쇠퇴함으로 말미암는 괴로움을 겪고 있었다. 그러므로 당시 식민지 아메리카의 입법부는 12명의 목회자들ministers과 4명의 평신도laymen를 코네티컷의 세이브룩에서 만나도록 소집하는 조치를 취했는데, 그 가운데 8명은 예일Yale 재단의 이사였다. 그리하여 그들은 신학에 있어서 교회를 웨스트민스터 신학 전통에 두는 15개의 조항을 준비했다. 그것은 잉글랜드에서 물려받은 극단적인 지역주의localism 또는 "회중주의"를 거부하고 장로교도들과 유사한 중앙 집권적 체계a centralized system로 대체했다. 그리하여 회중주의 교회는 이제 특정 지역의 목사와 평신도 지도자로 구성된 지역 목회자 협회local ministerial associations와 연합회consociations가 이끌게 되었다. 그리고 최종적인 권한은 식민지 전체 총회a colony wide General Assembly가 가지도록 했다. 아울러 개별 교회의 회중이 목사를 선출하는 대신에, 협회는 이제 후보 목회자를 검토하고 목사의 행동을 감독할 책임을 가지게 되었다. 또한 협회(평신도가 무력한 곳)는 특정 교회에 징계를 가하고 발생한 분쟁을 판결할 수 있었다. 그 결과 많은 지역 교회의 사역자들을 괴롭히는 권력의 중앙 집중화

타협"으로 표현한다. 그러나 그는 뉴 헤이븐 카운티the County of New Haven에서 "가장 단순하고 순수한 회중주의를 지지하는 존 데이븐포트John Davenport의 영향력이 여전히 느껴졌다"고 말했다.[19]

"연합회Consociations는 만일에 그들이 어떠한 선을 행하려고 한다면, 아니, 그들이 만일에 어떠한 존재로 있으려면, 장로회Presbyteries가 아니라 회중주의적 논의기구Congregational Councils와 같은 것이어야 함을 배웠다. 회중주의 정신 즉, 토머스 후커Thomas Hooker와 존 데이븐포트John Davenport, 1597-1670[20], 케임브리지의 대회Synod가 해

가 이루어졌다. 그리고 공식적인 협회는 강령의 준수를 거부하는 교회들에 대해서는 제명하는 것으로 대응했다. 이 체제는 정통적 청교도주의를 보장하면서 150년 동안 적용되었다. 이 강령은 중도 언약Half-Way Covenant으로 시작되어, 대각성the Great Awakening으로 절정에 달할 비순응주의적 조류a non-conformist tide에 대한 보수적인 승리였다고 평가되기도 한다. 지역 교회에 대한 성직자의 더욱 중앙 집권화 된 통제에 대한 유사한 제안들은, 그러나 훨씬 더 자유주의적인 신학이 번성했었던 매사추세츠에서는 무산되었다. 이 강령은 장로교인들과의 긴밀한 유대관계를 촉진시켰으며, 서부로 이주한 코네티컷 양키들은 장로교회를 세워나갔다. 출처: https://en.wikipedia.org/wiki/Saybrook_Platform

19 pp. 191-2,

20 잉글랜드의 청교도 목회자로서 뉴 헤이븐을 개척했던 초기 인물 가운데 한 사람이다. 또한 홉킨스 학교를 공동으로 설립하였으며, 예일 대학교를 세우는 데 있어서의 비전을 제시한 인물이기도 하다. 그는 또한 교회 회원권에 대한 강화된 자격요건을 주장하였으며, 유아세례를 받기 전에 충분한 자격요건을 갖출 것을 강조했다. 특별히 그는 1662년의 중도 언약Half-Way Covenant에 대해 강하게 반발했다. 중도 언약은 1660년대에 뉴잉글랜드에 있는 회중 교회에서 교인의 회원권을 둘러싼 한 형태로서, 그 당시 청교도 전통에 의해 교회의 회원의 자격에는 반드시 '중생의 체험'이 있어야만 했으며, 이 체험을 한 뒤에야 비로소 세례를 받을 수 있었다. 그러나 식민지 2세대에 들어서서 점점 더 중생의 체험을 한 자들의 숫자가 줄어들자, 세례교인의 숫자가 줄어드는 현상이 발생했다. 이에 따라 회심하지 않은 부모의 자녀들이 세례를 받도록 용인하자는 것이 바로 중도 언약이다. 중도언약의 내용은 크게 두 가지로 구성되어 있었는데, 첫째로 교회들이 역사적인 신앙을 따라야 하며, 이를 따르게 되면 언젠가는 그것이 그들의 구원하는 믿음이 될 것이라는 소망을 가져야 한다는 것이다. 둘째로 외형적인 순응을 통해 하나님의 말씀에 따라 살아가야 한다는 것으로서, 이러한 중도 언약을 처음 제안한 자는 바로 리처드 매더Richard Mather, 1596-1669였다. 매더는 잉글랜드 교회[성공회]에서 목사안수를 받았으나 점차 회중교회의 가르침에 끌리게 되어 아메리카 대륙으로 1635년에 이민을 갔다. 한 때 사무엘 러더포드의 장로교제도에 대한 논쟁을 벌이며 회중주의 교회를 주장했었다. 존 코튼과는 절친한 사이였지만, 뉴잉글랜드에 형성된 율법폐기론적인 현상을 강하게 비판

설자exceptions였을 때 회중주의와 같은 것은 코네티컷의 교회 전체에, 그리고 아마도 약간의 예외를 제외하고는 목회사역 전반에 걸쳐서 널리 퍼져 있었다."[21]

뉴 헤이븐New Haven에서 발행되었으며, 의심할 여지가 없이 베이컨 박사의 천재성에 큰 빚을 지고 있는 유력한 정기 간행물인 'The New Englander'는 종종 회중주의의 진정한 옛 정신이 무엇인지를 보여주었다. [그 가운데] 1856년 15번째 권the XIVth volume의 두 번째 호the second number에는 다음과 같은 증거가 포함된 흥미로운 주제를 다루고 있는 기사를 볼 수가 있다.

"우리는 세상 앞에 우리의 제도our system가 진리에 대한 그들의 조사에 있어서 그리스도인의 마음의 자유롭고 정직한 차이들에 대한 모든 간섭을 방해하는 것을 인정해야 할 것이며, 우리의 모든 교회들이 우리의 질서our order에 속한 사람들이 스스로 생각할 수 있고 스스로 생각할 수 있는 동일한 믿음의 조항들articles에 서명하도록 하는 것은 실행 불가능한 일이다. 또한 그리스도와 더불어서 일치된 그들의 선

하기도 했다. 특히 그는 교회의 회원이 되려면 회심의 체험이 반드시 있어야 함을 요구했다. 중도 언약의 도입으로 인해 당시의 교회는 크게 양분되었는데, 입스위치 교회와 켐스포드 교회 등 몇 개의 교회들은, 도체스터 교회를 제외하고는 이 제도를 받아들였지만, 바람직하다고 여기지는 않았다. 중도 언약을 채택한 이후로, 점점 더 신앙을 고백하기만 하면 교회 회원권을 주게 되는 형식적인 회원권 부여가 증가하게 되었다. 또한 세례를 주는 데에 있어서 중생의 체험이 없어도 가능하게 되자, 중생의 경험이 없는 교인들이 증가하게 되었다. 이러한 결과로 다시 초기의 신앙으로 돌아가야 된다는 부흥의 열망이 싹트며 대각성 운동의 밑바탕을 형성했다. [역자 주. https://en.wikipedia.org의 자료들을 취합하여 정리한 것이다.]

21 Ib 272.

한 증거를 제공하는 자는 누구든지, 그러한 친교fellowship로부터 추방하거나 그러한 교제권communion으로부터 배제하도록 회중주의를 강요하는 것은 불가능하다."[22]

더욱 놀랄만한 기사는 1860년 8월호에 실린 "진정한 성경 신학을 발전시키기 위한 회중정치의 적용"The adaptation of the Congregational Polity to develop a true Biblical Theology에서 찾아볼 수 있을 것인데, 그 기사의 한 문장이나 두 문장으로 그것의 참된 성경적 성질을 나타내보이기에 충분할 것이다. 이러한 적용은 먼저 "목회자를 인간 체계들human systems과 정부당국authorities에 의해 방해를 받지 않도록 한다는 사실 가운데서" 나타난다. 또한 회중주의적 선조들인 로빈슨Robinson, 코튼 Cotton, 후커Hooker와 관련하여 저자는 다음과 같이 덧붙인다.

"이들 선조들은 새로운 빛을 위한 자유를 결코 두려워하지 않았다.……신앙고백과 교리문답에 속박되지 않은 마음으로 하나님의 말씀을 연구한 결과, 새로운 빛, 신학의 진보, 개선된 진술, 배열, 조화, 옛 친숙한 진리의 적용 등을 당시에 기대할 수가 있었다."[23]

우리는 최근에 출판된 작품의 한 소절-이 주제에 대해 더 높은 권위는 있을 수 없다-을 소개해야만 한다. 우리는 퍼프레이 박사Dr. Palfrey의 뉴잉글랜드의 역사를 소개할까 하는데, [그 책의] 2권 36쪽에서 다음과

---

22 p. 314.

23 p. 637.

같은 내용을 찾아볼 수 있다.

"식민지 개척자들의 종교적인 대상들은 식민지에 도착한 직후로 주
목을 받았다. 플리머스Plymouth의 개척자들은 고안할만한 교회 질서
의 새로운 도식scheme이 없었다. 그들의 도식은 이미 스크루비Scroo-
by[24]와 레이든Leyden에서 시행되고 수정된 잉글랜드 독립교회주의자
들English Independents의 도식이었다. 그것은 매사추세츠에서 스켈튼
Samuel Skelton과 히긴슨Francis Higginson에 의해 모방되었고, 이듬해
의 이민자들에 의해 채택되었으며, 그 식민지의 설립자들에 의해 코
네티컷Connecticut과 뉴 헤이븐New Haven으로 옮겨졌다. 그 곳에서 교
회는 기독교 예배와 의식을 유지하고 나누며, 각자 다른 이들의 영적
인 상태를 돌아보는 상호 언약a mutual covenant으로 연합된 신자들의
무리a company of believers였다. 그 언약-초기 시대에 교리의 진술로
부터 현저하게 자유롭다-은 그들의 이름을 부르는 것이었다. 그들은
하나님의 입회 가운데서, 하나님께서 복된 진리의 말씀으로 자신을
나타내기를 기뻐하신 대로 하나님의 모든 길로 함께 걷기로 하는 상
호적인 약속들mutual engagements이었다."

24 잉글랜드 노팅엄셔의 북부에 자리한 보트리Bawtry 근처의 라이턴 강변에 있는 작은 마을로서,
엘리자베스 1세나 울지Thomas Wolsey, 1475-1530 추기경과 같은 많은 유명한 인사들이 쉬어갔던
곳이다. 울지 추기경은 총애를 잃고 몰락한 후에 요크 대주교의 소유였던 이 영지의 장원에 잠깐 머
물렀다. 16세기 말에는 윌리엄 브루스터William Brewster, 1560 또는 1566-1643가 머물렀다. 그의
아들 윌리엄은 이 장원을 1590년에 물려받았으며, 엘리자베스 1세 휘하의 행정관이었던 이의 조수
로 직업을 얻게 된다. 그는 이후 당시 지배적이었던 영국 국교회에 대한 불만을 품게 되며, 분리주
의인 브라운주의의 믿음을 얻은 후에 1607년 네덜란드로 떠나려고 시도했다. 결국 그는 필그림 파
더스의 한 명으로 1620년 메이플라워호를 타고 식민지 아메리카의 뉴잉글랜드로 떠나게 된다. [역
자 주. https://en.wikipedia.org의 자료들을 취합하여 정리한 것이다.]

이 구절에 대한 주석에서 저자는 다음과 같이 관찰하는데, 첫 번째 살렘 교회의 언약에는 교리에 대한 성명statement of doctrine도 없었으며, 보스턴의 제1교회의 성명이나 보스턴의 제2교회의 성명도 포함되어 있지 않았다. 또한 그는 덧붙이기를 "내 눈 아래 있었던 많은 초기 언약들 중 어디에서도 이러한 가톨릭적 성격catholic character으로부터의 물질적 일탈이 있었음"을 "나는 기억하지 못한다."고 했다.

우리는 몰튼의 뉴잉글랜드에 관한 기억Morton's New England's Memorial의 새로운 판형의 부록(이 책의 '부록 A' 가운데 앞부분)에 포함된 살렘Salem의 첫 번째 교회의 언약에 관한 중요한 역사적 진술과 더불어 끝맺고자 하는데, 언급된 "조항들"articles의 기원에 대한 결정적인 증거를 위해 이탤릭체로 제공된 부분이다.

그 책 423쪽에서, 로빈슨Robinson이 목사로 있었던 교회의 회원들은 "주님의 언약으로 복음의 친교 안에서, 교회 정부a church state로 연합하여, '그들에게 알려지며 알려진 그의 길 가운데 행하기 위하여' 최선의 노력에 따르라"고 밝히며 다음과 같이 덧붙인다.

"1629년에 루아스luas가 플리머스 교회의 조언에 따라 결성했던 살렘의 첫 교회의 언약은, 약간의 권징 조항들articles of discipline이 추가됨과 더불어서 동일한 중요성을 가졌었다."

부록 2:

레이든 교회의 7개 조항들

THE SEVEN ARTICLES OF THE LEYDEN CHURCH, 1617, LEYDEN

레이든의 순례자들THE LEYDEN PILGRIMS은 1617년 당시에 버지니아라는 이름으로 알려졌던 광활한 미국 연안에 정착할 수 있는 허가를 받기 위해, 런던-버지니아 상사the London-Virginia Company와 교회 자치주 대표the agents of the church를 신청했다. 존 카버John Carver 집사와 로버트 쿠시먼Robert Cushman 집사는 여기에 제시된 7개의 조항들을 런던으로 가지고 가서, [런던-버지니아] 상사에 대한 보증 역할을 하도록 계획했으니, 그렇게 하지 않으면 왕은 그들의 정통성이나 충성심을 의심했을 것이다.

7개 조항들

THE SEVEN ARTICLES

1618년에 버지니아 아노Virginia Anno로 가는 것에 대한 판단을 고려하기 위해 레이든 교회가 잉글랜드의 고문에게 보낸 7개의 조항들.

1. 잉글랜드 국교회의 이름으로 출판된 신앙고백서와 그 모든 조항들에 대하여, 우리는 우리의 생명이자 또한 전적으로 동의하는 개혁교회들과 함께 한다.

2. 우리가 그곳에서 가르친바 된 믿음의 교리the doctrine of faith를 인정함과 같이, 우리들도 동일한 교리the same doctrine의 열매와 효력들이 그들(순응주의자들conformists과 개혁주의자들reformists)이 부름을 받은 땅에서 구원하는 믿음을 낳도록 할 것이며, 누구와 더불어서도 우리의 형제들과 같이 화평 가운데 영적인 교제spiritual communion를 갈망하는 바이며, 또한 우리의 모든 부분들이 합법적이도록 행할 것입니다.

3. 국왕 폐하, 우리는 당신의 영토 안에 있는 모든 백성들 위에와 일어나는 모든 일들에 대한 최고 통치자Supreme Governor에 대해 인정하는 바이며, 또한 어떠한 경우에도 그의 권위와 판결에 대해 거부하거나 항소할 수 없고, 다만 모든 일들에 있어 복종해야 하며, 그 명령하는 것이 하나님의 말씀에 위배되지 않는다면 적극적으로active, 혹은 만일에 용인될 수 없는 것이라면 수동적으로passive 복종함이 마땅함을 인정하는 바입니다.

4. 우리는 폐하께서 여러 지방provinces, 관구dioceses, 회중들congrega-

tions 또는 교구들parishes에서 주교Bishops, 공적 감독자civil overseers 또는 권위 있는 관리들officers을 임명하시어, 그 땅의 법에 따라 공적으로 다스리고 교회를 감독하며to oversee, 백성들이 범사에 그들에게 보고하고, 경건하게 그들의 명령을 받들도록 하는 것이 합법적이라 판단합니다.

5. 우리는 현재 이 땅에 있는 주교들Bishops의 권위가 진실로 폐하로부터 그들에게 부여된 것임을 인정하는 바이며, 또한 그들이 폐하의 이름으로 수행하는 바와 같이 우리들도 모든 일들에 있어 그들을 존경할 것입니다.

6. 우리는 어떠한 대회Synod, 노회Classes, 교회 직원들의 회의Convocation 혹은 총회Assembly에도 통치자가 그들에게 부여한 것과 같은 권한이나 권위가 없다고 믿습니다.

7. 끝으로 우리는 모든 상관들Superiors에게 합당한 명예를 제공하고, 하나님을 경외하는 모든 자들과 더불어서 성령의 일치the unity of the spirit를 보존하며, 우리가 무엇을 믿고, 어디에서 잘못 가르침을 받든지, 모든 사람들과 화평하기를 원합니다.

존 로빈슨John Robinson,
윌리엄 브러스터William Bruster(Brewster) 서명함